Erasmus von Rotterdam

Erasmus unterwegs

Ausgewählte Briefe übersetzt
und erläutert von Tobias Roth

Schwabe Verlag

Die Publikation wurde durch den Swisslos-Fonds Basel-Stadt gefördert.

Gedruckt mit Unterstützung der Berta Hess-Cohn Stiftung, Basel.

Bibliografische Information der Deutschen Nationalbibliothek
Die Deutsche Nationalbibliothek verzeichnet diese Publikation in der Deutschen Nationalbibliografie; detaillierte bibliografische Daten sind im Internet über http://dnb.dnb.de abrufbar.

Abbildung Umschlag: Joachim Patinir: Die Ruhe auf der Flucht nach Ägypten, um 1520;
Fotonachweis: Gemäldegalerie, Staatliche Museen zu Berlin / Dietmar Gunne; Public Domain Mark 1.0.
Korrektorat: Thomas Lüttenberg, München
Cover: icona basel gmbh, Basel
Landkarte (S. 32/33): Katharina Höhne, Freising
Satz: Daniela Weiland, textformart, Göttingen
Druck: Beltz Grafische Betriebe GmbH, Bad Langensalza
Printed in Germany
Herstellerinformation: Schwabe Verlag, Schwabe Verlagsgruppe AG, St. Alban-Vorstadt 76,
CH-4052 Basel, info@schwabeverlag.ch
Verantwortliche Person gem. Art. 16 GPSR: Schwabe Verlag GmbH, Marienstraße 28,
D-10117 Berlin, info@schwabeverlag.de
ISBN Printausgabe 978-3-7965-5418-6
ISBN eBook (PDF) 978-3-7965-5419-3
DOI 10.24894/978-3-7965-5419-3
Das eBook ist seitenidentisch mit der gedruckten Ausgabe und erlaubt Volltextsuche.
Zudem sind Inhaltsverzeichnis und Überschriften verlinkt.

rights@schwabe.ch
www.schwabe.ch

Inhalt

Vorwort

In den Jahrhunderten, die wir heute als Renaissance bezeichnen, geht niemand aus Vergnügen auf Reisen. Das liegt nicht nur daran, dass den Menschen die Freizeit dazu fehlt, sondern auch und vor allem daran, dass Reisen teuer, langwierig, unbequem und schlichtweg lebensgefährlich ist. Wer im 15. oder 16. Jahrhundert unterwegs ist, sieht sich mit ähnlichen Problemen konfrontiert wie in den Jahrhunderten zuvor, nämlich vor allem mit den Problemen Erde, Wasser, Feuer und Luft. Reisende sind den Elementen schutzlos ausgeliefert, was dazu führt, dass einerseits zu bestimmten Jahreszeiten das Reisen kaum möglich ist und beispielsweise die Meeresschifffahrt feste Winterpausen einhält und andererseits die konkrete Witterung zu plötzlichen Unterbrechungen führen kann. Das frühe 16. Jahrhundert gilt als eine regenreiche Periode, es ist insgesamt etwas kühler und ungastlicher als heute; aus dem Reisetagebuch Michel de Montaignes etwa wissen wir, dass die Weinernte im Aquitanien der 1580er-Jahre einen ganzen Monat später stattfand als heutzutage. Straßen sind bis auf wenige Ausnahmen nicht gepflastert, Kleidung und Schuhwerk sind grundsätzlich nicht wasserdicht. Herbergen im Abstand einer Tagesreise sind in einem weitgehend dünn- bis unbesiedelten Europa nicht überall verfügbar. Manche Gegenden wie zum Beispiel die Alpen sind vor allem im Winter so unwirtlich, dass es lebenswichtig sein kann, eine Herberge vor Anbruch der Nacht zu erreichen und ein schützendes Dach über dem Kopf zu haben. Zu beiden Seiten des Gotthardpasses beispielsweise stehen seit dem hohen Mittelalter Schutzhütten, sogenannte Hospize, im Abstand eines Tagesmarsches: Der aber beläuft sich auf sechshundert Höhenmeter Auf- und neunhundert Höhenmeter Abstieg. Vom Kloster Disentis bis auf den Lukmanierpass, der Graubünden mit dem Tessin verbindet, sind an einem Tag 770 Höhenmeter zu überwinden, und das nicht auf Straßen, sondern auf schmalen Pfaden, die gerade mal ein Maultier breit sind. Solche Routen macht bereits eine etwas dichtere Wolke ungangbar. Im Tal sieht es nicht besser aus. Die Flüsse Europas werden erst im 19. und 20. Jahrhundert reguliert, in der Renaissance sind sie noch frei, also deutlich breiter als heute, und sie ändern Jahr um Jahr ihren Lauf; besonders an den großen Strömen sind solide Brücken eine Seltenheit. Weitläufige Flussauen, Sümpfe und Moore werden erst viel später trockengelegt. Die Wälder in Nordeuropa sind Urwälder, durch die nur wenige Wege gebahnt sind. Dort versperren nicht nur Pflanzen und Wasser den Durchgang, sondern es verbergen sich daselbst auch gefährliche Tiere, nicht zuletzt deren gefährlichstes, der Mensch.

Banden, die sich auf Raub und Geiselnahme spezialisiert haben, prägen den weitestgehend rechtsfreien Raum außerhalb der ummauerten Städte. Der radikale Papst Pius V. lässt Ende der 1560er-Jahre alle Wälder rund um Rom abholzen, nicht um Bau- oder Brennstoff zu gewinnen, sondern um gegen das Räuberunwesen vorzugehen. Aber Gefahr droht nicht nur von denen, die außerhalb des Gesetzes stehen. Söldnertruppen bewegen sich in einem Graubereich des Rechts, sie haben fürs Brandschatzen und Plündern immerhin Regelwerke. In der Frühen Neuzeit herrscht ein permanenter Krieg, der in der Hauptsache mit Söldnern geführt wird; diese Heere, nicht selten mobilen Großstädten vergleichbar, versorgen und verpflegen sich direkt aus dem Gebiet, in dem sie sich aufhalten, und dadurch ist es für die Bevölkerung herzlich gleichgültig, ob in der großen Politik gerade „Krieg" oder „Frieden" herrscht. Die Anwesenheit und Bewegung solcher Heere kann für Reisende ganze Regionen unpassierbar machen, darin den (ebenfalls saisonalen) Seuchen ähnlich, gegen die nur räumliche Distanz schützen kann. Auch Akteure des „Staates", also herrschaftliche Ordnungskräfte oder Zolleintreiber, können eine Gefahr darstellen und rechtmäßig die Reisekasse auf ein beklemmendes Maß reduzieren. Zwar braucht man in Alteuropa keine Ausweispapiere, um über den Kontinent zu reisen, aber das liegt nicht daran, dass die Herrschenden der Vernunft und dem Freihandel huldigen, sondern an der logistischen Unmöglichkeit, flächendeckende Kontrollen durchzusetzen. Umso stärker wird zugegriffen, wo sich die Möglichkeit bietet, etwa an unvermeidbaren oder gut ausgebauten Verkehrsknotenpunkten wie Pässen oder Häfen. Am größten ist die Gefahr schließlich dort, wo sich Naturgewalt und Menschengewalt gegen die Reisenden verbünden. Ein gutes Beispiel ist das seit der Antike bekannte und Richtung Moderne nur allmählich aufgehobene Strandrecht: Gegenstände, die an einem bestimmten Strandabschnitt angespült werden, werden zum Eigentum der betreffenden Gemeinde. Das bedeutet, dass Uferanrainer keinerlei

Interesse an funktionierenden Leuchttürmen oder ähnlichen Sicherungsmaßnahmen haben. Ganz im Gegenteil.

*

Im 15. und 16. Jahrhundert reist also niemand aus Vergnügen, denn das Reisen ist kein Vergnügen. Einem Unterwegssein, das der heutigen Reiselust, gar der Urlaubsreise ähnelt, kommt im mittelalterlichen und frühneuzeitlichen Europa wohl das Pilgern am nächsten. Auch hier ist eine Steigerung des psychischen Wohlbefindens und des gesellschaftlichen Ansehens das Ziel der Bewegung von einem Ort zum anderen; auch hier sind es immer die gleichen Orte, die aufgesucht werden, was die Entstehung von Infrastrukturen entlang fixer Reiserouten begünstigt. Der heutezutage wieder so beliebte Jakobsweg, der aus verschiedenen Gebieten Mitteleuropas nach Santiago de Compostela im äußersten Nordwesten Spaniens führt, ist ein gutes Beispiel dafür; er wird heute wie damals genutzt und legt nahe, dass die Urlauber von heute irgendwie auch Pilger sind, die Pilger von damals irgendwie auch Urlauber. Auch Pilgerfahrten nach Palästina zum Besuch heiliger Stätten des Christentums sind in der Renaissance bereits erstaunlich standardisiert. Die Republik Venedig verfügt nicht nur über Schiffe und Erfahrung, sondern auch über ein Staatsgebiet, das sich bis nach Zypern, also bis in den Nahen Osten zieht. Zahlreiche Pilger haben wie der Mainzer Domherr Bernhard von Breydenbach Schilderungen ihrer Pilgerfahrten hinterlassen; es gibt Reiseführer in Buchform und Reiseleiter vor Ort, es gibt minimalistische Wörterbücher mit den nötigsten Vokabeln, vor allem aber gibt es gut organisierten, kommerziellen Schiffsverkehr.

Noch besser steht es um die touristische Infrastruktur von Rom. Für die Stadt am Tiber sind die Pilgerströme ein wichtiger Wirtschaftsfaktor, und die Päpste der Renaissance tun ihr Möglichstes, um diese Ströme zu lenken und vor allem zu intensivieren. Es gibt zahlreiche lustige, aber auch krasse Berichte über das Verkehrschaos und die Überfüllung Roms, besonders zu Kirchenjubiläen. Nach dem aufsehenerregenden finanziellen Erfolg, den das Jubiläum von 1450 für Papst Nikolaus V., den ehemaligen Tommaso Parentucelli, gebracht hat, werden die Abstände zwischen den „besonderen" Jubiläen naturgemäß immer kürzer.

In der Renaissance führen buchstäblich alle Wege nach Rom. Denn auch tausend Jahre nach dem Untergang des Römischen Reiches sind die römischen Reichsstraßen nebst den zugehörigen Brücken und Landkarten so gut wie alternativlos. Es gibt keine anderen gepflasterten Fernstraßen, schon gar nicht durch unwegsames Gelände, es gibt überhaupt kaum Straßenpflaster; dass der Markusplatz in Venedig gepflastert ist, lässt im 14. Jahrhundert sogar einen routinierten Reisenden wie Francesco Petrarca staunen. Die mit dem antiken Rom untergegangene und verlorene Kompetenz und Ingenieurskunst in Bezug auf das Reisen und das Verbinden ferner Räume ist unschätzbar. Es ist eine bittere Ironie der Geschichte, dass die feste Straße über den Brenner, die Ende des 2. Jahrhunderts gebaut wird, um das Etschtal mit Augsburg zu verbinden, in entgegengesetzter Richtung genau den nordischen Barbaren den Weg ebnet, die das antike Rom auslöschen werden.

Neben den Römerstraßen sind es vor allem die Wasserstraßen, die wichtige Korridore der Mobilität im Inneren des europäischen Kontinents sind. Die Schifffahrt auf großen Flüssen wie Rhein, Rhône, Po oder Donau ist zwar anfällig für herrschaftliche Kontrolle, also für Zollerhebung, auch ist sie den Risiken aller Schifffahrt ausgeliefert (besonders Untiefen in den beständig sich ändernden Flussläufen sind eine notorische Gefahr), aber dafür bewegt ein Schiff ungleich größere Lasten als eine Gruppe von Zwei- und Vierbeinern, und es ist vor allem deutlich schneller. Zumindest stromabwärts. Für den Weg stromaufwärts hingegen können die Lasten nicht so groß sein (die riesigen Flöße beispielsweise, zu denen verbunden Baustämme auf dem Rhein nach Norden transportiert wurden, kennen freilich nur eine Richtung), zudem müssen Segel gesetzt werden und auch die Zwei- und Vierbeiner kommen wieder ins Spiel: Stromaufwärts werden die Boote und Kähne getreidelt, das heißt an langen Seilen von Pferden, Ochsen oder Leibeigenen gezogen. Das reduziert die Geschwindigkeit auf etwa ein Zehntel. Veranschlagt man also für die Fahrt von Lyon nach Avignon auf der Rhône zwei bis drei Tage, dauert es auf der Rhône von Avignon nach Lyon einen guten Monat. Römer- und Wasserstraßen gleichermaßen sind in der nachantiken Welt Naturerscheinungen, die große Kontinuität entfalten, Siedlungen zu Städten wachsen lassen, Märkte und Messen anziehen, Bewegung über weite Strecken ermöglichen und sie lenken. Von dort aus verzweigt sich das Netz der einfachen Pfade wie Kapillaren zu den voneinander weitestgehend isolierten Siedlungen und Dörfern – wo geschätzt 80 Prozent der etwa 70 Millionen Europäerinnen und Europäer im 15. Jahrhundert leben und sich ihr Lebtag lang nicht von dort wegbewegen.

*

Abgesehen von allen meteorologischen, geologischen oder gesellschaftlichen Hindernissen ist ein Faktor natürlich besonders entscheidend und auch für uns heute besonders interessant: die Reisegeschwindigkeit. An ihr hängen nicht zuletzt die Reisereichweite und die Reisekosten. Überliefert aber sind nur Einzelfälle. So lässt sich nachschlagen, dass der bereits erwähnte Bernhard von Breydenbach im April 1483 von Oppenheim, südlich von Mainz, über den Brenner nach Venedig fünfzehn Tage benötigt und damit sehr geschwind unterwegs ist (rund 55 Kilometer pro Tag); von Venedig nach Jaffa, dem heutigen Tel Aviv, fährt sein Schiff etwas mehr als einen Monat, auch das reibungslos und zügig. Die Rückreise hingegen von Alexandria nach Venedig, wo Breydenbach im Januar 1484 wieder ankommt, dauert doppelt so lange. Heinrich VII. benötigt 1312 für den Seeweg von Genua nach Pisa (circa 150 Kilometer) 19 Tage, aber Friedrich Barbarossa 1152 per Schiff von Frankfurt nach Sinzig (circa 135 Kilometer) keine zwei; Albrecht Dürer braucht im Sommer 1520 auf dem Landweg von Nürnberg nach Frankfurt (circa 250 Kilometer) acht Tage, ebenso von Köln nach Antwerpen (circa 200 Kilometer). Man liest immer wieder von Durchschnitts- und Schätzwerten: Von Wittenberg nach München (circa 480 Kilometer) zwei Wochen; auf der Loire von Orléans flussabwärts nach Nantes (circa 420 Kilometer) sechs Tage; von Chur nach Bellinzona über den San Bernardino (circa 125 Kilometer) fünf Tage; schlussendlich von Spitzenleistungen pro Tag von 150 Kilometern per Schiff flussabwärts, 50 Kilometern zu Pferd, 30 Kilometern zu Fuß.

Aber alle Autorinnen und Autoren, die über das Reisen in alter Zeit schreiben und solche Beispiele anführen, betonen eindringlich, dass sich Einzelfälle nur schwer verallgemeinern lassen und Hochrechnungen mit großer Vorsicht zu genießen sind. Daraus lässt sich ein wichtiger Schluss für das Reisen in Alteuropa ziehen: Charakteristisch ist die totale Unwägbarkeit, wie lange die Reise von einem Ort zum andern dauern wird. Ruhetage müssen eingelegt, günstige Momente abgewartet werden. Tausenderlei Dinge können dazwischenkommen, nicht nur Erde, Wasser, Feuer und Luft, sondern auch Krieg oder Krankheit: Man darf nie vergessen, dass in der Frühen Neuzeit eine Erkältung oder ein Kratzer am Schienbein lebensgefährlich sein können. Beschleunigung kann entsprechend nur durch großes Risiko erkauft werden, wenn etwa ein Weg durch widriges Wetter fortgesetzt oder im Winter in See gestochen werden soll. Diese Unwägbarkeiten und Einschränkungen sind ständeübergreifend und verschonen niemanden. Im Juli 1517 macht sich der Habsburger

Karl, später als Kaiser Karl V. der mächtigste Mann Europas, per Schiff auf den Weg von Middelburg (zwischen Brügge und Antwerpen) über Santander nach Tordesillas (in der Nähe der kastilischen Hauptstadt Valladolid), wo er zum König von Kastilien und Aragon gekrönt werden soll. Obwohl der Sommer die beste Zeit ist, um zur See zu reisen, muss der Monarch auf günstige Winde warten, und zwar bis Mitte September. Das Ziel der Schiffsreise, Santander, wird durch ungünstigen Wind um gut 200 Kilometer verfehlt, Karl muss in Asturien an Land gehen und schließlich mit einer riesigen Maultierkarawane Spanien durchqueren, bis er im November endlich in Tordesillas ankommt.

Ein Wechsel des Transportmittels kann Wege gangbar machen, wo ansonsten Stillstand herrschen würde. Allerdings hat die Wahl des Transportmittels im Grunde genommen auf die Reisegeschwindigkeit deutlich weniger Einfluss als heute, wo neben dem Wanderschuh das Automobil bereitsteht und das Flugzeug billiger ist als der Zug. Neben der bereits erwähnten, überragend schnellen Flussschifffahrt und der Schifffahrt auf dem Meer, die sich selten ohne große Not oder guten Grund von den Küsten entfernt, gibt es nur wenige andere Optionen. Wagen werden hauptsächlich zum Transport von Kranken und von Frauen verwendet, sie sind, zumeist von Ochsen gezogen, sehr langsam und sehr unkomfortabel. Kutschen im landläufigen Sinne gibt es in der Renaissance noch nicht, ebensowenig Federung; bewegliche Achsen, eine Innovation aus dem modernen Militärbereich der Artillerie, setzen sich erst langsam an zivilen Gefährten durch. Sänften, gewiss die bequemste Art zu reisen, stehen nur dem obersten Promill zur Verfügung. Ebenfalls sehr teuer ist das Pferd; sein Wert rangiert im Vergleich zu heute gewiss über einem durchschnittlichen PKW. Denn nicht nur die Anschaffung ist teuer, auch der Unterhalt: Verpflegung und Unterbringung eines Pferdes sind unterwegs etwa so teuer wie die eines Menschen. Die Frage, ob man mit einem einzigen Pferd reist oder das Reittier möglichst oft wechselt, hat großen Einfluss auf die Reisegeschwindigkeit, letzteres ist allerdings ein logistischer und finanzieller Kraftakt. Genügsamer und vor allem im Gebirge trittsicherer, dafür langsamer und weniger prestigeträchtig sind Esel und Maultier. Auch die Frage, was auf welche Art zu transportieren ist, spielt eine wichtige Rolle: Esel und Maultiere können besser tragen, Pferde besser ziehen. Die überwältigende Mehrheit der Reisenden aber, die keine großen Lasten zu bewegen haben, geht schlicht und ergreifend zu Fuß – mit vergleichbarer Geschwindigkeit wie heute.

*

Wer tut sich unter solchen Bedingungen das Reisen an? Angesichts der Strapazen, Gefahren und Kosten sind es doch erstaunlich viele Menschen. Auch im vormodernen Europa sind, von Pilgern einmal abgesehen, ganze Berufszweige auf Mobilität angewiesen. An erster Stelle sind natürlich die Händler zu nennen, deren Gewinn direkt proportional zur Entfernung und zum Risiko der Reise ist. Künstler und Handwerker ziehen herum, je höher spezialisiert, desto mehr; Michelangelo Buonarroti und seine Kollegen etwa pendeln regelrecht zwischen Florenz und Rom. Hinzu kommen Gesellen, die auf Wanderschaft gehen, was in manchen Gewerken sogar Pflicht ist, oder sie ziehen dorthin, wo es Arbeit gibt. Einer besonderen Art Handwerk gehen die Söldner nach, die die europäischen Kriege kämpfen; die berühmtesten unter ihnen, nämlich Schotten und Schweizer, kommen genau daher, wo diese Kriege nicht stattfinden. Dass Soldaten und Söldner seit jeher einen großen Teil derer ausmachen, die unterwegs sind, lässt sich schon am Wort *Reisen* ablesen: Es bezeichnet noch im Mittelhochdeutschen ausschließlich den Kriegs- und Feldzug. Heinrich von Morungens Gedicht *Ich will ein Reise* handelt nicht davon, dass der Minnesänger urlaubsreif ist, sondern dass er zum Kampf aufbricht. Eine nicht zu verachtende Gruppe sind schließlich diejenigen, die Transit und Transport für Händler, Künstler oder Söldner überhaupt erst möglich machen, etwa Fuhrleute, die eigentlich permanent unterwegs sind, ohne je anzukommen. In jedem Falle aber reist man nicht allein, sondern in Gruppen, was Schutz gegen natürliche wie menschliche Gefahren bietet. Der Begriff *Hanse* leitet sich etwa von *hansa*, dem althochdeutschen Wort für „Trupp von Soldaten", ab. Ebenfalls aus Sicherheitsgründen dürfte niemand eine Reise unbewaffnet antreten, je nach dem, was erlaubt und leistbar ist.

Auch Studenten sind Spezialisten, die von einer Universität zur anderen ziehen, um ihre Kenntnisse zu vertiefen. Mit ihnen bildet sich mehr und mehr eine Form der weltlichen und mobilen Buchgelehrsamkeit heraus. Während des Mittelalters sind Gelehrte beziehungsweise Alphabetisierte hauptsächlich in Klöstern konzentriert, und in zahlreichen Mönchsorden gelten mobilitätseinschränkende Regeln. Aus dem Kreis der Studenten rekrutiert sich auch das Milieu der Humanisten, das in und mit der Renaissance entsteht: geistige Arbeiter, die bezeichnenderweise häufig den Ort wechseln, um zu lehren und zu forschen, um Bücher ausfindig zu machen und Kollegen zu treffen, um ihr Handwerk auszuüben, und nicht zuletzt, um, Söldnern vergleichbar, zahlungskräftigen Kommunen oder Fürsten ihre Dienste anzubieten. Ein gutes

Beispiel ist Francesco Petrarca, der am Beginn der humanistischen Bewegung im 14. Jahrhundert steht. Einerseits inszeniert er sich mit Vorliebe als zurückgezogen und meditativ lebender Gelehrter, der sich von der Gegenwart ab- und ganz der Antike zuwendet, als einen Eremiten der Literatur. Andererseits aber studiert der Toskaner, der in der Provence aufwächst, in Bologna und Montpellier, bevor er nach Avignon zurückkehrt; er unternimmt Reisen durch Frankreich, Flandern und Deutschland, geht wieder nach Avignon; er bereist mehrfach Rom und Florenz, geht wieder nach Avignon; er besucht als Gesandter wechselnder Herren zahlreiche Städte, gelangt so bis nach Prag, er lebt mehrere Jahre in Mailand, dann in Venedig, dann in Padua, dann in Arquà, wo er 1374 stirbt. Von Sesshaftigkeit keine Spur.

Wie viele Aspekte des Humanismus, beschleunigt und erweitert sich im Laufe des 15. Jahrhunderts auch die Mobilität der Humanisten. Francesco Filelfo, 1394 in den Marken geboren, studiert in Padua und wird schnell, neben weiteren Studien, auch Hochschullehrer und Gesandter: Diese doppelte Tätigkeit führt ihn von Venedig aus auf eine achtjährige Wanderschaft nach Konstantinopel, Buda und Krakau, von dort über Konstantinopel wieder zurück nach Venedig. Und dann beginnt für ihn, mit Anfang 30, erst die eigentliche Reisetätigkeit: Fast jährlich wird er die Universität wechseln, aus unterschiedlichsten Gründen, und zwischen Bologna, Florenz, Mailand und Rom hin und her ziehen: mit Sack und Pack, mit Kind und Kegel, und nicht zuletzt mit Bibliothek.

Nicht alle Humanisten müssen so viel und vor allem so weit wandern wie Filelfo, aber die Sesshaften bilden doch die Ausnahme. Zudem stammen aus der Feder von Humanisten auch die seltenen frühen Zeugnisse, dass Reisen auch etwas Schönes und Bildendes sein kann. So formuliert der Patrizier Francesco Vettori, der als Diplomat im Dienste seiner Vaterstadt Florenz 1507 die Alpen Richtung Konstanz überquert, in seinem *Viaggio in Alamagna* ein Lob des Reisens, das deutlich macht, wie viel gegeben sein und klappen muss, damit das Lob gerechtfertigt ist: „Das größte unter all den ehrbaren Vergnügungen, denen Menschen sich hingeben können, scheint mir darin zu bestehen, loszugehen, um die Welt zu sehen. Auch kann niemand als vollendet klug gelten, der nicht viele Menschen und viele Städte kennengelernt hat. Damit dies aber gut gelingt, muss derjenige, der in die Welt auszieht, mehrere Bedingungen erfüllen: Zunächst muss er belastbar und gesund sein, sodann auch reich, und zuletzt braucht er nette und unterhaltsame Gesellschaft. Wenn auch nur eines dieser Dinge fehlt, wird die Reise nicht voller Freude, sondern voller Ärger sein. [...] Und noch über diese Bedingungen hinaus ist es notwendig, dass der Reisende frei ist und keinerlei Geschäfte zu erledigen hat."

Renaissance und Humanismus sind urbane Phänomene: Es ist das Netzwerk großer Städte, das erst in Italien, dann auch nördlich der Alpen die physische und psychische Freiheit der Humanisten ermöglicht, es ist aber auch deren Mobilität, die aus der mittelitalienischen Antikenbegeisterung ein europaweites Phänomen macht. Bezeichnenderweise folgen die Routen der Humanisten von Stadt zu Stadt den großen Korridoren durch den Kontinent, im Süden vor allem die Römerstraße, im Norden vor allem die Wasserstraßen. Im Großen und Ganzen ist es der mitteleuropäische Korridor, der heute als „Blaue Banane" bezeichnet wird – und den man auch als das Revier des Erasmus von Rotterdam bezeichnen könnte.

*

Erasmus von Rotterdam ist einer dieser Humanisten, denen man zeitweise eine nomadische Lebensweise bescheinigen kann. Erasmus reist nicht weit, aber dafür viel: Er pendelt, er bewegt sich wie ein Zugvogel auf jener Trasse, der sich von Cambridge und Oxford im Norden über Antwerpen, Brüssel und Löwen nach Köln und dann den Rhein hinauf bis Basel erstreckt. Dort ist er ruhelos unterwegs, in einer Frequenz und Geschwindigkeit, die geradezu modern anmutet. Und natürlich reist Erasmus auch über diesen Korridor hinaus, kommt nach Paris, kommt nach Italien bis nach Neapel. Wäre der im Alter weltberühmte Erasmus jeder Einladung gefolgt, die ihn erreicht hat, hätte er wohl jede größere Stadt Europas gesehen.

Erasmus ist ein typisch humanistischer Reisender, weil seine Bewegungen immer irgendwie mit Büchern und Studien zusammenhängen: Er studiert in Paris und in Oxford, promoviert wird er an der Universität Turin. Als Hochschullehrer unterrichtet er in Cambridge, als Privatlehrer in Paris, als gelehrter Reisebegleiter wohlhabender Jünglinge kommt er nach Italien. In Löwen begleitet er die Gründung einer Schule, des Collegium Trilingue, in dem alle drei alten Sprachen unterrichtet werden, also neben dem Griechischen und Lateinischen auch das Hebräische. Vielerorts bemüht er sich um Stipendien, Pensionen und sonstige fürstliche Zuwendungen, die ihm seine Arbeit als Privatgelehrter ermöglichen, so in Brüssel und im Umland von London. Er schlägt sich rheinauf rheinab mit Bücherhändlern und -spediteuren herum, in Köln, in

Speyer, auf beiden Seiten des Ärmelkanals. Er sucht nicht nur nach Neuerscheinungen, sondern auch nach alten, noch unbekannten Bibliotheksbeständen. Vor allem aber reist er zu denen, die seine Bücher drucken, um mit ihnen zu verhandeln, gemeinsam zu denken und zu arbeiten, den Druck zu überwachen, die Druckfahnen zu korrigieren und die ersten fertigen Exemplare gleich mit hinaus in die Welt zu nehmen. Diese Drucker werden zu Lebensmenschen des Erasmus, aus ihrem Umkreis kommen zahllose seiner Freunde, auch seiner Sekretäre und Diener. Der wichtigste von ihnen, zu dem Erasmus mehrere Reisen unternimmt und der es schließlich vollbringt, Erasmus sesshaft zu machen, indem er ihm kurzerhand ein Haus kauft, ist Johannes Froben in Basel. Von Bedeutung sind auch Jodocus Badius in Paris, Aldo Manuzio in Venedig, Dirk Martens in Löwen oder Matthias Schürer in Straßburg. Für sie ist Erasmus kein Weg zu weit. Er pflegt eine Zusammenarbeit mit seinen Druckern, die so eng ist, wie sie eine Generation vor ihm weder üblich noch eigentlich möglich gewesen wäre. Sie ist das Fundament seiner Reichweite und seines Ruhms.

Erasmus ist als Reisender wie als Humanist ein Spätzünder. Sein Geburtstag, der 8. Oktober, ist bezeugt, sein genaues Geburtsjahr jedoch, ob nun 1466 oder 1469, bleibt unsicher; jedenfalls kommt er in Rotterdam zur Welt. Dass um seine Geburt und früheste Kindheit so viel Unklarheit herrscht und auch belastbare Selbstaussagen fehlen, liegt daran, dass Erasmus ein uneheliches Kind ist. Ihm ist vieles also selbst unklar geblieben. Andererseits wird man ihm unterstellen dürfen, das ein oder andere auch beschönigt zu haben. Sein Vater ist vermutlich ein Priester aus dem nahen Gouda, seine Mutter die Tochter eines Arztes aus Zevenbergen. Beide sterben, als Erasmus noch ein Jugendlicher ist, wann genau, ist unbekannt. Aber er wird auf gute Schulen geschickt und erhält eine solide Ausbildung, erst in Gouda, dann in Utrecht und Deventer, dann in ’s-Hertogenbosch, wo er auf den Eintritt ins Kloster vorbereitet wird. Seine Lateinkenntnisse müssen zu diesem Zeitpunkt bereits exzellent gewesen sein, sein Lesehunger ausgeprägt. Um das Jahr 1487, also mit etwa zwanzig Jahren, legt er auf Drängen seines Umfelds und seiner Vormünder das Mönchsgelübde ab und tritt in das Augustinerkloster Stein in der Nähe von Gouda ein. Dort kann er zwar viel lesen, aber das innere und äußere Leben ist eng. 1492 wird er zum Priester geweiht und ein Jahr darauf ermöglicht ihm eine Anstellung als Sekretär bei Hendrik van Bergen, dem Bischof von Cambrai, das Kloster zu verlassen. Glücklich ist er dort zwar nicht, aber ins Kloster wird er nicht mehr zurückkehren. Sein Freund Jakob Batt vermittelt, dass Erasmus 1495 nach Paris gehen kann, um an der Sorbonne bis 1499 Theologie zu studieren; ebenso versucht Batt, im Anschluss neue Anstellungen und Patrone für seinen Freund zu finden. Damit beginnt Erasmus, sich mehr und mehr frei zu bewegen, selbstständiger zu agieren und zu arbeiten: Es beginnt die Zeit der humanistischen Reisen auf eigene Rechnung, die Briefe des vorliegenden Buches setzen ein. Erasmus beendet also, darauf sei noch einmal hingewiesen, seine Zeit an der Universität, als er schon über dreißig ist. Damit ist er nicht nur ein alter Student, sondern fast schon bei der durchschnittlichen Lebenserwartung seiner Epoche angekommen. Die Unabhängigkeit, mit der sich Erasmus zu einem der einflussreichsten Humanisten seiner Generation hochschreibt und für die er bis heute geschätzt wird, ist buchstäblich ein zweites Leben für ihn.

Erasmus kann nur deshalb zu einem Reisenden werden, weil er das Kloster Stein um das Jahr 1493 verlässt. Er wird noch über zwanzig Jahre an diesem Austritt arbeiten, bis er 1517 ganz offiziell von einigen Gelübden entbunden wird, vor allem von Kleidungs- und Ernährungsregeln. Trotzdem aber ist es für ihn unterwegs eine deutliche Erleichterung, dass er dem geistlichen Stand angehört. Zwar lässt sich davon in einer kaltschnäuzigen Epoche wie der Renaissance kein Straßenräuber beeindrucken, aber der katholische Klerus ist doch ein weltweites, fein verästeltes Netzwerk. Oft kann Erasmus es sich aussuchen, ob er in einem Gasthof oder bei einem örtlichen Abt, Domherr oder einem anderen Geistlichen einkehrt. Gerade beim Thema Unterkunft wird deutlich, was Netzwerk und Streckentreue in der Frühen Neuzeit für einen Wert haben: Seine übliche Pendelroute rheinauf rheinab und bis nach England füllt sich nach und nach mit Bekannten und Freunden. Diese Freunde nehmen nicht nur Erasmus selbst auf, sie sind auch wichtige Relaisstationen für seine Post und sein Geld, die sich durch Europa bewegen, wenn er es nicht tut. Erasmus knüpft sogar Lebensfreundschaften mit Zollbeamten am Rhein – was zur Folge hat, dass er und seine mit Empfehlungsschreiben ausgestatteten Freunde an der Grenze des Erzbistums Trier keinen Zoll mehr zahlen.

*

Heute werden nur wenige Werke des Erasmus von Rotterdam gelesen, vor allem sein *Lob der Torheit* (1511), seine *Klage des Friedens* (1517), und vielleicht noch Auszüge aus den pädagogisch-scherzhaften Dialogen der *Colloquia*, die in unzähligen, laufend erweiterten Varianten veröffentlicht werden. Das ist einerseits für einen Autor des 16. Jahrhunderts, dessen Werk vollständig in der damaligen Weltsprache Latein verfasst ist, keine schlechte Nachricht: Andere Humanisten, zu denen Erasmus seinerseits aufschaut, wie Lorenzo Valla, Giovanni Pico, Angelo Poliziano oder Giovanni Pontano, sind heute deutlich weniger bekannt. Andererseits aber täuscht die Konzentration der Aufmerksamkeit etwa auf das *Lob der Torheit* darüber hinweg, welche schlichtweg titanischen Textmassen Erasmus von Rotterdam produziert hat. Neben den genannten Werken sind da noch weitere Dialoge pädagogischer oder satirischer Art, da sind Hand- und Erbauungsbücher über christliches Leben und Beten, Abhandlungen über die Erziehung von fürstlichen und anderen Kindern, ein Kompendium mit Erläuterungen antiker Sprichwörter mit mehreren tausend Einträgen, Lehrbücher der lateinischen Sprache im allgemeinen und des guten Stils im Besonderen, gewaltige Neueditionen und Übersetzung heiliger Schriften wie des Neuen Testaments und mehrerer Kirchenväter, aber ebenso Neueditionen, Kommentierungen und Übersetzungen heidnischer antiker Werke, da sind zahlreiche Paraphrasen, also Nacherzählungen alt- wie neutestamentarischer Texte, da sind Fürstenlob, Predigten und liturgische Gebrauchstexte, zahllose Streitschriften, Apologien, theologische Abhandlungen und Debattenbeiträge, die im Kontext des Glaubensstreites und der Reformation stehen; und schließlich einige Gedichte und autobiographische Skizzen, aber von diesen in der Tat wenige. Und von fast allen Werken, die in ostentativer Eile geschrieben werden, gibt es mehrere Fassungen, Überarbeitungsstufen, Versionen: Alle werden von Stufe zu Stufe immer länger, manche vervielfachen ihren Umfang.

Man ist also versucht zu fragen: Gibt es etwas, das Erasmus nicht geschrieben, ein Thema, zu dem er sich nicht systematisch geäußert hat? Ja, es existiert von ihm beispielsweise kein zusammenhängendes Werk über das Reisen. Auch hat Erasmus kein Reisetagebuch geführt, selbst für seine großen Reisen nach England, oder seine größte Reise, die nach Italien. Das hätte durchaus zu seinem Profil als Humanist und Vielschreiber gepasst: Sobald die Bewegung des Humanismus, die die Literatur der Antike immer stärker erforscht und für neue literarische Schöpfungen produktiv macht, Mitte des 15. Jahrhunderts richtig Fahrt aufnimmt, entstehen auch immer mehr Tagebücher, vor allem Reisetagebücher. Darunter finden sich literarische Juwelen wie Michel de Montaignes Tagebuch seiner Italienreise 1580/81, aber auch ganz spartanisch dokumentierende, dennoch teils lange Aufzeichnungen (anonymer) Händler, Pilger, Handwerker oder Söldner. Tagebücher, Erlebnisberichte und Memoiren entstehen in der Renaissance in einer Qualität und Quantität, die dem Mittelalter völlig fremd gewesen sind, und das nicht nur an der Spitze der Gesellschaft, sondern überall da, wo die Alphabetisierung schon Fuß gefasst hat. Der Ladenbesitzer Luca Landucci etwa führt von 1450 bis 1516 ein detailliertes Tagebuch, das sich erhalten hat und unglaubliche Einblicke in den Alltag der Metropole Florenz gewährt. Der ausgeprägte Sinn für Ordnung und Akribie dieser Epoche kann das Tagebuchschreiben in Extremfällen zum Hauptberuf eines Gelehrten machen: Der Venezianer Marino Sanuto schreibt eine Mischung aus Tagebuch und Stadtchronik, die die Jahre 1496 bis 1533 behandelt und nicht weniger als 40.000 Manuskriptseiten füllt. Interesse an der Lektüre von Tagebüchern aber entsteht, wie könnte es anders sein, erst mit einigem zeitlichen Abstand; Montaignes Reisetagebuch etwa wird erst 1774 entdeckt und ediert. Größtes Interesse hingegen herrscht bei der Leser- und also auch bei der Verlegerschaft an Fernreisen und Entdeckungen jenseits der Meere: Die Renaissance ist nicht zuletzt die Epoche der Fernsegler und der Reisen ins fundamental Unbekannte. Berichte von der anderen Seite des Atlantiks, von den „Gewürzinseln" im Indischen Ozean, aus Afrika und aus Fernost haben Konjunktur auf dem Buch- und Flugblattmarkt. Sie werden nicht nur in großen Auflagen gedruckt, sondern auch gesammelt und sorgfältig ediert; maßgebend ist hier die Sammlung *Delle navigationi et viaggi*, die der venezianische Humanist Giovan Battista Ramusio ab 1550 in mehreren umfangreichen, reich mit Karten und Illustrationen versehenen Bänden herausgibt.

So weite Reisen hat Erasmus nicht unternommen, ein Reisetagebuch oder ähnliches hat er wie gesagt nicht geführt. Zwar erwähnt er in seinen Werken hin und wieder Orte, an denen er gewesen ist, und Bekanntschaften, die er unterwegs geknüpft hat; in den *Colloquia* etwa gibt es einen Dialog über einen Rosstäuscher, also einen betrügerischen Pferdehändler und -vermieter, den *Hippoplanus*, in dem gewiss eine Portion eigene Erfahrung steckt. Die größte Menge unmittelbarer und eindringlicher Schilderungen, Erfahrungsberichte, Anekdoten und Äußerungen über das Reisen gibt Erasmus in einem weiteren seiner „Werke", das in der Aufzählung oben fehlte, aber dennoch mehrere tausend Seiten lang ist: Es handelt sich um seine Briefe.

*

Die Gattung des Briefes ist in humanistischer Zeit von herausragender Bedeutung, und das auf vielen Ebenen. Briefe sind etwas Praktisches, Pragmatisches und zugleich etwas Ästhetisches, Literarisches. Mit Briefen kann ein Netzwerk Gleichgesinnter geknüpft werden, das über die regionale Beschränktheit einzelner Herrschaftsgebiete hinausgeht und das zugleich quer zu anderen überregionalen Institutionen wie der kaiserlichen Verwaltung oder der katholischen Kirche steht. Das Lateinische ermöglicht eine gesamteuropäische Reichweite ohne Sprachbarriere; dabei ist Latein zu können weniger „elitär" als man heute denkt, überhaupt alphabetisiert zu sein, also lesen und schreiben zu können, hingegen schon. Im Brief kann sich der (aus der Antike übernommene) Freundschaftskult der Humanisten mit wissenschaftlichem, kulturellem und politischem Informationsaustausch verbinden. Entsprechend werden viele Briefe geschrieben, und das verdankt sich nicht zuletzt zwei spätmittelalterlichen Innovationen bzw. Importen, die um das Jahr 1300 in Italien auftauchen und die gesamte Literaturwelt beeinflussen: die Brille, die die Lebenslesezeit eines Menschen erhöht, und das Papier, das das ungleich teurere Pergament als Schriftträger ablöst und durch seine Verfügbarkeit den Bereich dessen, was aufgeschrieben wird, schlagartig erweitert. Briefe sind zugleich privat und öffentlich, sie behandeln sowohl persönliche als auch allgemeine Themen, sie dienen der intimen Aussprache und der öffentlichen Kundgebung: In ihnen präsentiert sich der Autor stilistisch wie inhaltlich als Individuum, zeigt aber (bereits formal) auch, dass er als Literat immerzu in Beziehung zu anderen, zu einem Gegenüber steht. Ein Absender kann dem Adressaten Glanz verleihen, er kann aber auch von dessen Glanz zehren. Briefe werden von Anfang an zu Sammlungen von geschliffenen Kurzprosastücken zusammengefasst und veröffentlicht. Kaum hat sich der Buchdruck als europäischer Geschäftszweig etabliert, werden Briefsammlungen zu Verkaufsschlagern.

Der Brief ist also für die Literatur der Renaissance ein wenig wie das, was die Zentralperspektive für die Malerei der Renaissance ist: Folge technischer Innovation und Ausdruck einer neuen Geisteshaltung. Prägend für den humanistischen Brief ist, einmal mehr, Francesco Petrarca, und in diesem Falle nicht nur als begeisterter Vermittler der klassischen Antike, sondern ganz konkret als ihr Wiederentdecker. 1345 gräbt Petrarca in der Dombibliothek von Verona die gesammelten Briefe des Cicero an Atticus und Brutus aus, die seit Jahrhunderten niemand mehr gelesen hat. Diese Briefe werden sowohl in ihrem inhaltlichen Zuschnitt als auch im Charakter der überarbeiteten und vom Absender regelrecht herausgegeben Sammlung vorbildlich: Nicht nur Größe und Selbstsicherheit, sondern auch und vor allem Selbstaussprache und

Unsicherheit, Zweifel, Bekenntnis, auch persönliche Schwäche und Verfehlung, also höchstpersönliches, autobiographisches Schreiben wird mit dieser Briefauffassung literaturfähig. Es ist eine Art, öffentlich über sich und andere zu sprechen, die in der literarischen Welt des späten Mittelalters, in die Petrarca hineingeboren wird, eigentlich nicht vorgesehen ist. Sie ist antik und neu gleichzeitig. Hinzu kommt, dass Petrarca bereits ein europaweites Netzwerk von Freunden und Wegbegleitern besitzt, zudem schon zu Lebzeiten über die Statur verfügt, um selbstbewusste Briefe auch an Päpste und Kaiser zu richten. Aus dieser Mischung von interessantem Absender, bedeutendem Adressaten, essayistischer Themenbehandlung, stilistischem Kunstwillen und tatsächlicher dialogischer Kommunikation entsteht der humanistische Brief.

Humanisten pflegen ein sehr emotionales Verhältnis zu ihren Büchern, auch zu längst verstorbenen Autoren und folglich auch zu ihren Briefen. Briefe sind, so die Formel Ciceros, „Gespräche zwischen abwesenden Freunden“, *amicorum conloquia absentium*. Der Brief ist Gespräch, aber kein Dialog, doch gerade an solchen Widersprüchen findet die Renaissance Geschmack, mehr noch als die vorbildliche Antike. Etwas rätselhaft erscheint die Formel des von Erasmus so bewunderten Angelo Poliziano: *Epistola velut pars altera dialogi*, übersetzt etwa „Der Brief ist der andere Teil / die andere Seite des Dialogs“. Der Brief verbürgt den Kontakt in einer (wir erinnern uns an die oben beschriebenen unterschiedlichen Reisegeschwindigkeiten) oftmals recht einsamen Welt. Und wie Briefe den Raum durchdringen und überbrücken, so durchdringen sie auch die Zeit. In den gleich mehreren Briefsammlungen, die Petrarca anlegt, findet sich nicht nur ein autobiographischer Brief an die Nachwelt, also an uns, sondern auch eine ganze Serie von Briefen, die an antike Autoren gerichtet sind.

*

Dass Briefe für die Literaten und Gelehrten der Renaissance so wichtig sind und dass (nicht nur von Humanisten!) so viele Briefe geschrieben werden, bringt uns zu einer Klasse von Reisenden, die bisher unerwähnt geblieben ist, und die neben den Händlern und den Söldnern einen Urtypus des Reisenden darstellt: den Boten. Boten üben einen für den Humanismus unabdingbaren, geradezu heroischen Beruf aus, sie bewerkstelligen den Brief-, aber auch den Zahlungsverkehr, der geistige Arbeit von überregionaler, ja globaler Dimension überhaupt erst möglich macht. Boten gibt es bereits in der Renaissance für jedwede Distanz: Erasmus schickt 1535 von seinem Schreibtisch aus einen Zettel bezüglich des Abendessens ins Basler Nachbarhaus, Jean Calvin korrespondiert 1557 von seinem Schreibtisch aus mit der protestantischen Gemeinde in Brasilien über die für die Eucharistie zulässigen Zutaten. Ein zentralisiertes System von Post im heutigen Sinne aber entsteht im Laufe der Renaissance erst langsam. Die staatlichen Institutionen der Nachrichtenübermittlung, wie sie etwa das römische oder das mongolische Großreich besessen und mit märchenhafter Geschwindigkeit betrieben haben, sind mit diesen Reichen untergegangen. Gut ausgebaute, gar gepflasterte Straßen mit Stationen, an denen Pferde gewechselt werden können, gibt es in der Renaissance schon lange nicht mehr. Langsam erst entstehen private Strukturen, die ähnlich funktionieren. Im Laufe des 16. Jahrhunderts entwickelt sich etwa der Stafettenreiter- und Postdienst der Habsburger dank der heute so arg heruntergekommenen Familie Thurn und Taxis. Nur fürstliche Gesandte können auf solche Strukturen zurückgreifen: So kann ein Bote Kaiser Maximilians I. 1516 zwischen Wien und Buda (circa 250 Kilometer) fünf Mal die Pferde wechseln. Ein Humanist braucht also einen eigenen Diener oder den Diener eines guten Freundes, der für ihn Briefe transportiert. Boten sind keine schlichten Knechte: Sie müssen weltgewandt und selbstständig sein, sie beherrschen bestenfalls mehrere Sprachen sprechen und kennen die Wege. Vor allem aber müssen sie äusserst zuverlässig und unbestechlich sein, da ihnen nicht nur die Korrespondenz selbst, sondern auch die Reisekasse anvertraut werden muss. Aber auch dann ist es nie ganz auszuschließen, dass sie unterwegs verloren gehen.

Dass Boten enge Vertraute sind, lässt sich an vielen Details in Briefen dieser Zeit ablesen. Hin und wieder liest man den Hinweis, dass der Überbringer des Briefes zu einer entweder besonders brisanten, oder aber besonders banalen Angelegenheit mündlich noch nähere Auskunft geben kann. Häufig kommt es auch vor, dass durch einen Absatz am Schluss der Brief zu einem Vorstellungs- und Empfehlungsscheiben für den Überbringer wird. Die Korrespondenz des Erasmus ist voll von Beispielen dafür. Wir kennen viele seiner vertrauten Boten namentlich und können nachvollziehen, dass die Arbeit als Schreiber, Sekretär oder Bote im „Büro Erasmus" für viele junge Gelehrte eine Orientierungsphase zwischen dem Studium und der anschließenden Karriere im Dienste eines Fürsten oder einer Kommune, an einer Universität oder in einer Kirche darstellt („der" Kirche kann man für die Generation der Erasmusschüler schon nicht mehr sagen). Wer für den berühmten Erasmus von Rotterdam Briefe quer durch Europa trägt, wird nicht nur in vielen hohen Häusern sehnlich erwartet und verhältnismäßig gut aufgenommen, sondern macht eine Bildungsreise auf Kosten seines Herrn: Es ist gleichsam eine humanistische Walz. Ein gutes Beispiel ist Karl Harst aus dem heutigen Elsass: Er wird 1492 in Wissembourg geboren, studiert ab 1510 in Köln und Orléans, dann auch in Löwen, wo er Erasmus kennenlernt und erste Dienste für ihn tut; so trägt er Briefe vom Mittelrhein in die Niederlande. Ab 1524 dient und wohnt er dann für ein gutes Jahr bei Erasmus in Basel, bevor er auf eine ebenfalls gut einjährige Reise geschickt wird, um Briefe, Manuskripte, Bücher und Urkunden zu transportieren: Mitte Mai 1525 geht es von Basel aus über Innsbruck und Venedig nach Rom, von dort zurück nach Basel, wo er Mitte September ankommt und für zwei Wochen bleibt; dann geht er erneut nach Venedig und kehrt im Dezember nach Basel zurück, wo er die Weihnachtszeit verbringt; dann reist er über Löwen und Antwerpen nach England, wo er sich von Februar bis März aufhält, um am 19. April 1526 auf gleicher Route wieder in Basel anzukommen. Im Anschluss nimmt er seinen Abschied, heiratet und arbeitet als Lehrer in Löwen, bevor er 1530 Diplomat im Dienst der Herzöge von Kleve wird; er stirbt 1563. Boten bewegen sich durch die gleichen gehobenen Netzwerke, Stationen und Häuser wie ihre Herren, die Absender, und wachsen so in diese Netzwerke hinein. Zudem sind auf diesen Routen viele Briefe nicht nur für eine Person bestimmt, sondern für eine Gruppe von Personen, für den Freundeskreis, und werden unversiegelt befördert: So können beispielsweise alle Freunde des Erasmus, die auf der Strecke wohnen und den Boten beherbergen, den Brief lesen, der von Basel nach London reist.

*

Ohne Briefe hätte Erasmus nie zum „Fürsten der Humanisten" werden können, wie sein etwas übertriebener Ehrentitel lautet: weder im konkreten Netzwerk des tatsächlichen Briefverkehrs, noch der literarisch-kulturellen Statur nach, die durch veröffentlichte Briefsammlungen gefestigt wird. Erasmus ist ein gesprächiger Briefpartner, der auch gerne einmal einen sehr langen Brief schreibt. Aber vor allem sein lockerer, eleganter und immer auf das Thema und den Adressaten des Briefes abgestimmter Stil werden schnell geschätzt und berühmt. Diese doppelte Verankerung des Briefstils sowohl in der Persönlichkeit des Absenders als auch in der des Adressaten, ein Ideal, das sich schon bei Petrarca findet, ist auch in dem Lehrbuch grundlegend, das Erasmus über

Briefe schreibt. *De conscribendis epistolis*, also „Anleitung zum Briefeschreiben“, zählt zu seinen frühen Werken, Erasmus arbeitet bereits Ende der 1490er-Jahre daran, in seiner Zeit als Privatlehrer in Paris. Systematisch werden darin verschiedene Teile des Briefes von der Anrede bis zur Verabschiedung abgehandelt, mit Beispielen versehen und erläutert; andere Lehrbücher zu diesem Thema werden verglichen, bewertet, abgekanzelt, Vorbilder in alter und neuer Zeit gesucht. Unter den Zeitgenossen ist besonders Angelo Poliziano, der wichtige Dichter-Philologe im Florenz der Medici, das Vorbild für einen modernen, an der Antike geschulten Briefstil. Wie Poliziano tritt auch Erasmus dafür ein, nicht nur einen antiken Autor (das ist meist Cicero) nachzuahmen, sondern sich eine ganze Reihe von Vorbildern zu suchen, aus denen eine individuell gemischte Stil-Synthese entwickelt werden soll. Sprachlicher Stil ist das Ergebnis eines Fermentations- und Bildungsprozesses, ist für die restlos sprachbegeisterte Renaissance Bildung schlechthin, die die *humanitas* eines Menschen voll zur Blüte bringt. Und Menschen, so Erasmus in seiner Erziehungsschrift *Declamatio de pueris statim ac liberaliter instituendis* (1529), werden, anders als Bäume oder Pferde, nicht als solche geboren, sondern müssen zu solchen gebildet werden: *homines non nascuntur, sed figuntur*. Diese Stilideale verteidigt Erasmus bis ins hohe Alter. Das Werk *Ciceronianus* von 1528 etwa gibt sich kämpferisch und spöttisch gegen die Cicero-Monokultur und bringt Erasmus, der bereits zahlreiche Gegner auf theologischem Terrain hat, viele neue Feinde ein, besonders in Italien; aber doch auch genügend neue Bewunderer und Schüler. Es geht also um die Situation, es geht mehr um Beweglichkeit und Mischung, als um Reinheit: Es geht darum, dass Briefe gesprächig sind. Erasmus findet dafür einen interessanten Vergleich aus der Unterwasserwelt: Der Briefstil solle ein Polyp sein, der je nach Untergrund seine Farbe wechseln kann. In seinem Lehrbuch des Briefeschreibens wiederholt er zudem Ciceros oben zitierte Formel, Briefe seien Gespräche zwischen abwesenden Freunden, geradezu wörtlich, er nennt es zudem, mit einer wichtigen Vokabel (→ S. 48), die „gleichsam schweigende Rede abwesender Freunde“, *absentium amicorum quasi mutuus sermo.*

Lehrbücher über das Briefeschreiben sind in der Renaissance ganz und gar keine Seltenheit, umso mehr beeindruckt der Erfolg des *De conscribendis epistolis*: Bis 1600 erscheinen über 80 verschiedene Auflagen des Werkes, und auch im 17. Jahrhundert wird es weiter nachgedruckt. Hinzu kommt, dass auch in anderen Lehrbüchern über guten literarischen Stil, die Erasmus im Laufe seines Lebens schreibt, immer wieder Briefe im Zentrum stehen. In seinem Werk *De duplici copia verborum ac rerum*, das zuerst 1512 erscheint, behandelt Erasmus die doppelte Bedeutung der Reichhaltigkeit und Fülle (*copia*) für gute Texte: die Fülle der Gegenstände, über die gesprochen wird (*res*) und die Fülle der Wörter, die dafür verwendet werden (*verba*). Es ist ein in jeder Hinsicht hoch spannender Balanceakt zwischen überbordendem, unterhaltsamem und mitreißendem Reichtum der Rede (*copia*) und hohler Wiederholung, leerer *Kopie* (eben auch: *copia*). Die Gegenüberstellung von *res* und *verba* ist aus der antiken Rhetorik entlehnt, genauso wie die Sprache, um die es geht, nämlich das Lateinische, und Erasmus umkreist genau die Frage, wie man ein nach antiken Standards schönes Latein in einer Welt schreiben soll, die nicht mehr antik ist. Im Zusammenhang mit der *copia* werden Synonyme wichtig, Strategien, ein und dasselbe in verschiedener Art und Weise zu sagen. Als Exempel wählt Erasmus einen typischen Eröffnungssatz aus der Welt der Korrespondenz: *Tuae literae me magnopere delectarunt.* „Dein Brief hat mich sehr gefreut." Diese Aussage variiert Erasmus beispielhaft nicht weniger als 147 Mal: Aus dem einfachen Satz werden schließlich prachtvolle Sprachgebäude, die mehrere Seiten füllen. In solchen Fingerübungen wird das Handwerk deutlich, auf das es in einer brieflichen Welt ankommt: einer Welt, deren Realität voll und ganz aus Sprache besteht.

*

Aber wie sieht es nun konkret aus? Wie viele Briefe des Erasmus gibt es, wie sind sie überliefert, was haben sie mit dem Reisen zu tun? Die neueste Gesamtausgabe der Korrespondenz des Erasmus, die zu den seit 1974 erscheinenden und noch nicht abgeschlossenen *Collected works of Erasmus* in englischer Übersetzung gehört, zählt 3141 Briefe. An die 1600 davon hat Erasmus geschrieben, die andere Hälfte ist an ihn adressiert. Manche dieser Briefe sind Billets von fünf Zeilen, andere sind Abhandlungen von fünfzig Seiten. Petrarcas Briefwerk, zum Vergleich, besteht aus rund 600 Briefen, die in fünf verschiedenen Sammlungen zusammengefasst wurden.

Manche Briefe haben sich in den Nachlässen der Adressaten erhalten, manch andere, weil Erasmus sie von seinen Sekretären kopieren ließ. Sonderfälle bilden dezidiert öffentliche Briefe, die als Apologien Stellung in theologischen Streitsachen beziehen und zuweilen als einzelne Flugschriften gedruckt werden, oder Widmungsbriefe, die Werken vorausgeschickt werden und so einerseits Schutz durch den hochgestellten Adressaten garantieren und andererseits als Vorwort fungieren. Viele Briefe haben sich erhalten, weil sie bereits zu Lebzeiten des Erasmus gebündelt und veröffentlicht worden sind – zumeist herausgegeben von engen Freuden wie dem offenbar unverwüstlichen Beatus Rhenanus – und auf Initiative der Drucker, vor allem Johannes Frobens. Bis zu seinem Tod erscheinen insgesamt elf verschiedene Briefausgaben, dazu zahllose Nach-, Neu- und Raubdrucke. Denn die Briefe des großen Erasmus verkaufen sich. Kleinere Sammlungen erscheinen 1515 bei Froben, sodann neue 1516 und 1517 bei Dirk Martens in Löwen, bevor 1518 bei Froben die erste reine Briefsammlung unter dem Titel *Auctarium selectarum aliquot epistolarum Erasmi* erscheint, die 63 Briefe vereint. Von da an wächst der Umfang jeder neuen Sammlung, wobei natürlich wiederholt wird, was sich schon einmal verkauft hat: 1519 die *Farrago nova epistolarum Erasmi* (333 Briefe), 1521 die *Epistolae ad diversos* (617 Briefe) und schließlich das *Opus espistolarum*, das 1529 die Marke von 1000 Briefen knackt.

Für das Thema des Reisens, wie es sich aus den brieflichen Schilderungen des Erasmus darstellt, birgt diese Überlieferungssituation einige Schwierigkeiten. Auf der einen Seite ist Erasmus nicht immer gleich viel gereist. Er litt zeitlebens unter einer schwachen Gesundheit und einer starken Hypochondrie; seine Korrespondenz ist voll, ja übervoll von Klagen über eingebildete und reale Symptome, rätselhafte und allzu eindeutige Krankheiten. Auch ein einfacher Schnupfen ist Erasmus einige Zeilen wert; Schwellungen und Entzündungen, Schilderungen, die an Lebensmittelunverträglichkeiten, Lebensmittelvergiftungen oder Migräne denken lassen, kommen hinzu. Aber wenigstens von der Modekrankheit seiner Zeit, der Syphilis, scheint er verschont geblieben zu sein. Jedenfalls ist Erasmus ab Mitte der 1520er-Jahre zunehmend gebrechlich und reist nicht mehr viel; das muss er auch nicht mehr, da er inzwischen buchstäblich bei seinem Drucker in Basel wohnt.

Auf der anderen Seite nimmt die Briefproduktion zu, je sesshafter Erasmus wird. Gerade am Anfang seiner Karriere, als er am meisten reist, finden sich die größten Lücken in der Überlieferung seiner Schreiben. Aus seinen ersten Studienjahren in Paris sind kaum Briefe überliefert, von 1497 bis 1501 sieht es besser aus, dann aber folgt eine einschneidende Phase: Wenig ist aus den Jahren bis 1505 überliefert, noch weniger bis 1508, schließlich gar nichts mehr von Dezember 1508 bis April 1511. Das betrifft genau die Jahre, in denen er in Italien und wieder in England ist, also seine ausgedehntesten Reisen unternimmt; hier gibt es zum Glück schlaglichtartige Rückblenden aus späterer Zeit. Ab 1514 wird Erasmus immer berühmter, und entsprechend besser wird die Überlieferungssituation. Die Mehrzahl seiner Briefe schreibt Erasmus im Alter, auch weil er als europäische Berühmtheit viele Briefe zu beantworten hat und nicht zuletzt, weil er sich mit der fortschreitenden Eskalation des christlichen Konfessionsstreites zu immer längeren und detaillierten Stellungnahmen gezwungen sieht. Aus seinen Jahren in Freiburg, wohin er 1529 vor der Reformation in Basel ausweicht, berichtet der alte Erasmus, dass er die Hälfte seiner Zeit nur mit dem Lesen und Schreiben von Briefen verbringt. Reisen und Briefeschreiben beschäftigt Erasmus bis zuletzt; in einem späten Brief aus dem Oktober 1535, gute neun Monate vor seinem Tod, nimmt er sich noch Reisen vor, er müsse, mit zwei Worten, nur noch auf die Schwalbe warten: *Expectanda hirundo.*

Wie wörtlich kann man schließlich aber das nehmen, was Erasmus über seine Reisen in seinen Briefen schildert? Briefe von Humanisten als Quellen für Tatsachenwahrheiten heranzuziehen, ist immer problematisch: Es handelt sich um stilisierte Texte der Selbstdarstellung aus den Federn literarischer Fachmänner. Das ist für dieses Buch aber weniger schlimm, denn Erasmus ist (verglichen etwa mit seinen italienischen Kollegen) gegenüber Freunden ein durchaus offenherziger Plauderer, dem weder der Genuss an Trivialitäten noch die Selbstironie fremd ist. Zudem würde ohne ein wenig Selbstdarstellung kein Briefeschreiber (zu keiner Zeit) auf die Idee kommen, etwas so Selbstverständliches wie Geschäftsreisen auf allseits bekannten Routen zu schildern.

⁂

Die gewaltige Arbeit, die Briefe des Erasmus zu sammeln, zu kommentieren und vor allem auch nach Kräften richtig zu datieren und in eine Reihenfolge zu bringen, ist in der Hauptsache in der englischsprachigen Gelehrtenwelt zu Beginn des 20. Jahrhunderts geleistet worden: Francis Morgan Nichols gab ab 1901 die *Epistles of Erasmus* heraus, die bis 1517 reichen. Die kritische Ausgabe des lateinischen Textes, zudem versehen mit weitreichenden und grundlegenden Kommentaren, besorgte Percy Stafford Allen, der in Oxford wirkte; nach seinem Tod 1933 wurde die Edition der Briefe von seiner Ehefrau Helen Mary Allen, ebenfalls eine eminente Philologin, zu Ende geführt, sie umfasst insgesamt zwölf Bände. Die englische Übersetzung der vollständigen Korrespondenz, die im Rahmen der *Collected works of Erasmus* bei der University of Toronto Press erscheint, ist zudem um Briefe erweitert worden, die in der Zwischenzeit ans Licht gekommen sind; der 21. und letzte Band erschien 2021. Auf diese Ausgaben stützt sich die vorliegende Auswahl und Übersetzung.

Angesichts des gewaltigen Umfangs von Erasmus' Briefwerk verwundert es nicht, dass eine vollständige Übersetzung ins Deutsche noch nicht vorliegt. Derzeit verfügbar ist eine Auswahl von Walther Köhler, einem evangelischen Kirchenhistoriker, der Erasmus vor allem durch die Brille der Reformationsforschung sah. Die einbändige Auswahl, die die Briefe zumeist in gekürzter Form präsentiert, erschien erstmals 1938; sie wurde zwar zwischenzeitlich ergänzt, trägt aber die Spuren ihrer Zeit. Übersetzungen altern anders als Originale, vor allem schneller. Neueren Datums ist die Übersetzung des Briefwechsels mit Thomas Morus von Hubertus Schulte-Herbrüggen, sie erschien 1985.

Der vorliegende Band konzentriert sich nicht auf einen wichtigen Briefpartner, sondern auf einen wichtigen Aspekt von Erasmus' Leben. Seine Briefe über das Unterwegssein und seine Erlebnisse auf Reisen spannen einen Bogen über die gut dreißig Jahre seiner aktiven und mobilen Lebensphase. Jeden der von mir ausgewählten Briefe habe ich mit einer Einleitung und mit Stellenkommentaren versehen, die eine biographische, kulturelle oder historische Orientierung bieten und die wichtigsten Figuren im Netzwerk des großen Humanisten knapp vorstellen sollen. Der Humanismus der Renaissance ist eine Bewegung und eine Gruppenarbeit: Eine Möglichkeit, sich in der Vielzahl der Personen, die in diesem Buch vorkommen, zu orientieren, bietet auch das Register der Personen, die in den Briefen sowie in den Erläuterungen vorkommen. Die Landkarte auf der folgenden Doppelseite verzeichnet die Orte, die von Erasmus in diesem Buch benannt und vor allem bereist werden.

Utrecht
Deventer
Gouda
Rotterdam
,s-Hertogenbosch
Koblenz
Bergen op Zoom
Hoogstraten
Bedburg
Köln
Boppard
Cambridge
Antwerpen
Bonn
Brügge
Gent
Maastricht
Mechelen
Bedwell
Roeselaere
Aachen
Dover
Calais
Oxford
Tienen
Lüttich
Mainz
London
Rochester
Löwen
Tongeren
Worms
Tournai
Speyer
Hammes Castle
Brüssel
Trier
Cambrai
Straßburg
Anderlecht
Schlettstadt
Boulogne
Amiens
Kaysersberg
Tournehem
Colmar
Saint-Denis
Saint-Omer
Basel
Saint-Just-en-Chaussée
Porrentruy
Paris
Clerval
Besançon
Montbenoît
Orléans
Mont Cenis
Lyon

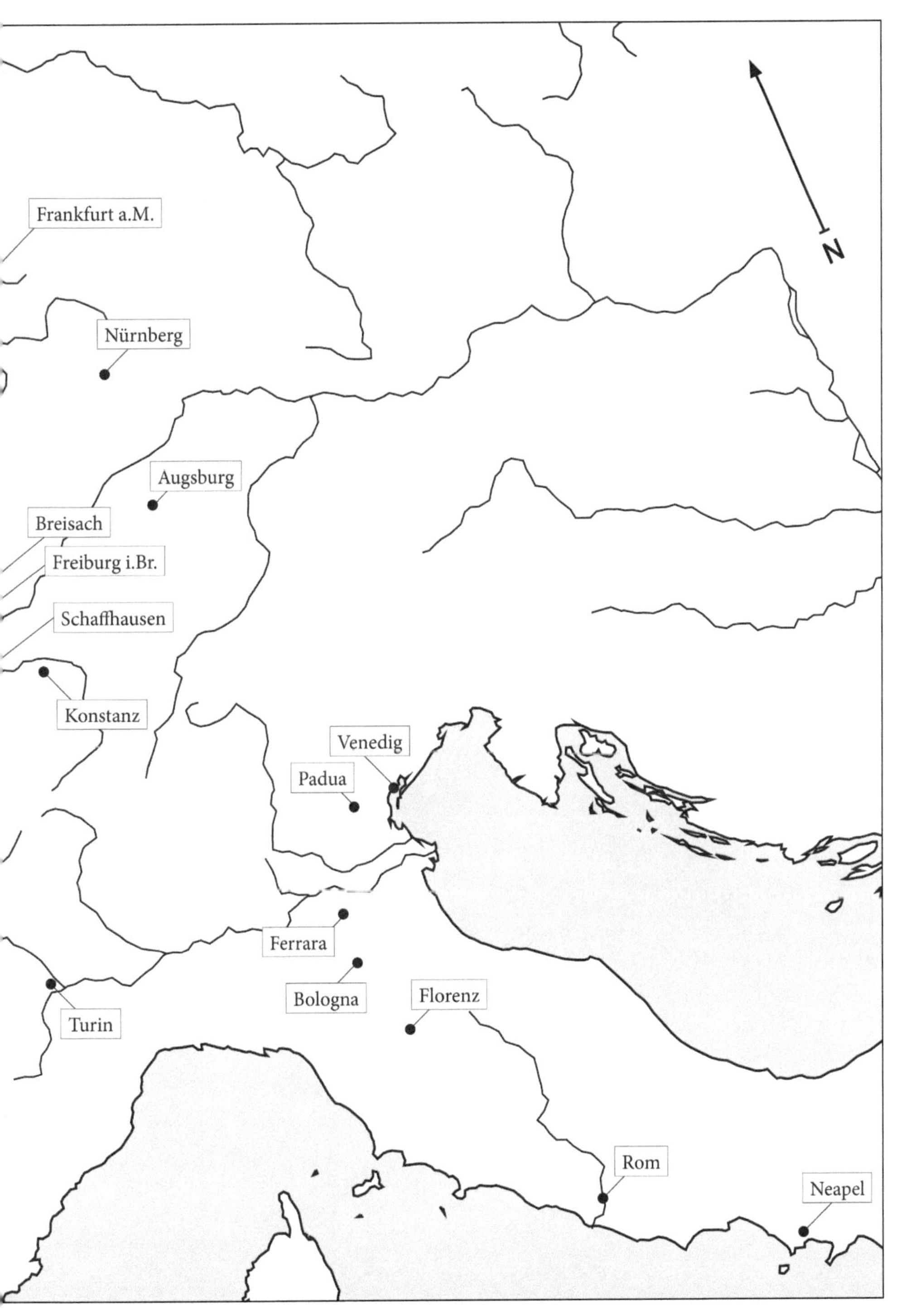

N
Frankfurt a.M.
Nürnberg
Augsburg
Breisach
Freiburg i.Br.
Schaffhausen
Konstanz
Venedig
Padua
Ferrara
Bologna
Florenz
Turin
Rom
Neapel

Aufgeschobene Abreise

29. November 1498
(Brief Nr. 80)

Obwohl Erasmus bereits als Kind und Jugendlicher eine tadellose Ausbildung erhalten hat, beginnt er erst spät zu studieren: Nach seinem Eintritt ins Kloster, seiner Priesterweihe und seiner Tätigkeit als Sekretär des Bischofs von Cambrai beginnt er 1495 in Paris ein Studium der Theologie, das er sich mehr schlecht als recht durch Arbeit als Privatlehrer finanziert. Um endlich frei als Humanist tätig werden und sich entfalten zu können, braucht er eine Gönnerin oder einen Gönner, am besten mehrere. Solche versucht ihm Jacob Batt zu vermitteln, der Erasmus bereits den Weg nach Paris gebahnt hat. Batt zählt zu den wichtigsten Freunden und Briefpartnern des jungen Erasmus. Von 1495 bis zu seinem frühem Tod 1502 sind zwanzig Briefe von Erasmus an ihn erhalten; in Erasmus' Frühwerk *Antibarbari* ist er zudem eine der Hauptfiguren des Dialogs. Der etwa gleichaltrige Batt stammt aus Bergen op Zoom, hat ebenfalls in Paris studiert und kehrt Anfang der 1490er-Jahre in seine Heimatstadt zurück, um dort die öffentliche Schule zu leiten und als Sekretär der Gemeinde zu amtieren; in dieser Funktion lernte er auch Erasmus kennen. Etwa 1496 tritt Batt in den Dienst der adligen Anna van Borssele (→ S. 42), um deren Sohn zu unterrichten. Dort gelingt es ihm auch einzufädeln, dass Anna als Gönnerin für den brillanten, aber mittellosen Erasmus eintritt. Damit diese Patronage in die Gänge kommt (und so richtig in die Gänge wird sie nie kommen), ist die persönliche Aufwartung des Erasmus bei Anna van Borssele in Tournehem, unweit von Calais, natürlich unabdingbar.

Nun ist die ausdrückliche Einladung nach Tournehem endlich gekommen – aber ein Problem stellt sich sofort mit aller prosaischen Härte: Wie soll Erasmus sich aus seinen kargen, aber laufenden Verpflichtungen als Privatlehrer in Paris lösen? Schlimmer noch, was soll er von einer zukünftigen Mäzenatin halten, die seine Reisekosten nicht vorstreckt? So lässt schon dieser frühe Brief Leitmotive anklingen, die sich in Erasmus' Korrespondenz stets wiederholen werden, besonders, wenn es ums Reisen geht: Wer bezahlt das Weggeld? Wo bekommen wir bessere Pferde her? Und wie entgehen wir sowohl den Räubern als auch den Wachleuten der Staatsgewalt?

Noch eine der Konstanten im Leben des Erasmus wird bereits hier deutlich: Reisen oder nicht reisen hängt für ihn immer von seinen Büchern ab. Wo seine Manuskripte gerade sind, wo es neue Bücher gibt und vor allem wo seine Bücher vervielfältigt oder gedruckt werden können, das ist für ihn ausschlaggebend. Sobald es eine unmittelbare Chance auf mehr und bessere Bücher gibt, macht er sich auf den Weg; wenn nicht, dann zaudert er, wie in diesem Brief an Jacob Batt. Dass er indes Paris und die „verhasste Knechtschaft" des Unterrichtens hinter sich lassen will, daran lässt er keinen Zweifel. Auch, dass er seine Freunde umstandslos als Kopisten einspannt, ist ein interessanter Einblick in die Werkstatt des Erasmus.

An Jacob Batt

Erasmus grüßt seinen Batt. Es bleibt mir nicht verborgen, mein bester Batt, dass es deinen Erwartungen zuwiderlaufen wird, dass ich nicht auf der Stelle zu dir geflogen komme, und das vor allem, weil die Sache besser ausgegangen ist, als einer von uns beiden es zu hoffen gewagt hätte. Sobald du aber meine Gründe kennst, wirst du dich weniger wundern und auch verstehen, dass du, nicht weniger als ich selbst, diese Gründe geliefert hast. Es ist kaum sagbar, welche Lust mir dein Brief bereitet hat. Schon male ich mir aus, was für eine überaus fröhliche Geselligkeit wir haben werden. In welcher Freiheit werden wir spielen können! Wie werden wir mit unseren Musen leben können! Ich sehne mich schon längst danach, dieser verhassten Knechtschaft hier zu entfliehen. Worauf ich also noch warte, wirst du fragen. Keine Sorge, ich werde es dir erklären. Ich habe nicht damit gerechnet, dass der Bote so bald schon hier sein würde. Man schuldet mir hier noch ein bisschen Geld; aber für mich muss es den Anschein haben, dass es um erhebliche Summen geht. Ich habe noch unabgegoltene Abmachungen mit einigen Leuten, die ich nicht ohne Verlust auflösen kann. Mein Monat im Dienst des Grafen hat begonnen.[1] Die Miete für mein Zimmer habe ich schon bezahlt. Mit Augustinus habe ich einige Geschäfte am Laufen.[2] Die Bücher meiner Schülerchen sind, ich weiß nicht wo, verloren gegangen; ich habe diesbezüglich weder Briefe noch irgendein Geld bekommen; es gibt Streitereien über die Sache.

Du siehst also, mein lieber Batt, dass ich das alles nicht einfach so aufgeben kann, ohne draufzuzahlen. Wenn ich wegziehen würde, bevor diese Angelegenheiten erledigt sind, dann würde hier, das ahne ich längst, vieles in die Brüche gehen. Du weißt ja, wie es bei Terenz heißt: „Wo bist du gewesen? Warum hast du das zugelassen?“[3] Du wirst einsehen, dass ich diese Dinge nicht vernachlässigen kann; mein Hauptgrund aber ist es, dass mein Werk *De*

1 Damit ist Wiliam Blount, Lord Mountjoy (→ S. 42), gemeint, der sich als einer der wichtigsten Förderer des Erasmus erweisen wird.

2 Augustinus Vincent, ein Humanist aus Kamin in Mecklenburg, ist seit 1496 mit Erasmus bekannt; er arbeitet als Kopist und hat gute Beziehungen zu Druckern und Buchhändlern. Er hilft Erasmus, zu dem er eine spannungsreiche Freundschaft pflegt, mehrfach aus und akzeptiert Texte als Gegenleistung.

3 Ein Zitat aus der Komödie *Adelphoe* (V. 234) des Terenz, deren Verwicklung um zwei ungleich erzogene Brüder kreist.

conscribendis epistolis[4] verloren gehen würde, denn die einzige Kopie ist gerade in den Händen von Augustinus. Weder für den Lorenzo[5] noch für alle anderen meiner Schriften würde es irgendeine Hoffnung geben. Für nichts gibt es nämlich weniger Hoffnung als dafür, dass Augustinus die Sachen, die er gerade hat, zurückschickt, während ich, also der einzige, für den er überhaupt tut, was er tut, weg bin. Nur mit größtem Zwang konnte ich ihn dazu bringen, dass er dir einen Teil des Lorenzo schickt, und auch das hat er nur unter der Bedingung getan, dass du ihm im Gegenzug einige meiner Briefe schickst. Er verlangt Ausgeglichenheit. Eine Hand wäscht die andere, man gibt etwas und man bekommt etwas. Das sind also die Gründe, die mich dazu gebracht haben, noch einen weiteren Monat hier zu bleiben, bis ich mein Geld zurückbekommen, meine Abmachungen eingelöst und meine Schriften beisammen habe. Wenn du diese Entscheidung gutheißt, wird sie mich nicht reuen; wenn nicht, dann lass es mich möglichst schnell wissen, denn ich möchte ganz in Übereinstimmung mit deinem Willen handeln.

Von Adrian, dem Überbringer dieses Briefes, wirst du eine neue Tragödie hören. Jener hatte, als er bei mir einkehrte, sein Pferd bei einem Wirtshaus gelassen und im Sattel, wie er mir sagte, etwas Geld versteckt; ich befahl ihm, sogleich zu dem Gasthaus zu laufen und das Geld zu holen. Er ging los. Als er aber in der Abenddämmerung zurückkam, wurde er von einigen Wachleuten angegangen, sie schlugen ihn, traten ihn, verletzten ihn, warfen ihn in den Kerker und nahmen ihm das Geld ab. Zunächst dachte ich noch, er hätte jemanden getroffen und sei etwas trinken gegangen. Als er aber am nächsten Tag zu fortgeschrittener Stunde immer noch nicht aufgetaucht war, begann ich zu ahnen, dass ich weiß nicht was in dieser Art geschehen war. Er kam gerade rechtzeitig zurück, mit Dreck und Blut beschmiert, er war in ganz elender Weise behandelt

4 Erasmus' Lehrbuch über das Briefeschreiben (→ S. 26).

5 Die *Sechs Bücher über die Schönheiten der lateinischen Sprache* des großen italienischen Humanisten Lorenzo Valla, die Mitte der 1440er-Jahre entstehen, sind ein Lehrbuch über den rechten Gebrauch des klassischen Latein, das sofort Debatten auslöst und großen Einfluss hat; ab 1471 wird es unzählige Male gedruckt und gilt seinerseits als Klassiker. Erasmus hat bereits Ende der 1480er-Jahre auf Bitten eines Lateinlehrers Auszüge daraus erstellt und Paraphrasen auf das Werk geschrieben, die er einige Male überarbeitet und immer wieder Freunden ausleiht; sein „Lorenzo" wird schließlich ohne Erasmus' Wissen gedruckt (1529), dann erneut überarbeitet und wieder veröffentlicht (1531) und entwickelt sich seinerseits zu einem großen Erfolg mit dutzenden Auflagen.

worden. Wir gingen geradewegs zu einem Rechtsanwalt und von dort weiter zum Stadtpräfekten; der ist hier ein recht neuer Vogel. Bevor ich dessen Höhle betrete, würde ich mich lieber in eine Kloake begeben. Ich erhob in Person vor einem Richter Klage; der brachte ein in der Mitte zerbrochenes Schwert zur Anschauung. Die Wachleute sagten aus, dass es zerbrochen sei, als mein Bote versucht habe, ich weiß nicht wem auf der Straße den Arm abzuschneiden, und dass er gerade bei dieser Tat aufgegriffen worden sei. Wir brachten Zeugen bei, die bestätigten, dass das Schwert schon zerbrochen war, als jener die Stadt betreten hatte. Es war geschehen, als der Esel nicht von seinem Esel, sondern von seinem Pferd gefallen war. Der Richter antwortete, er würde ein Urteil sprechen, sobald wir die Urheber des Verbrechens vorbringen könnten. Jene Wachleute hatten sich, obwohl sie ihrem Richter zugeteilt waren, sogleich davongemacht, als sie uns hereinkommen sahen. Adrian hatte uns darauf hingewiesen, aber da waren jene schon weg. Entsprechend gaben wir die Sache auf.

Dieses Omen hätte mich wohl verschrecken können. Ich wollte ihn bei mir behalten, weil er eben verletzt war, ich wollte aber auch dich möglichst bald von meinem Entschluss wissen lassen und deine Meinung dazu so schnell wie möglich hören. Darüber hinaus drückten mich derart viele Geschäfte, dass ich kaum Zeit zum Schlafen fand. Ich gab ihm achtzehn *douzains*[6] zusätzliches Weggeld. Er sagte nämlich, dass er von dir nicht mehr als dreißig bekommen hatte, und dass jene Wachleute alles, was übrig geblieben war, gestohlen hatten. Auch habe ich für einen jungen Mann eine Münze aus reinem Gold wechseln lassen, denn der Bote hatte schon unterwegs sein Gold gegen anderes Gold wechseln lassen. Kümmere dich darum, dass auch mir, wenn ihm das Geld zurückgeschickt wird, was, wie ich höre, bald der Fall sein wird, die richtige Summe zurückerstattet wird; ich werde in hiesiger Währung bezahlen, damit sie es weitergeben.

Du brauchst keine Ermahnung, mein lieber Batt, denn ich weiß, wie treu und wie sorgfältig du dich sowohl um mein Einkommen als auch um mein Ansehen kümmerst. Das Wesen eines Hofes schreckt mich einigermaßen ab und ich bin mir bewusst, dass Fortuna mir übel gesinnt ist. Dass die Dame[7] mir wohlgesinnt ist, darüber freue ich mich sehr. Aber wie wohlgesinnt war nicht

6 Eine kleine französische Münze aus einer Kupfer-Silber-Legierung (dem sogenannten Billon), deren Wert zwölf *deniers* (die kleinste Silbermünze) entspricht.

7 Anna van Borssele.

der Bischof![8] Welche Hoffnungen hat er geweckt! Und wer ist jetzt frostiger gegen mich? Es wäre mir wirklich lieber, wenn ich in deinem Brief von einem Geldbetrag lesen könnte, der genau beziffert ist und nicht großspurig gefeiert wird. Ich werde dir nicht jenen Vers des Vergil entgegenhalten, dass die Frau stets wankelmütig und veränderlich ist,[9] denn ich zähle jene Dame nicht unter die Weiblein, sondern unter die Heldinnen. Aber gibt es dort irgendjemanden, der die Literatur so bewundert wie wir? Jemand, der alle Bildung nicht vielmehr hasst? Mein Wohlergehen liegt in erster Linie in deiner Hand. Wenn aber (und das möge der große Jupiter verhüten) die Dinge nicht so voranschreiten, wie wir beide es hoffen, wenn du durch Schulden bei anderen gebunden bist, wenn sich schließlich in diesem Fall dein Geschick als wenig glücklich herausstellt, wie willst du dann deinem armen Freund helfen können? Ich werde dir nicht gestatten, dass du mir glühender zugeneigt bist als ich dir; ich bin der Meinung, dass die Sache nicht allzu heiß werden sollte.

Ich schreibe dir das nicht, weil ich meinen Entschluss geändert habe oder weil mein Geist ins Wanken geraten ist, sondern um deine Wachsamkeit auf den Plan zu rufen; schließlich geht es um unsere gemeinsamen Interessen. Wenn ich nicht die allerbeste Meinung von deiner Treue, deiner Klugheit und deiner Sorgfalt hätte, und entsprechend überzeugt davon wäre, dass ich das ganze Geschäft in deine Hände legen und ruhig schlafen kann, dann hätte mich schon der Beginn der ganzen Angelegenheit, der kaum ein gutes Omen liefert, abgeschreckt. Da schickt man mir einen Gaul, den man in einem Mietstall billig gekauft hat, und dazu ein Weggeld so knapp bemessen, dass es geradezu nichts ist. Wenn es am Beginn schon so frostig ist, mein lieber Jacob, wie soll es da am Ende warm werden? Hingegen, wann wird es eine bessere Gelegenheit geben, um ehrbar und gerechtfertigt in meinem Namen zu betteln, als jetzt, da meine Anwesenheit verlangt wird und ich deshalb meine Verpflichtungen in der Stadt aufgeben muss? Mit einer so kleinen Summe wie der gegenwärtigen wäre es mir nicht einmal möglich, zu Fuß anzureisen, geschweige denn zu Pferde mit zwei Begleitern. Wenn mir also weiteres Geld, wie ich glaube, von der Dame zugestellt wird, sagt mir der Beginn schon nicht zu; wenn aber von deinem Geld, dann gefällt es mir noch umso weniger, denn dann handelt es

8 Hendrik van Bergen, Bischof von Cambrai, bei dem Erasmus nach seinem Weggang aus dem Kloster 1493 als Sekretär arbeitet; auch diese Stelle hat ihm Batt vermittelt.

9 *Aeneis* IV, 569 f.

sich nicht nur um zu weniges, sondern sogar noch um geliehenes Geld. Was könnte unpassender sein für einen Mann, wie ich nach der Beschreibung, die du dort gegeben hast, einer bin, als sogleich auf den ersten Wink hin geflogen zu kommen noch dazu unter solchen Bedingungen? Wer sollte mich da nicht als leichtsinnig und dumm und vor allem bettelarm beurteilen? Wer sollte mich da nicht für verachtenswert halten?

Würde ich dich nicht so überaus herzlich lieben, mein bester Batt, sodass für mich so manche Beschwerlichkeit durch das Glück deiner Gesellschaft ausgeglichen wird, so hätte alles das mich dazu bringen können, den bereits gefassten Plan aufzugeben; tatsächlich aber rührt das alles mich nicht. Ich möchte dich nur dringend bitten, sorgfältig unsere Würde zu bedenken. Was ist also deine Entscheidung, wirst du mich fragen. Ich sage es dir. Ich werde hier alles eifrig vorbereiten, meine Schriften zusammensammeln, meine Geschäfte zum Abschluss bringen. Euch bitte ich, in der Zwischenzeit das zu kopieren, was ich euch schicke. Bezüglich des Knaben, der bald zum Studium hierher geschickt werden soll, schreibe mir dein umfassendes Urteil genau auf. Sodann, wenn du den Lorenzo kopiert hast, sieh bitte zu, dass du nach drei Wochen den Jungen, ich meine Adrian, wieder zurückschickst, damit er mir den Lorenzo bringt, sowie mein Weggeld und einen belastbaren Brief; und ich meine ein Weggeld, das meiner würdig ist. Denn einerseits kann ich derzeit gar nicht auf eigene Kosten kommen, weil ich völlig blank bin, andererseits wäre es auch ungerecht, weil ich hier einigermaßen einträgliche Verpflichtungen aufgebe. Auch wünsche ich mir, dass du mir, wenn es nur irgendwie möglich ist, ein besseres Pferd schickst. Ich verlange keinen prachtvollen Bukephalos,[10] aber ein Pferd, auf dem man sitzen kann, ohne sich zu schämen. Du weißt zudem, dass ich zwei Pferde brauche; denn ich habe nun ganz und gar beschlossen, meinen Schüler mit mir zu nehmen. Das zweite wäre also für ihn bestimmt. Davon wirst du die Dame leicht überzeugen können. Du hast einen vorzüglichen Grund; und ich weiß, wie redegewandt du bist, sodass du für gewöhnlich auch aus einem schlechten Grund einen vorzüglichen machst. Wenn sie sich weigern sollte, wie soll ich erwarten, dass sie meinen Lohn zahlt, wenn sie schon kein Weggeld gibt? Nun kennst du die Gründe, warum ich unser Zusammenkommen verschieben musste, und von denen ich am Beginn des Briefes gesprochen habe; ich weiß, dass du sie gutheißen wirst.

10 Das legendäre Schlachtross Alexanders des Großen.

Das also sind die Belange, in denen du meiner Stellung nutzen kannst. Übrig ist nun noch, dass du diese Belange so gut wie möglich beschleunigst. Ich werde also hier nicht schlafen, während du dort wachst. Johannes Falco[11] erwidert deine Grüße tausendfach und auch Augustinus wünscht dir Gutes. Wir alle lieben dich. Ich muss nicht näher ausführen, was du der Dame in meinem Namen sagen sollst. Leb wohl, mein lieber Batt.

Gib Acht, dass du dich nun wirklich als standhafter Mann erweist; denn ich habe nun, um leichter an all meine Sachen zu kommen, meine Verbindung zum Grafen gelöst, obwohl er viel gebeten und versprochen hat. Ich würde dir, mein lieber Batt, noch längere Anweisungen schreiben, wenn ich nicht volles Vertrauen in deine Treue hätte. Grüße in meinem Namen auch Pierre, den Arzt François und deine edlen Schüler. Leb wohl und sei wachsam.

Paris, den 29. November 1498

11 Über Johannes Falco, der einige Mal in den Briefen des Erasmus genannt wird, ist nichts bekannt.

Der Ritt durch und über das Eis

4. Februar 1499
(Brief Nr. 88)

Der Adressat dieses Briefes, Wiliam Blount, Lord Mountjoy, ist einer der wichtigsten, längsten und zuverlässigsten Förderer des Erasmus. Noch ist ihre Bekanntschaft jung: Mountjoy ist seit 1498 Schüler des Erasmus in Paris, die Freundschaft der beiden wird ein Leben lang halten. Der spätere Erzieher von König Henry VIII. wird zudem Widmungsträger des humanistischen Hauptwerkes des Erasmus, der Sammlung und Erläuterung antiker Sprichwörter *Adagia*. Anfang 1499 macht sich Erasmus nun doch auf den Weg von Paris nach Tournehem, um auf Vermittlung seines Freundes Jacob Batt (→ S. 35) Anna van Borssele, der Herrin von Veere, seine Aufwartung zu machen. Erasmus braucht dringend eine Gönnerin, um einerseits seine eigenen Studien in Paris fortsetzen zu können, andererseits um die große, in zahlreichen Briefen geäußerte Hoffnung auf eine Reise Richtung Süden zu verwirklichen. Annas Sohn Adolf von Burgund, Batts Schüler (→ S. 86), soll eine standesgemäße Studienreise nach Rom unternehmen und braucht gelehrte Begleiter. Anna, seit 1498 die Witwe des Admirals Philipp von Burgund, gehört zu einer der einflussreichsten Adelsfamilien in Zeeland. Allerdings fällt ihre Förderung für Erasmus nicht so bedeutend aus, wie erhofft. Erasmus reist also später im Jahr 1499 mit Lord Mountjoy zum ersten Mal nach England; dort wird er schließlich auch jemanden finden, den er nach Italien begleiten kann (→ S. 66).

An William Blount, Lord Mountjoy

Erasmus grüßt den englischen Grafen, Wiliam Mountjoy. Endlich sind wir angekommen und das auch unbeschadet, allerdings, wie es scheint, gegen den Willen der himmlischen und höllischen Götter. Was für eine beschwerliche Reise! Werde ich von jetzt an nicht auf Herkules und Odysseus herabblicken können? Juno, die Dichter noch nie leiden konnte, kämpfte gegen uns; sie wiederum hat Aeolus aufgestachelt; und dass der Wind auf uns eindrang, war noch nicht genug, Juno schlug mit all ihren Waffen auf uns ein, mit bitterster Kälte, Schnee, Hagel, Regen, Unwetter, Nebel, alles, was ihr zu Gebote stand. Mal stürmte es einzeln, mal gemeinsam auf uns ein. Am ersten Abend kam nach einem langanhaltenden Regen plötzlich eine beißende Kälte auf und machte die Straße ausgesprochen unwegsam; hinzu kam maßloser Schneefall; dann fing es zu hageln an und dann regnete es wieder, und wo immer die Tropfen die Straße oder einen Baum berührten, erstarrten sie unvermittelt zu Eis. Überall sah man die Erde mit einer Eisschicht bedeckt, und diese Oberfläche war nicht eben, sondern überall voll kleiner scharfkantiger Grate. Man sah die Bäume ganz in Eis gekleidet und so davon bedrückt, dass manche mit ihren Wipfeln bis auf den Boden gebogen waren, manchen riss es die Äste aus, manchen barsten die Stämme entzwei, und wieder andere stürzten entwurzelt um. Die alten Bauern aus der Gegend schworen, dass sie noch nie etwas Ähnliches in ihrem Leben gesehen hatten.[1] Die Pferde indessen mussten bald durch tiefe Schneehaufen stapfen, bald durch von Eis überzogenes Dornengestrüpp, bald durch doppelt mühsame Furchen, die hart vom Frost und scharfkantig vom Eis waren, bald über eine Eiskruste, die sich über den Schnee gelegt hatte: Sie war schwach genug, um unter dem Gewicht der Pferde nachzugeben, aber doch hart genug, um ihre Hufe zu verletzen.

Was glaubst du, wie es deinem Erasmus da zu Mute war? Er saß als ein vom Donner gerührter Reiter auf einem vom Donner gerührten Pferd. Sobald sich dessen Ohren aufrichteten, sank mir der Mut, und so oft es auf die Knie niederfiel, machte mein Herz einen Sprung. Schon erfüllte mich das Beispiel jenes poetischen Bellerophon mit Schrecken,[2] schon fluchte ich auf meine Un-

---

1 Starker Eisregen ist ein bedrohliches und zugleich faszinierendes Ereignis, das auch in italienischen Chroniken der Renaissance festgehalten wird. So notiert etwa der Florentiner Ladenbesitzer Luca Landucci in sein Tagebuch für die Nacht vom 17. auf den 18. Januar 1490, mit einer ganz ähnlichen Mischung aus Schrecken und Staunen: „Es regnete in gefrorenen Tröpflein, sodass an allen Bäumen Eiszapfen hingen. Und es war eine solche Masse Eis, dass die Bäume davon zu Boden gedrückt wurden und alle Äste abbrachen. […] Wenn man sich an einem betroffenen Ort aufhielt, glaubte man, an das Ende der Welt gekommen zu sein, so groß war der Lärm vom Brechen und Splittern, gegen das man nichts unternehmen konnte, und alle Wälder hallten wider von diesem Lärm. Es gab Grashalme, von so viel Eis überzogen, dass sie einige Pfund wogen, und die Stoppeln auf den Getreidefeldern sahen aus wie Orgelpfeifen. Und es schien, als seien die Dächer mit Glas überzogen und nirgends konnte man mehr gehen. Wer es versuchte, begab sich in Gefahr. Und viele Güter waren auf Jahre hinaus beschädigt und ohne Aussicht auf Ertrag.“

2 Bellerophon, Sohn des Poseidon, bezähmte das geflügelte Pferd Pegasos und vollbrachte mit ihm mehrere Heldentaten; schließlich aber flog er zu hoch, Zeus ließ eine Bremse das Pferd stechen, Bellerophon wurde abgeworfen, erblindete und sank ins Elend.

besonnenheit, dass ich mein Leben und meine Schriften einem sprachlosen Tier anvertraut hatte. Höre jetzt aber noch etwas, von dem du glauben wirst, dass ich es aus der *Vera historia* des Lukian[3] entliehen habe, wenn nicht Batt bezeugen könnte, dass es mir geschehen ist. Als wir schon fast in Sichtweite der Burg waren, fanden wir alles ringsum mit einer Schicht Eis bedeckt, die sich, wie bereits gesagt, über dem Schnee gebildet hatte. Es blies ein derart starker Wind, dass an diesem Tag so mancher umgeweht wurde und starb. Dieser Wind stand auf unserem Rücken. Daher kam es, dass ich den Hügel hinab schlitterte, dass ich über jene Eisschicht dahinsegelte und dabei mit meinem Stab wie mit einem Ruder lenkte. Eine völlig neue Art, sich fortzubewegen. Während dieser ganzen Reise kam uns niemand entgegen und folgte uns niemand, so sehr war das Unwetter nicht nur ungestüm, sondern ungeheuerlich. Erst am vierten Tag erblickten wir die Sonne. Von allen diesen Übeln hatten wir zumindest einen Vorteil, nämlich dass wir uns weniger vor Räubern fürchten mussten; aber da wir einiges an Geld dabei hatten, fürchteten wir sie trotzdem.

Somit hast du eine Beschreibung meiner Reise, großzügigster und strahlendster Jüngling; denn wie äußerst arg sie auch war, so erwies sich, was folgte, als äußerst glücklich. Wir kamen also, lebendig, zu Anna, der Herrin von Veere. Was muss ich dir davon erzählen, wie freundlich, liebenswürdig und freigiebig sie ist? Ich weiß, dass die Übertreibungen der Rhetoren besonders bei denen in Verdacht stehen, die selbst nicht ganz unerfahren in dieser Kunst sind. Hier aber darfst du mir nichts unterstellen, hier musst du mir vielmehr glauben, dass die Tatsachen noch alle Kunst übertreffen. Die Natur hat noch nichts hervorgebracht, das bescheidener, klüger, strahlender oder liebenswürdiger wäre. Wie kann ich es mit einem Wort sagen? Ihre Wohltaten gingen derart über meinen Verdienst hinaus, wie jener Greis gegenüber meinem Verdienst

---

3 Lukian von Samosata, ein griechischer Satiriker des 2. Jahrhunderts, zählte im 15. und 16. Jahrhundert zu den am meisten rezipierten Autoren der Antike, was an günstigen Zufällen der Überlieferung liegt, aber auch an seinen phantasievollen und kreativ nachzuahmenden Textmodellen. Erasmus übersetzt zusammen mit seinem Freund Thomas Morus eine Sammlung von Werken des Lukian, die 1506 erscheint; sein berühmtestes Werk, das *Lob der Torheit* (1511), ist ganz dem Vorbild Lukians verpflichtet. Die genannten *Verae Historiae* (Wahre Geschichten) des Lukian können der Science-Fiction zugeordnet werden und spielen auf dem Mond.

schädlich gewesen war.[4] Sie hat mich, ohne dass ich mir Mühe gegeben hätte, in ebendem Maß mit Wohltaten überhäuft, wie mich jener all meiner Wohltaten zum Trotz misshandelt hat. Was muss ich dir gegenüber mit meinem Freund Batt prahlen, dessen Herz auf diesem Erdenkreis sondergleichen freimütig und liebeswert ist? Erst jetzt fange ich an, den Undank der anderen zu hassen. Wenn ich daran denke, wie lang ich solchen Ungeheuern dienen konnte! Oh, wenn ich dich nur früher kennengelernt hätte, wenn Fortuna uns nicht eher getrennt als Notwendigkeit uns verbunden hätte!

Während ich das schrieb, war ich kurz davor, in meine Heimat zurückzukehren; gleich im Anschluss werde ich dich besuchen und in mein geliebtes Paris zurückkehren, vielleicht komme ich schon eher an als dieser Brief. Was darüber hinaus unser Zusammenleben angeht, darüber kann ich noch nichts Sicheres schreiben; aber darüber können wir uns bald unmittelbar beraten. Davon aber kannst du überzeugt sein, dass niemand lebt, der dir größere Liebe entgegenbringt als dein Erasmus. Mein Freund Batt, der in aller Liebe und allem Hass mein Gefährte ist, ist dir ebenso wohlgesonnen. Pass gut auf deine Gesundheit auf, mein lieber William.

Auf der Burg von Tournehem, den 4. Februar 1499

---

4 Anspielung auf den schottischen Vormund zweier anderer englischer Schüler des Erasmus in Paris, Thomas Grey und Robert Fisher; der Vormund, die Schüler und Erasmus leben 1497 unter einem Dach, bis der Vormund Erasmus unter zwielichtigen Verdächtigungen hinauswirft.

Erste Erlebnisse in England

Sommer 1499
(Brief Nr. 103)

Andere Länder, andere Sitten: Schon allein dank solcher Unterschiede erfüllt das Reisen gemeinhin seinen Bildungsauftrag. Im Frühsommer 1499 reist Erasmus als Begleiter von Lord Mountjoy zum ersten Mal nach England. Sein erster Brief zurück nach Paris, der noch im Sommer 1499 entstanden sein dürfte, richtet sich an den wenige Jahre älteren Freund Fausto Andrelini, ein aus Forlì gebürtiger Dichter und Humanist, der unter anderem bei Pomponius Leto in Rom studiert und früh Karriere gemacht hat (1484, mit nur 22 Jahren, wird er zum *poeta laureatus* gekrönt); schon 1489 ist er nach Paris gekommen. Erasmus schreibt seinen ersten Brief aus England in sommerlicher Stimmung, vermutlich aus Bedwell in Hertfordshire, nördlich von London, wo der Schwiegervater Mountjoys ein Landgut besitzt. Erasmus scheint begeistert von jenen anderen Sitten, von den neuen Erlebnissen. Gewiss ist im Brief an Andrelini auch etwas Übertreibung und Ironie zu finden (zwischen Andrelini und Erasmus sind auch scherzhafte Billette aus dem Mai 1499 überliefert, die vermutlich den ein oder anderen weniger anregenden Tag an der Universität auflockern sollten). Aber auch abgesehen davon gibt es aus der Feder des späteren Erasmus kaum Briefe, die so sorglos und gutgelaunt daherkommen wie dieser.

An Fausto Andrelini

Erasmus an den *poeta laureatus* Fausto Andrelini. Beim unsterblichen Gott, was höre ich da? Hat sich unser Scopus[1] plötzlich von einem Dichter in einem Soldaten verwandelt und hantiert nun mit grässlichen Waffen statt mit Büchern? Wie viel besser hat er mit Delius Volscus[2] (wie er sich selbst nannte) gekämpft! Wenn er ihn nur erledigt hätte, guter Gott, welchen Triumphzug es für den Mann gegeben hätte!

---

1 Unbekannt, vermutlich ein durch diesen Spitznamen („Besen") bezeichneter Humanist in Paris.

2 Unklar, vielleicht ein Spitzname für den in Paris wirkenden Theologen Ägidius von Delft.

Auch ich indes habe in England einige Fortschritte gemacht. Jener Erasmus, den du gekannt hast, ist bereits ein ziemlich tüchtiger Jäger geworden, er ist kein verzweifelt schlechter Reiter mehr, kein unerfahrener Höfling, er grüßt schon artiger, lächelt freundlicher, und all das gegen den Willen der Minerva.[3] Was soll's? Es glückt und geht voran. Du hingegen wirst, wenn du klug bist, schleunig hierher fliegen. Was gefällt dir denn daran, als witziger Mensch inmitten gallischer Scheiße alt zu werden? Du meinst, deine Gicht hält dich zurück, aber das Übel soll zum Teufel gehen, wenn es dir nur gut geht. Wenn du nur wüsstest, was Britannien für Vorzüge zu bieten hat, du würdest, Fausto, mit geflügelten Füßen hierher eilen; und wenn dich deine Gicht nicht gehen ließe, würdest du dich in Dädalus verwandeln.

Denn um nur auf eine Sache von so vielen zu sprechen zu kommen, es gibt hier Nymphen mit so göttlich schönen Gesichtern, so lieblich und leichtsinnig, dass du sie sofort deinen Musen vorziehen würdest. Zudem gibt es hier eine Sitte, die man nicht genug loben kann. Wenn du irgendwo ankommst, bekommst du von allen ein Küsschen; wenn du wieder aufbrichst, wirst du mit Küsschen allseits verabschiedet; du kommst zurück, wieder gibt es Küsse; kommen Gäste zu dir, bringen sie Küsse mit; gehen die Gäste wieder, teilt man Küsse; trifft man sich anderswo, gibt es Küsse in großer Menge; kurzum, wohin du dich auch wendest, alles ist voll von Küssen. Sollest du nur einmal, Fausto, dergleichen sanfte und duftende Küsse kosten, würdest du auch sofort nach England auswandern, und zwar nicht nur für zehn Jahre, nach der Art des Solon,[4] sondern bis zu deinem Tod. Wenn wir wieder beisammen sind, werden wir weiter scherzen; denn ich hoffe, dich schon in den nächsten Tagen hier zu sehen. Leb wohl.

Aus England, 1499

---

3 Sprichwörtlich für „ohne in der Laune dazu zu sein, gegen die eigene Natur", so später auch in den *Adagia*, Nr. 42.

4 Anspielung auf das attische „Scherbengericht", den Ostrakismos, mit dem Bürger für zehn Jahre aus Athen verbannt werden konnten; hier in Zusammenhang mit Solon, dem berühmten attischen Gesetzgeber des 7./6. Jahrhunderts v. u. Z.

Genuss und Kraft der Rede

November 1499
(Brief Nr. 116)

Seine erste Englandreise führt Erasmus nach Oxford, und auch von dort schreibt er gutgelaunte Briefe, nicht obwohl, sondern gerade weil die Würze des Lebens hier nicht nur aus Küssen, sondern auch und vor allem aus gelehrten und geselligen Gesprächen, aus freundschaftlichem, gemeinschaftlichem Denken besteht. Das ist, neben dem Gespräch über Distanz in Form eines Briefes und dem Gespräch mit den Toten in Form eines Buches, das Lebenselixier des Humanismus: Michel de Montaigne bemerkte deshalb etwa eine Generation später, dass er lieber blind als taub wäre. Das merkt man auch im Brief des Erasmus aus dem November 1499 an Johannes Sixtinus, einen in England und Italien ausgebildeten Humanisten aus Friesland. Erasmus ist nun angekommen und genießt es. Der Brief an Sixtinus berichtet vom Treffen einiger Gelehrter in Oxford. Den Vorsitz dieses Gastmahls hält John Colet, der noch für lange Jahre ein Freund und Kollege des Erasmus sein wird. Der etwa gleichaltrige Colet ist wie Erasmus ein katholischer, aber für Reformen offener Priester, der in Frankreich und Italien studiert hat und sich theoretisch wie praktisch für die humanistische Bildung einsetzt. So übersetzt er die Bibel ins Englische, verfasst altsprachliche Lehrbücher, begeistert Erasmus für eine Neuedition des griechischen Textes des *Neuen Testaments*, und regt sein Rhetoriklehrbuch *De duplici copia verborum ac rerum* an.

Gesprächsgegenstand des geschilderten Abends in Oxford ist die alttestamentarische Geschichte von Kain und Abel. Dieses ernste Thema und die Frage seiner Deutung wird offenbar in einer spielerischen Atmosphäre behandelt, davon zeugt vor allem der Beitrag des Erasmus, den er im Brief festhält. Die Interpretation des Bibeltextes, eine der Lebensaufgaben des Erasmus, ist hier noch von einer humanistisch-mediterranen Heiterkeit erfüllt, die sich im bald anbrechenden 16. Jahrhundert mit seinen Konfessionsstreitigkeiten kaum mehr finden lassen wird. Ein Motiv aber, das in der Geschichterund um Kain anklingt, wird sich halten: Erasmus' Glaube an die Wirksamkeit des gesprochenen Wortes, an die Überzeugungs- und Begeisterungskraft des *sermo*, der Rede, der lebendigen Sprache, die (zumindest 1499) sogar den Weg zurück ins Paradies weisen kann.

An Johannes Sixtinus

Erasmus grüßt Johannes Sixtinus. Ich wünschte du wärst neulich, wie ich es eigentlich erwartet hatte, bei unserem Gastmahl mit dabei gewesen; und ich meine wirklich Gastmahl und nicht Trinkgelage. Ich für meinen Teil habe nämlich noch nie etwas angenehmeres, ansehnlicheres, köstlicheres erlebt. Nichts fehlte. Wie jener Autor sagt,[1] es gab hübsche Menschlein, der Zeitpunkt war erlesen, der Ort war erlesen, der Aufwand nicht zu verachten. Es war gewürzt mit solcher Behaglichkeit, dass es auch Epikur, mit solchen Gesprächen, dass es auch Pythagoras gefallen hätte. Die Menschlein waren nicht nur hübsch, sie waren geradezu prachtvoll, dergestalt, dass sie nicht nur ein Gastmahl, sondern schlichtweg eine Akademie hätten bilden können. Wer denn nun, wirst du mich fragen? Höre, und du wirst dich noch mehr ärgern, dass du abwesend warst. Zunächst war da Prior Richard,[2] jener Hohepriester der Grazien; sodann der Theologe, der an diesem Tag einen lateinischen Vortrag gehalten hatte, ein ebenso bescheidener wie gelehrter Mann; schließlich dein Freund Philipp, ein Mensch von zauberhaftester Lustigkeit. Den Vorsitz führte Colet, der Verteidiger und Retter jener uralten Theologie. Zu seiner Rechten lag[3] der Prior, ein Mensch dessen buntgemischte Bildung (bei der Liebe Gottes) auf allen Feldern der Literatur nicht weniger bewundernswert ist als seine Verbindung von höchster Menschlichkeit und höchster Aufrichtigkeit. Zu seiner Linken lag jener Theologe, und ich wiederum zu dessen Linker, damit das Gastmahl nicht eines Dichters ermangelte. Gerade gegenüber schließlich Philipp, sodass auch ein Rechtsgelehrter nicht fehlte. Außerdem lag da noch gemischtes Volk, ohne Namen.

Kaum hatten alle der Ordnung nach ihren Platz eingenommen, brach während des Trinkens ein Krieg aus, aber weder wegen des Trinkens, noch ein Wetttrinken. Denn obwohl es mehrere Themen mit wenig Übereinstimmung gab, so war der Kampf um Folgendes besonders heftig. Colet behauptete, dass die erste Schuld, durch die Kain Gott verärgerte, darin bestand, dass er als

1 Der römische Dichter Marcus Terentius Varro in einer seiner (nur fragmentarisch überlieferten) menippeischen Satiren.

2 Richard Charnock, der Prior des St. Mary's College in Oxford.

3 Offenbar antikem Brauch folgend sitzen die Herrschaften nicht zu Tische, sondern liegen; vielleicht ist das aber auch nur eine Caprice des antikenseligen Briefschreibers.

erster die Erde gepflügt hatte, als hätte er zu wenig Vertrauen in die Güte des Schöpfers und zu viel in seinen eigenen Fleiß, wohingegen Abel seine Schafe weidete und also mit dem zufrieden war, was von alleine wuchs. Widerspruch legten auf je eigene Art zwei von uns ein, nämlich der Theologe mit Syllogismen, ich rhetorisch. Selbst Herkules, sagen die Griechen, kommt nicht gegen zwei an.[4] Colet aber siegte alleine gegen alle; er war wie von einer Art heiligem Wahn berauscht und schien, ich weiß nicht wie, erhabener und majestätischer zu sein als ein Mensch. Seine Stimme klang anders, seine Augen blickten anders, sein Gesicht und seine Miene sahen anders aus, er schien größer und angeweht von einer Gottheit.[5]

Als der betreffende Disput schon ziemlich lange dauerte und auch eine für solch ein Gastmahl zu schwere und zu ernste Wendung nahm, beschloss ich, meine Aufgabe, also die des Dichters, zu verrichten, um sowohl das Streitgespräch aufzulösen als auch mit einer heiteren Geschichte für Gelöstheit beim Essen zu sorgen. „Das ist“, sagte ich, „eine äußerst antike Angelegenheit, für die wir die urältesten Autoren zu Rate ziehen müssen, und ich werde euch darlegen, was ich im Zuge meiner Lektüren entdecken konnte, wenn ihr mir zuerst versprechen wollt, nicht als bloßes Märchen abzutun, was ich euch erzählen werde.“ Als sie es versprochen hatten, fuhr ich fort: „Ich stieß einmal in einem uralten Codex, dessen Titel und Autor bereits von der Zeit ausgelöscht und von den Würmern, diesen Erzfeinden der guten Literatur, weggenagt worden waren. Darin gab es eine Seite, die noch nicht von Fäulnis morsch und von Würmern und Mäusen zerbissen war, weil die Musen, wie ich glaube, beschützen, was ihnen gehört. Auf dieser Seite erinnere ich mich etwas über die Angelegenheit, über die ihr streitet, gelesen zu haben, was die Wahrheit war oder zumindest, wenn nicht die Wahrheit, so doch eine Erzählung, die der Wahrheit stark ähnelte; wenn ihr wollt, berichte ich euch davon.“

Sie geboten mir, das zu tun, und ich sagte: „Kain war nicht nur ein fleißiger Mensch, sondern auch ein ausgehungerter und habgieriger. Er hatte von seinen Eltern oft die Geschichte gehört, dass in dem Garten, aus dem sie vertrieben

---

4 Auch in seinen wenig späteren *Adagia* (Nr. 439) wendet Erasmus das antike Sprichwort auf gelehrten Disput und argumentative Auseinandersetzung an.

5 Die Beschreibung des begeisterten Colet ist eine Anspielung auf Vergils *Aeneis* VI, 46 ff. Vergil aber spricht an dieser Stelle nicht von einem Propheten, sondern von einer Prophetin, namentlich der Sibylle von Cumae.

worden waren, die feinsten Saaten von alleine in üppigste Ähren aufgegangen waren, mit riesengroßen Körnern und Halmen so hoch wie heutzutage Erlen wachsen; und dazwischen wuchsen keine Weidelgräser, kein Dornengestrüpp, keine Disteln. Er prägte sich das gut ein und als er sah, dass der Boden, den er mit dem Pflug quälte, ihm kaum eine elende und kümmerliche Frucht einbrachte, fügte er zu allem seinem Fleiß auch etwas List hinzu. Er ging zu jenem Engel, der das Paradies bewachte und bestürmte ihn mit durchtriebenen Kunstgriffen, bedrängte ihn mit großen Versprechungen, um ihn zu überzeugen, ihm heimlich einige wenige Körner von jenem fruchtbareren Saatgut zu schenken. Er behauptete, dass Gott schon seit langer Zeit der Sache keine Beachtung oder Aufmerksamkeit mehr schenkte; und sollte er es doch bemerken, dann würde der Engel leicht straffrei davonkommen, denn die Sache habe keinerlei Wichtigkeit, und die Früchte, auf die allein sich das Verbot Gottes schließlich bezog, würde niemand auch nur anfassen.

‚He,' sagte er, ‚sei doch kein so übersorgfältiger Torhüter. Was, wenn dem Herrn deine übermäßige Beflissenheit gar nicht recht ist? Was, wenn er möchte, dass du getäuscht wirst, und es ihm gefällt, wenn der Mensch statt müßiger Untätigkeit Klugheit und Fleiß an den Tag legt? Gefällst du dir denn selbst so sehr in deiner Aufgabe? Er hat dich von einem Engel zu einem Henker gemacht, damit du uns ins Elend drückst, damit du uns Verlorene grausam von unserer Heimat fernhältst. Er hat dich, das Schlachtschwert in der Hand, hier vor der Tür angebunden, eine Aufgabe, die wir in letzter Zeit begonnen haben, unseren Hunden zu übertragen. Uns geht es wahrhaft äußerst schlecht, aber du scheinst mir in einer kaum weniger schlimmen Lage zu sein. Wir sind aus dem Paradies verbannt, weil wir die allzu süße Frucht gekostet haben. Du aber, der uns draußen halten soll, bist zugleich aus dem Himmel und aus dem Paradies verbannt; so bist du noch übler dran als wir, denn uns steht es wenigstens frei, hierhin oder dorthin zu spazieren, ganz wie die Lust uns anwandelt. Auch gibt es in unserem Gebiet, falls du das nicht weißt, doch Dinge, die uns in der Verbannung trösten können, grünlaubige Wälder, voll mit tausenden Arten von Bäumen, für die wir noch kaum Namen gefunden haben, Bächlein überall, die über Hügel und Felsen sprudeln, glasklare Flüsse, die sich durch die Wiesen winden, hochaufragende Berge, schattige Täler, überreiche Meere. Auch zweifle ich nicht daran, dass in den innersten Eingeweiden der Erde herrliche Kostbarkeiten verborgen liegen; um sie auszugraben, werde ich alle ihre Adern durchforschen, und wenn meine Lebenszeit dafür nicht ausreicht, werden meine Enkel es gewiss unternehmen. Hier gibt es auch goldene Äpfel, schwergewichtige Feigen, allerlei Arten Früchte. Überall wächst so vieles von selbst, dass wir dieses Paradies nicht sonderlich vermissen sollten, wenn es uns nur erlaubt wäre, ewig zu leben. Krankheiten gefährden uns; aber der menschliche Fleiß wird auch dagegen Heilmittel finden. Ich sehe ringsum wunderlich duftende Kräuter. Was, wenn wir unter ihnen eines finden, das das Leben unsterblich machen kann? Denn ich sehe nicht, was die Erkenntnis von jenem Baum damit zu tun hat. Was soll ich also mit dem anfangen, was mich nichts angeht? Dennoch werde ich an dieser Stelle nicht nachgeben, denn es gibt nichts, das nicht beharrlichem Fleiß weichen müsste. So nämlich werden wir im Tausch gegen einen kleinen Garten die große weite Welt erhalten, du hingegen, aus beidem ausgeschlossen, wirst weder das Paradies, noch den Himmel, noch die Erde genießen, du wirst für alle Ewigkeit hier an die Tür gekettet sein, wirst immerzu das Schlachtschwert schwingen, dabei aber nur gegen den Wind fechten. Drum also los, wenn du schlau bist, tu, was dir und uns zugleich nutzt. Gib, was du ohne Nachteil für dich selbst verschenken kannst, und empfange im Gegenzug, was wir mit dir teilen werden. Unterstütze, Elender, die Elenden, Ausgesperrter, die Ausgesperrten, Verbannter, die Verbannten.‘

So überzeugte der denkbar schlechte Mann mit seinem denkbar schlechten Anliegen, weil er ein denkbar guter Redner war. Er nahm ein paar heimlich entwendete Samenkörner und vergrub sie sorgsam, sie wuchsen und vermehrten sich, der Zuwachs wurde wiederum der Erde anvertraut, wieder und wieder, weiter und weiter. Noch nicht oft war der Sommer wiedergekommen, als er schon einen großen und weiten Acker mit diesem Saatgut bestellte. Da begann die Sache zu offensichtlich zu werden, um sie noch vor den Himmlischen verstecken zu können und Gott erzürnte heftig und sprach: ‚Soweit ich das verstehe, gefallen diesem Dieb Arbeit und Schweiß. So will ich ihn also prachtvoll damit beladen.‘ Kaum gesagt, schickte er über den dicht bepflanzten Acker Scharen von Ameisen, Käfern, Kröten, Raupen, Mäusen, Heuschrecken, Wildschweinen, Vögeln und anderen Arten von Schädlingen, die die ganze Aussaat wegfraßen, teils als Keimling in der Erde, teils als grünendes oder als blondes und reifes Pflänzchen, teils schon in der Scheune gelagert. Dazu stürzte aus dem Himmel ein verheerender Hagelschauer, dazu Winde so stark, dass die Getreidehalme, die starken Eichen glichen, zerbrachen wie trockenes Stroh. Jener Engel wurde durch einen anderen Wächter ersetzt und, wegen seiner Zuneigung zu den Menschen, in einen menschlichen Körper gesteckt.

Als Kain Gott durch ein Brandopfer seiner Feldfrüchte besänftigen wollte, stieg der Rauch nicht in die Höhe, sodass Kain des göttlichen Zornes sicher war und verzweifelte."[6]

Damit hast du die Geschichte, Sixtinus, die ich über den Bechern erzählt habe, die dort gleichsam über den Bechern geboren wurde, sogar, wenn du so willst, aus den Bechern geboren wurde, und die ich für dich aufschreiben wollte: einerseits, damit ich nicht nichts schreibe, denn ich weiß, dass ich an der Reihe war zu schreiben und zuletzt einen Brief von dir erhalten habe, und andererseits, damit du dieses köstlichen Gastmahls nicht völlig entbehren musst. Leb wohl.

Oxford, im November 1499

6 Mit dem vergeblichen Brandopfer kehrt Erasmus zum Bibeltext zurück, und es erweist sich, dass er seine Fabel, wie die ganze Diskussion des Gastmahls, zwischen zwei Versen des Buches Genesis eingenistet hat, vgl. 1. Mose 4, 2 ff.: „(2) Abel wurde Schafhirt und Kain Ackerbauer. (3) Nach einiger Zeit brachte Kain dem Herrn eine Gabe von den Früchten des Erdbodens dar; (4) auch Abel brachte eine dar von den Erstlingen seiner Herde und von ihrem Fett. Der Herr schaute auf Abel und seine Gabe, (5) aber auf Kain und seine Gabe schaute er nicht."

Zöllner und Räuber

Februar / Juli 1500
(Brief Nr. 119)

In diesem Brief an Jacob Batt (→ S. 35) beschreibt Erasmus die turbulente und gefährliche Rückreise von London nach Paris: Am 27. Januar 1500 setzt er von Dover nach Boulogne über und bleibt für zwei Nächte in Tournehem bei seinem Freund Batt. Am 31. Januar erreicht er Amiens, am 2. Februar Paris. Was ihm zwischen Tournehem und Paris begegnet und was er seinem Freund lebhaft schildert, ist eine echte Räuberpistole – und erzählt von einem Gefühl permanenter Bedrohung und Unsicherheit, das wohl als Normalität auf den Straßen der Frühen Neuzeit gelten muss. Wo kommt Sicherheit auch her, was verbürgt sie? Für den Reisenden wie für den Dienstleister zählt nur das Vertrauen auf ein gegebenes Wort. Und wo das fehlt, ist es zum gefürchteten Faustrecht nur ein Schritt.

Was das Reisen aber so gefährlich macht, ist nicht nur die Abwesenheit von staatlichen Ordnungs- und Sicherheitskräften, sondern zuweilen auch deren Übermaß. Denn am Beginn der Reise, in Dover, widerfährt Erasmus etwas, worauf er in diesem Brief nur schmallippig als *anglica fata*, als „englische Schicksalsschläge", anspielt, was ihn aber nachhaltig erschüttert: Englische Zöllner in Dover nehmen ihm seine Ersparnisse ab und das im Einklang mit dem Gesetz. Ein Gesetz Edwards IV., das erst 1499 von Henry VII. bestätigt und verschärft worden ist, verbietet es, Edelmetalle aus England auszuführen, selbst dann, wenn es sich um ausländische Münzen handelt. Das war den englischen Gönnern des Erasmus, die ihn gerade noch reich mit Geld zur Fortsetzung seiner Studien auf dem Kontinent ausgestattet haben, offensichtlich nicht bewusst. Und noch etwas sorgt für Probleme: Selbst wenn Münzen im Beutel sind, lässt sich trefflich (und gefährlich) darüber streiten, wie viel sie eigentlich ganz genau wert sind.

An Jacob Batt

Erasmus grüßt seinen Batt. Aus vielen Gründen, mein Freund Batt, muss ich mich bei dir bedanken, denn du hast mir das Paket mit meinen Nachtarbeiten geschickt, mit anderen Worten: mein ganzes Vermögen, und das nicht nur rechtzeitig (was dir gar nicht ähnlich sieht), sondern auch ganz zuverlässig (wie du immer bist), und schlussendlich durch einen Boten, der nicht nur sorgfältig, sondern auch angenehm im Umgang war, sodass ich ihn sowohl für seine Mühen, als auch für die Rede, die er gehalten hat, entlohnt habe. So bin ich nun kunstvoll um der Kunst Willen gewesen, oder, wie das alte Sprichwort geht, verhielt mich dem Kreter gegenüber wie ein Kreter.[1]

Meine englischen Schicksalsschläge haben mich bis nach Paris verfolgt. Und nun erzähle ich die eine zweite Tragödie, die geradezu noch wüster ist als die vorherige! Am Tag vor dem Beginn des Februars kam ich in Amiens an und das war, guter Gott, eine beschwerliche Reise. Ich vermute, dass irgendeine Juno erneut Aeolus gegen mich aufgehetzt hat. Als ich selbst vom Unterwegssein schon so erschöpft war, dass ich befürchten musste, krank zu werden, fasste ich den Entschluss, Pferde zu mieten, denn es schien mir besser, meinen Körper zu schonen, als das bisschen Geld, das ich noch übrig hatte. Da war schon alles in bester Ordnung für ein Unglück. Ich machte mich zu dem Wirtshaus auf, in dem ich für gewöhnlich absteige, und kam zufällig an einem Schild vorbei, auf dem stand, dass dort Pferde vermietet würden. Ich ging hinein, der Vermieter wurde gerufen, und es war ein Mensch, dessen Aussehen und Verhalten dermaßen Merkur vor Augen stellten, dass ich ihn vom ersten Moment an des Diebstahls verdächtigte. Wir einigten uns auf einen Preis. Ich mietete zwei Pferde und machte mich gegen Abend auf den Weg, begleitet von einem Jugendlichen, den der Vermieter als seinen Schweigersohn ausgab und der die Pferde zurückbringen sollte. Am folgenden Tag, lange vor Einbruch der Dunkelheit, kamen wir in ein Dorf namens Saint-Julien,[2] das wie gemacht war für einen Überfall. Ich drängte darauf, weiterzureiten. Aber dieser Räuberlehrling redete sich heraus, es sei besser, die Pferde nicht zu überanstrengen, hier die Nacht zu verbringen und am folgenden Tag noch vor der Dämmerung aufzubrechen. Ich bot keine große Gegenwehr auf, denn noch hatte ich keinen Verdacht wegen eines Verbrechens geschöpft. Als wir fast mit dem Abendessen fertig waren, rief die Magd jenen Jungen, der bei uns am Tisch gesessen hatte, unter dem Vorwand beiseite, einem der beiden Pferde fehle ich weiß

1 *Contra Cretensem Cretizavimus* geht schließlich in die *Adagia* als Nr. 129 ein, und wird dort erläutert als gegenüber einem Lügner zu Lügen zu greifen, also Gleiches mit Gleichem zu vergelten.

2 Erasmus meint vermutlich die Ortschaft Saint-Just-en-Chaussée, die an der Straße von Amiens nach Paris liegt; auch die Chronologie seiner Erzählung ist etwas wackelig.

nicht was. Der Junge ging hinaus, aber man konnte ihm am Gesicht ablesen, dass ihm etwas anderes gesagt worden war. Ich rief das Mädchen sofort zu mir und fragte sie: „Sag, meine Tochter, welches der Pferde ist krank, meines oder das dieses Herren?" Denn auch mein Reisebegleiter, ein Engländer, war zugegen.[3] „Und was fehlt dem Pferd denn?" Jene schaffte es nicht, sich gegen ihr Gewissen weiter zu verstellen, lächelte, gestand den Schwindel und erzählte mir, dass jemand, der ihr bekannt sei, den Jungen zu einer Unterredung gerufen hatte.

Kurze Zeit später betrat der Vermieter, der den Plan gefasst hatte, uns an die Gurgel zu gehen, selbst den Speisesaal. Wir wunderten uns und fragten ihn, was vorgefallen war, dass er so unerwartet und unvorhergesehen hier erschien. Er sagte, er würde eine traurige Nachricht überbringen, dass nämlich seine Tochter, die Gattin des Jungen, von einem ausschlagenden Pferd so hart getroffen worden sei, dass sie fast den Geist aufgegeben hätte; deshalb hätte er überstürzt den Weg auf sich genommen, um ihn nach Hause zu rufen. Von diesem Moment an begann ich, eine Lüge zu riechen. Neugierig beobachtete ich die Gesichter und Gesten der beiden. Ich bemerkte eine gewisse Unruhe im Vermieter und eine gewisse Gefühllosigkeit im Jungen, der ihm gegenüber saß; und da fiel mir jener Satz von Cicero ein: „Du würdest dich anders verhalten, wenn es nicht gelogen wäre."[4] Nun gab es meiner Meinung nach nichts anderes mehr zu tun, als diesen Kerl los zu werden, denn ringsum sah ich nichts mehr, das nicht nach Räuberei geschmeckt hätte. Mein Verdacht wuchs noch, als ich mich an frühere Vorgänge erinnerte, etwa als er in Amiens, da wir über einen Preis verhandelten, ganz genau von mir wissen wollte, welche Sorte und Währung Münzen er denn erhalten werde. Plötzlich waren Leute hereingekommen, ich weiß nicht von wo, deren Gerede das Märchen stützen sollten. Sie lobten mir gegenüber den Pferdevermieter und beglückwünschten mich zu einem solchen Gefährten, und im Gegenzug empfahlen sie mich dem Vermieter. Wieder und wieder fragte mich der Vermieter, ob ich einen *postulaat* hatte, eine ziemlich seltene Münze. Ich sagte, dass ich keinen hätte. Ich zog ein,

3 Wer der englische Begleiter des Erasmus ist, ist nicht bekannt.

4 Zitiert nach Ciceros *Brutus*, 278.

zwei *écus* aus der Tasche,[5] und obwohl sie als annehmbar eingeschätzt wurden, so schmeichelte er mir doch und bestand darauf, ihm von den zahlreichen Münzen, die er in meinem Besitz wähnte, nur ein besonders schönes Exemplar zu geben. Denn die erste Regel dieser Art Räuberskunst besteht darin, herauszufinden, wieviel der betreffende Reisende bei sich trägt. Ich zeigte ihm die Münzen, die ich hatte, und er behielt die schönste von allen für sich.

Zu meiner Vermutung, dass Unheil im Anmarsch war, hatte auch einiges beigetragen, was der Junge unterwegs gesagt und getan hatte; Dinge, die ihm vermutlich sein Schwiegervater im Vorfeld aufgetragen hatte. Eines der beiden Pferde war überaus träge, sodass es zu einer womöglich nötigen Flucht nicht getaugt hätte. Das Pferd, auf dem ich saß, trug am Hals eine große Wunde, die noch mit Salbe bedeckt war. Wir waren noch nicht weit aus der Stadt herausgekommen, da fragte mich der Junge, ob er sich hinter mich auf das Pferd setzen könne, denn es war, wie er sagte, daran gewöhnt, zwei zu tragen, und es gäbe nichts zu befürchten. „Wir sind", sagte er, „spät aufgebrochen, so kommen wir schneller voran." Ich erlaubte es; und wir begannen, uns über dies und das zu unterhalten. Er sprach über seinen Schwiegervater als hätte er keine besonders hohe Meinung von ihm. Auch das gehört zu den heiligen Mysterien der Räuberzunft. In der Zwischenzeit rutschte mein Geldbeutel, in dem etwa acht goldene *écus à la couronne* waren, in meinen Rücken. Der Junge schob ihn wieder nach vorne. Er rutschte wieder nach hinten, er schob ihn wieder nach vorne und ermahnte mich, meinen Geldbeutel nicht aus den Augen zu lassen. Ich lachte und sagte: „Warum sollte ich dieses leere Ding bewachen?" Es war schon finstere Nacht, als wir durch einen Wald und schließlich in ein Dorf kamen. Der Junge blickte sich um, als würde er den Ort nicht kennen, und führte uns in irgendein Haus. Ich hieß den Jungen, sich seiner Gewohnheit nach um sich selbst zu kümmern, und wir gingen beide ins Bett, ohne gegessen zu haben. Der Engländer fastete aus Gründen der Religion, ich aus Gründen der Gesundheit; mein Magen machte mir nämlich gerade schwer zu

5 Der *postulaat* ist eine minderwertige Nachahmung des rheinischen Goldgulden. Als *écus* werden seit dem Mittelalter französische Gold- und Silbermünzen bezeichnet, die verschieden geprägt sein können. Erasmus erwähnt in diesem Brief noch *écus*, die mit einer Krone (*à la couronne*) oder Sonne (*au soleil*) geprägt sind.

schaffen.[6] Die Frau des Hauses kam, als sie uns in tiefem Schlaf wähnte, herauf und unterhielt sich lange und vertraut mit dem Jungen, den sie zuvor nicht zu kennen vorgegeben hatte. Ein Teil des Gesprächs wurde nach einer Ermahnung des Jungen flüsternd geführt, weil ich es nicht hören sollte.

Noch vor Sonnenaufgang drängte ich alle wieder zum Aufbruch. Auf dem ganzen Weg behandelte ich den Jungen ziemlich leutselig. Als wir zu der Stadt namens Clermont kamen, wollte ich sie betreten, nicht um die Nacht dort zu verbringen, sondern um Gold zu wechseln, damit uns diese Angelegenheit nicht in einem Dorf festhalten und zur Übernachtung zwingen würde. Der Junge versuchte, mich davon abzubringen, und behauptete er hätte ausreichend Wechselgeld in Silber bei sich. Also gingen wir weiter und ließen Clermont links liegen. Als wir in der Nähe eines Dorfes vorbeikamen, war der Engländer zufällig mit dem Jungen vorausgeritten, während ich nachfolgte, „wie es so meine Art ist / voll und ganz versunken in ich weiß nicht was für Hirngespinste".[7] In der Zwischenzeit war der Engländer abgestiegen, ohne dass ich es mitbekam. Der Junge führte die Pferde vor eine Türe, wo noch nie ein Wirtshaus gewesen war. Als ich das bemerkte, fragte ich ihn verwundert, was er vorhabe. Jener blickte sich um und behauptete, seit vierzehn Jahren nicht mehr hier gewesen zu sein. Er fragte mich, welche Art Wirtshaus mir gefallen würde. „Was", sagte er, „wenn wir hier einkehren?" Er deutete auf das Haus, in das er wollte. Ich widersprach nicht, denn ich erinnerte mich, dass ich einst dort recht bequem aufgenommen worden war, allerdings wusste ich nicht, dass der Wirt gewechselt hatte. Wie gewöhnlich bekamen wir unser eigenes Schlafzimmer. Wein wurde aufgetragen, aber die Antwort des Gaumens fiel übel aus. Als wir hingegen kaum eingetreten waren, hatte ich beobachtet, wie jener vermeintlich fremde Junge in der Küche ein Glas Wein von so verlockender Färbung bekommen hatte, dass ich mich schon freute. Als meine Hoffnung also so ent-

6 Der 31. Januar 1500 ist ein Freitag. Erasmus, der Fisch nicht gut verträgt, wird es schließlich 1525 erreichen, dass Papst Clemens VII. ihn durch einen Dispens von allen Fastengeboten entbindet: In den 1520er-Jahren ist das Fastenbrechen allerdings bereits zu einem wichtigen symbolischen Kampfplatz des Konfessionsstreites geworden, und die Ausrede politisch-reformatorisch motivierter Fastenbrecher, der große Erasmus mache das doch auch, wird für viele Schwierigkeiten sorgen.

7 Zitat aus den ersten Versen der neunten Satire des Horaz.

täuscht worden war, ging ich hinunter und beschwerte mich beim Wirt; der Wein wurde ausgewechselt. Selbst in diesem Moment war in mir noch mehr Verwunderung als Verdacht.

Um nun aber wieder zur unterbrochenen Ordnung meiner Erzählung zurückzukehren: Da sich mein Verdacht bezüglich der Räuberei als berechtigt erwiesen hatte, begann ich nun zu überlegen, wie ich mich dem Messer entziehen konnte. „Was also“, sagte ich, „ist dein Plan?“ „Ich“, sagte der Vermieter, „werde euch vielleicht bis Paris begleiten können, aber mein Schwiegersohn muss zurück nach Hause eilen.“ „Ich weiß“, sagte ich, „wie es noch bequemer geht. Da euch etwas so Bitteres zugestoßen ist, und fast du deine Tochter, jener seine Gattin verloren hat, will ich das Folgende euretwegen tun: Ich habe dir einen *écu au soleil* bezahlt und vierzehn Meilen sind noch übrig; ziehe verhältnismäßig vom Preis ab, was noch Wegs bleibt, und kehrt beide zurück. Wir werden den restlichen Weg entweder zu Fuß zurücklegen oder uns andere Pferde suchen.“ Der Kerl schüttelte den Kopf, ging hinunter, ließ aber den Jungen zurück, damit er, der staunenswert erfahrene Dieb, durch jenen ausforschen konnte, was wir vorhatten. Da rief ich den Jungen zu mir und sagte: „Nun, ich bitte dich, sag mir die Wahrheit, was ist das mit deiner Gattin?“ Er gab zu, dass die Geschichte gelogen war, aber dass sein Schwiegervater wirklich nach Paris gehen musste, um einen Kredit einzutreiben. „Lass dich von seiner Rede nicht rühren“, sagte er, „besteigt einfach die Pferde, sobald es morgen ganz hell geworden ist, und wir werden euch beide begleiten.“ „Dennoch kann es kein Zufall sein“, sagte ich, „dass er uns auf einem so weiten Weg gefolgt ist, und zudem so plötzlich und schnell, und noch dazu, obwohl der nächste Tag ein Feiertag ist.“ Denn der kommende Tag war das Fest der Reinigung Marias. „Und was“, fuhr ich fort, „war der Grund für dieses Lügengespinst?“ Der Junge hieß mich, starken Mutes zu sein, es würde alles so geschehen, wie ich es wollte. „Wenn sich jener aber dennoch sträubt“, sagte er, „werde ich nicht von deiner Seite weichen, bis das Herz mir bricht.“ All das sagte er mit seinem dümmlichen Gesichtsausdruck. Auf diese Weise tat er so, als wäre er heimlich auf meiner Seite und gegen seinen Schwiegervater; dann ging auch er hinunter, sicherlich, um seinem Lehrer die ganze Sache mitzuteilen.

Als wir zwischenzeitlich einen Moment allein waren, fragte ich den Engländer, was er von all dem hielt. Er antwortete, dass er darin nichts als eine Vorbereitung sehen konnte, uns auszurauben. „Was sollen wir also tun?“ fragte ich. Es herrschte bereits tiefe Nacht. In der Zwischenzeit war die Wirtin gekommen, um unsere Betten zu machen; ich fragte sie, wo wir schlafen sollten, und sie zeigte auf das Bett. „Und wo die anderen zwei?“ „In diesem anderen Bett hier“, sagte sie; es stand im selben Schlafzimmer. Darauf sagte ich: „Ich muss einige Kleinigkeiten mit meinem Gefährten hier durchsprechen; ich möchte deshalb, dass wir alleine in diesem Zimmer schlafen, und zahle gerne das andere Bett mit.“ Da begann diese giftmischerische Frau, die ganz gewiss eingeweiht war, auf uns einzureden, dass wir uns das Zimmer teilen sollten; die anderen seien anständige Männer und es gäbe keinerlei Grund, warum wir nicht mit ihnen in einem Zimmer schlafen sollten. Wenn wir etwas zu besprechen hätten, sollten wir das einfach in unserer Muttersprache tun; wenn wir uns Sorgen um unser Geld machten, könnten wir es ihnen zur Verwahrung geben, das Schaf also, wie das Sprichwort geht, dem Wolf. Und wie es einer Verbrecherin würdig ist, behauptete sie noch, indem sie offensichtlich schwindelte, dass alle anderen Zimmer bereits besetzt wären, obwohl sich im ganzen Haus keine Gäste außer uns befanden. Wozu viele Worte? Obwohl unsere Gründe die besseren waren weigerte sie sich einfach, das Entsprechende zu tun. Ich befahl ihr also, die Türen aufzusperren und uns anderswo hingehen zu lassen. Aber auch das war sie entschlossen nicht zu tun. Sie ging nach unten, zornig und grummelnd, und erzählte dem Mörder alles, während ich auf den Stufen stand und zuhörte.

Der Engländer hatte weder Mut noch Rat noch Sprache, denn er sprach kein Wort Französisch. Zunächst schien es mir die beste Idee, die Türe des Zimmers mit einem eisernen Riegel zu versperren und zudem eine gewaltige Bank aus Eichenholz davorzuschieben. Aber diesen Plan gab ich bald wieder auf, als ich erkannte, dass wir zu zweit gegen eine Vielzahl von Leuten in diesem großen Haus standen; und es war bereits mitten in der Nacht und man hätte unser Rufen nirgends hören können, außer vielleicht in jenem Teil des Zimmers, das zur öffentlichen Straße ging. Aber dort draußen stand nur die Kirche irgendeines Klosters. Während ich mich also umblickte und erfolglos einen bessern Plan suchte, klopfte die Magd an die Tür. Ich schob heimlich die Bank beiseite und fragte, was sie wolle. Sie rief mit fröhlicher Stimme, sie würde etwas bringen. Ich öffnete die Tür und schmeichelte und neckte die Magd, um meine Angst zu verbergen. Da saßen wir also wie zwei Opfertiere, die den Schlachter erwarten. Wir kamen indes überein, dass wir uns die Zeit mit Gesprächen am Feuer vertreiben und nichts dabei trinken sollten, um anschließend, ganz bekleidet und gestiefelt, abwechselnd zu schlafen und zu wachen. Kurz darauf kam jener gute Mann herein und tat, als ob er von nichts etwas wüsste; ich ließ den Kerl nicht aus den Augen. Je eingehender ich ihn betrachtete, desto sicherer glaubte ich einen Räuber zu erkennen; als er sich schließlich mit seinem Rekruten zu Bett legte, taten auch wir es ihm gleich, und wir bemerkten die ganze Nacht hindurch nichts, wenn man davon absieht, dass der Engländer nach dem Aufwachen sein Schwert, dass er neben sein Kopfkissen gelegt hatte, plötzlich weit entfernt liegen fand, am ganz anderen Ende des Zimmers. Denn zu zweit hatten wir nur dieses eine Schwert und einen gepanzerten Handschuh, das war unsere ganze Waffenkammer.

Ich stand lange vor der Morgendämmerung auf und öffnete die Fenster und Türen des Schlafzimmers. Ich schrie herum, dass es schon hell werde, machte Lärm, weckte das ganze Haus auf. Als ich nicht aufhörte, fragte mich der Räuber mit einer Stimme, die man kaum schläfrig nennen konnte: „Was machst du denn? Es ist kaum die elfte Stunde der Nacht."[8] Ich dagegen rief, dass der Himmel ausgesprochen dicht bewölkt sei und es in Kürze hell werden würde. Das spielte sich hauptsächlich an den Fenstern ab. Wozu viele Worte? Eine Laterne wurde gebracht. In der Zwischenzeit lief ich ins Erdgeschoss des Hauses, um zu sehen, was vor sich ging; und wie ich so auf und ab ging und mich umsah, da entdeckte ich, dass die Pferde der Räuber fertig mit ihren Satteldecken dastanden, wie sie die ganze Nacht über gestanden haben mussten, denn noch waren alle in ihren Betten, abgesehen von der soeben aufgeschreckten Magd. Schließlich standen auch unsere Schlächter auf. Etwas ansonsten Unbequemes kam uns, wie es scheint, zur Hilfe. Nichts hatte nämlich die Räuber so sehr aufgestachelt, als die Vermutung, wir wären irrsinnig reich; aber was jetzt geschah, überzeugte sie davon, dass unser Vermögen ziemlich bescheiden war. Wir hatten zu wenig Silbergeld, um den Wirt für unser Abendessen und die Versorgung der Pferde zu bezahlen. Also gebot ich, dass der Wirt eine Goldmünze wechseln oder aber der Pferdevermieter die fehlende Summe von fünf *douzains* auslegen sollte, was ich ihm in Saint-Denis zurückzahlen würde. Die Wirtin schwor, dass sie keine entsprechende Waage im Haus habe und niemand eine Goldmünze wechseln könne. Der Räuber sagte, er würde das alles dem Gesetz entsprechend tun, wenn ich eine Goldmünze bei ihm als Pfand hinterlegen würde; die Wirtin, die eine gerade so verbrecherische wie schamlose und dumme Frau war, drang in mich, diesem Vorschlag zu folgen; es

8 Etwa zwischen vier und fünf Uhr morgens.

gab einen heftigen und langen Streit deswegen. Ich forderte, dass mir die Türen geöffnet wurden, damit ich zum Prior des Klosters in der Nachbarschaft gehen und dort mein Goldstück wechseln könnte; sie verweigerte es mir.

So stritten wir uns herum, bis es hell geworden war. Schließlich befahl man uns, das Gold vorzuzeigen, das wir wechseln wollten; das tat ich. Da hieß es dann, eine der Münzen sei zu leicht, eine andere aus fragwürdigem Metall, eine andere nicht besonders rein; das hatte ohne Zweifel zum Ziel, dass wir auch jene Münzen herausbrachten, die wir vielleicht noch versteckt hielten. Ich schwor hoch und heilig, keine anderen Goldmünzen zu haben außer diesen. „Aber was", wurde ich gefragt, „ist mit denen deines Gefährten? Man kann doch sehen, dass er hübsch geldig ist." Dann begann er die gleiche Forderung nochmal etwas schmeichelhafter zu stellen. Ich schwor mit der Stimme und dem Gesichtsausdruck von Leuten, die wahr und aufrichtig sprechen, dass mein Reisegefährte nichts als einen Schuldschein bei sich trug. Schließlich wurde doch jemand mit einer Waage aufgetrieben und auch der Wirt kam hinzu; wir verbrachten anderthalb Stunden mit der Wiegerei, und es fand sich keine einzige Goldmünze, die nicht den ein oder anderen Skrupel zu leicht war. Bei einigen fehlte es am Gewicht, bei anderen stand die Reinheit des Metalls in Frage. Irgendwann wurde mir bewusst, dass sowohl die Waage als auch die Gewichte getürkt waren. Ich hatte das Glück, das schwerere Gewicht in die Hand zu bekommen, ohne dass der Wirt es bemerkte. Übrig blieb nur das andere Gegengewicht, und sogleich wogen meine Goldstücke auf beiden Seiten schwerer. Ganz gleich, in welche Waagschale man sie legte, sie neigten sie. Es war nämlich eine sehr alte Münze, die deutlich schwerer war, als das Gesetz es heute vorschreibt; so erkennt man den Schwund in allen Dingen.

Nun waren also unsere Hälse in gewisser Weise gerettet, und es blieb jenen nichts anderes mehr übrig, als ein letztes Profitchen durch sonstige Kniffe rauszuschlagen. Der Räuber, der sich um seine Hoffnung betrogen sah, sei es, weil er begriffen hatte, dass unser Vermögen nicht das prachtvollste war, sei es, weil er unseren sicheren Verdacht erkannt hatte und ich zu drohen begann, und schließlich, weil es bereits längst heller Tag war, zog seinen Vertrauten, den Wirt, von uns weg und nahm ihn beiseite. „Wohin?" wirst du fragen. In das Schlafzimmer, ihr guten Götter, in das sich der Räuber selbst alleine zurückgezogen hatte. Da sieht man einmal wieder, dass unter Dieben mehr Treue und Menschlichkeit herrscht als unter den restlichen Sterblichen. Sie wechselten die Goldmünze untereinander und behielten für das Essen und die Versorgung der Pferde, was immer sie wollten. Ich bekam dreiundzwanzig *deniers* zurück und war froh darüber; dann verstellte ich mich, soweit es meine Aufrichtigkeit zulässt, und sagte: „Wollen wir nun also zu Pferd?" Aber der Vermieter stand müßig auf seinem Platz. „Woran denkst du?" sagte ich, „Warum machen wir uns nicht auf den Weg? Bist du denn noch nicht bereit aufzubrechen?" „Ich bin es nicht", sagte jener, „bis du die ganze Summe bezahlt hast." „Und wieviel forderst du noch?" fragte ich; denn über den *écu* hinaus standen ihm noch drei *douzains* zu. Er forderte aufs Schamloseste, was er wollte, und es war eine Summe, die dem allerschamlosesten Straßenräuber wohl zu Gesichte stand. „Na dann", sagte ich, „machen wir uns auf, bring mich nach Paris, wie es abgemacht war, und dort bekommst du, was dir zusteht." Jener aber antwortete: „Was wirst du mir in Paris denn geben, wenn du hier schon mit mir streitest?" Er war klug genug, sich nicht von seinem Räuberhandwerk ablenken zu lassen; denn meinerseits war all das ein Schwindel, und ich hatte nicht die geringste Absicht, meine Reise in der Gesellschaft solcher Schlächter fortzusetzen. Nach einem kleinen Streit, weil er sich kein Stück bewegen wollte, gab ich vor, in die Kirche gehen zu wollen; stattdessen aber überquerte ich den Fluss und schlug den geraden Weg nach Paris ein, und wir hörten nicht auf, den Dolch des Räubers zu fürchten, bis uns Saint-Denis in seine Mauern aufnahm.

Wir kamen am zweiten Februar in Paris an, erschöpft von der Reise und ohne Geld; und obwohl ich dort nichts anderes zu tun hatte, als meinen Mantel zurückzufordern, machte mir selbst das noch Schwierigkeiten. Schau, was für Tugendbolde die Franzosen sind: Johannes Falco hatte es bei seiner Abreise sogar schriftlich niedergelegt, dass mir meine Kleider wiedergegeben werden sollten, sobald ich zurückkehre. Also ging ich hin und wollte sie haben. Da sagten diese Kerle, die als Heilige gelten wollen, dass die Kleider als Pfand hinterlegt worden seien; ich solle sie wiederhaben, wenn ich einen *franc* zahle. Als ich aber etwas genauer nachforschte, händigten sie mir die Kleider zusammen mit dem Schriftstück aus; so überführten sie sich der offensichtlichsten Verlogenheit. Nun habe ich noch drei *écus* übrig, die alle ziemlich leicht sind. Ich wohne bei meinem alten Freund Augustinus;[9] wir führen ein literarisches Leben, dürftig zwar, aber wir beneiden dich nicht um dein Schloss.

9 Der vielfach hilfreiche, aber offenbar eigensinnige Augustinus Vincent (→ S. 36).

Ich habe nichts,[10] was ich meiner Herrin[11] bringen könnte, und entsprechend habe ich diesen Boten auf den Weg nach England geschickt, wo er vielleicht dem Herrn Grafen etwas abpressen kann; aber ich habe die Vermutung, dass das nichts werden wird. Ich sehe es deutlich, dass das Vorhaben schamlos ist und zu meinen sonstigen Sitten nicht im geringsten passen will, aber der Stachel der Notwendigkeit zwingt dazu, alles zu versuchen. Wenn er nur eine Kleinigkeit schickt, könntest du dann versuchen, von der Herrin oder von anderswo noch etwas aufzutreiben, damit ich im Ganzen auf etwa dreißig Goldstücke komme? Mach dir keine Sorgen, mein lieber Batt, dass ich so viel in Bewegung setze. Mir ist nur zu klar, dass es für meinen Körper gefährlich ist, noch länger hier in dieser Gegend zu bleiben, und wenn mir etwas zustößt, was Gott verhüten möge, dann werden ich und meine Schriften gemeinsam untergehen; wenn meine Promotion zum Doktor noch länger aufgeschoben wird, verliere ich den Mut, noch bevor ich das Leben verliere.

Deshalb beknie und beschwöre ich dich, mein lieber Batt, wenn noch ein Fünkchen der alten Liebe für mich übrig ist, dass du dich ganz meiner Rettung zuwendest. Da du ein entspanntes und ruhiges Gemüt hast, scheint dir viel-

---

10 Hier findet sich ein chronologischer Bruch, was Percy Stafford Allen, den Herausgeber der kritischen Brief-Ausgabe des Erasmus, dazu bewegt hat, hier einen zweiten Brief beginnen zu lassen (in seiner Zählung Brief Nr. 128). In allen gedruckten Quellen aber bilden Brief Nr. 119 und Brief Nr. 128 eine Einheit. Dreh- und Angelpunkt ist eines der wichtigsten Werke des Erasmus, nämlich seine *Adagia*, eine Sammlung antiker Sprichwörter mit Kommentaren, die er als echtes Lebenswerk beständig überarbeiten und erweitern wird. Ein nicht unwichtiger Grund für die Entstehung der *Adagia* ist die völlige Mittellosigkeit, in der sich Erasmus im Februar 1500 befindet und für die die Reise von London nach Paris gesorgt hat: Er braucht ein gut verkäufliches Buch. Zu seinem und unserem Glück wird dieser Plan auf ganzer Linie aufgehen. Die Keimzelle scheint in jenem „literarischen Leben“ mit Augustinus Vincent gelegt zu werden; und Erasmus arbeitet, wie immer, schnell. Schon im März schreibt er an Jakob Batt (Brief Nr. 123) über den Plan einer Sprichwortsammlung, die mehrere tausend Einträge umfassen soll; schon im April (ebenfalls an Batt, Brief Nr. 124) hofft er auf ein baldiges Ende der Arbeit und kann bereits absehen, dass es etwa 800 Sprichwörter werden. Augustinus Vincent wird schließlich die Erstausgabe der *Adagia* vom Juni 1500 für den Drucker Johannes Philippi Korrektur lesen. Dem Datum dieses Druckes folgend, der am Ende unseres hiesigen Briefes bereits erschienen ist, hat Allen die Schlusspassage des Briefes Nr. 119/128 auf Juli 1500 datiert.

11 Vermutlich Anna van Borssele.

leicht, dass ich bestens dastehe; in der Tat aber steht es schlechter um mich, als ich je vorhersehen konnte, denn N.[12] spendiert nichts, meine Herrin macht von Tag zu Tag Versprechungen, der Bischof[13] dreht mir sogar den Rücken zu, der Abt[14] gebietet mir nur, froher Hoffnung zu sein. Währenddessen tritt niemand vor, um mir etwas zu geben, mit der Ausnahme von N., der arme Kerl, den ich schon dermaßen ausgenommen habe, dass er nichts mehr zu spendieren übrig hat; und noch dazu versperrt derzeit die Pest den Weg zu ihm, auf den ich hoffe. Derart viele Dinge beschäftigen derzeit meinen Geist. Wohin werde ich Nackter fliehen? Was, wenn ich krank werde? Wenn auch das alles nicht passiert, wie soll ich es in der Literatur zu etwas bringen, wenn mir eine Fülle von Büchern fehlt? Was bleibt mir zu hoffen übrig, wenn ich Paris verlasse? Was soll schließlich aus meinen Schriften werden, wenn ich keine Autorität habe? Werden solche Scheusale wie jenes, das ich in Saint-Omer kennenlernte, mich auslachen und mich einen rhetorischen Schwätzer nennen?

Ich schreibe das alles nicht, um dich mit meinen Klagen zu entnerven, sondern um einen Schläfrigen aufzurütteln; und damit wir endlich erreichen, was wir seit so langer Zeit vergebens erstreben, nämlich dass wir wieder zu unserem seligen und lustigen Zusammenleben zurückkehren können. Leb wohl, mein lieber Jakob.

Mit dem Boten, der das Päckchen brachte, habe ich eine Antwort geschickt. Wenn du den Brief, den ich Mountjoy geschrieben hatte, noch bei dir hast, bitte ich dich, ihn diesem Jungen zu geben. Sag allen Grüße, wo es sich gehört. Auf den Jungen kannst du dich zweifellos verlassen, wenn du ihm etwas mit auf den Weg geben möchtest. Augustinus hält öffentliche Vorträge aus den *Adagia*, zu denen ausgesprochen viel Publikum kommt; so haben sie einen wunderbaren Auftakt. Wenn du glaubst, dass du in Saint-Omer einige Exemplare verkaufen kannst, nimm sie dir einfach aus dem Päckchen. Leb wohl, nochmal.

Paris, Februar / Juli 1500

12 Es ist nicht bekannt, wen diese Chiffre bezeichnet.

13 Hendrik van Bergen (→ S. 39), der Bischof von Cambrai, bei dem Erasmus bis vor Kurzem als Sekretär arbeitete.

14 Antoon van Bergen, Abt des Klosters Saint-Bertin in Saint-Omer, südöstlich von Calais, das ein wichtiges Zentrum der Literatur, vor allem der Geschichtsschreibung, ist.

Zwischenhalt in Paris

circa 12. Juni 1506
(Brief Nr. 194)

Die Jahre nach 1500 widmet Erasmus vor allem dem Studium des Griechischen und der antiken Klassiker. Von Paris geht er zunächst nach Orléans, um der Pest auszuweichen, dann nach Saint-Omer und schließlich nach Löwen, bevor er 1504 wieder nach Paris zurückkehrt. 1505 bricht er zu seinem zweiten Englandaufenthalt auf; dort wird er etwa ein Jahr bei Thomas Morus leben und arbeiten. Und dann ist es endlich soweit: Im Sommer 1506 macht sich Erasmus von England aus auf den Weg nach Italien. Er begleitet die Söhne von Giovanni Battista Boerio, dem aus Genua stammenden Leibarzt des englischen Königs, als Betreuer und Lehrer; auch wenn die Hauptlast des Unterrichts bei William Clyfton liegen soll, dem eigentlichen Tutor der beiden Jungen Giovanni und Bernardo. Das bildungshungrige Reisegrüppchen bricht Anfang Juni auf, zunächst nach Hammes Castle in der Nähe des seinerzeit englischen Calais, um Lord Mountjoy (→ S. 42) einen kurzen Besuch abzustatten. Ein etwas längerer, gut zweimonatiger Zwischenhalt ergibt sich dann in Paris, wo Erasmus en passant die Veröffentlichung von gleich vier Büchern bei seinem Drucker, dem Flamen Jodocus Badius, anschiebt und überwacht: Übersetzungen aus den Werken des Lukian und des Euripides, sowie erweiterte Nachauflagen seiner *Adagia* und seiner Epigrammsammlung. Dann geht es über Orléans und Lyon weiter Richtung Süden, schließlich durch die Alpen und, wie einst Karl der Große, über den Mont Cenis nach Italien.

Noch von Paris aus berichtet er dem humanistischen Freundeskreis in London von den Ereignissen unterwegs und muss, wie so oft, Gerüchte zerstreuen. Der Adressat Thomas Linacre, Boerios Vorgänger als königlicher Leibarzt, weiß sehr gut, wie wichtig und wie wirkungsvoll Studien in Italien sein können: Er hat als junger Mann in den 1480er-Jahren die alten Sprachen in Florenz bei Angelo Poliziano (→ S. 99) und Demetrios Chalkokondyles studiert, also bei eminenten europäischen Größen, sowie Medizin in Padua. Zurück in England, praktiziert er in London gleichzeitig als Humanist und als Arzt (wie auch Marsilio Ficino in Florenz) und betreut hochgestellte Kunden wie König Henry VIII., Thomas Morus oder Erasmus selbst; je älter er wird, desto mehr setzt er sich für den Lehrbetrieb in Cambridge und Oxford ein.

An Thomas Linacre

Desiderius Erasmus von Rotterdam grüßt seinen Thomas Linacre. Ich bin inzwischen wohlbehalten in Paris angekommen, wenn man in der Tat davon absieht, dass ich mir während der viertägigen Schifffahrt wegen der Kälte ein Übel zugezogen habe; noch jetzt habe ich davon schreckliche Kopfschmerzen in der vorderen Stirnregion. Unter den Ohren habe ich Schwellungen, meine Schläfen pochen und ich habe ein Klingeln in beiden Ohren. Und dabei finde ich nirgends einen Linacre, dessen Kunst mich von all dem befreit! So viel musste ich also bisher für meinen italienischen Vertrag einsetzen. Zudem habe ich so fest wie nie zuvor beschlossen, mich in meinem Leben nie mehr dem Wasser und dem Wind auszuliefern, wenn es möglich ist, einen Landweg zu wählen.

In Frankreich bin ich wieder auferstanden; denn hier hatte sich weithin das Gerücht verbreitet, Erasmus sei aus diesem in das nächste Leben gegangen. Ich vermute, dass das Gerücht irrtümlich aus dem Tod jenes Franzosen Milo geboren wurde; denn auch er hatte Frankreich verlassen und sich dem Haushalt Mountjoys angeschlossen, wo er sich schon nach wenigen Tagen die Pest einfing und starb. So verdanke ich nun diesem Irrtum (denn als Omen schreckt es mich nicht) bereits zu Lebzeiten einen Vorgeschmack darauf, was die Nachwelt über mich sagen wird, wenn ich gestorben bin. Frankreich indes, in das ich nun zurückgekehrt bin, macht mir solche Freude, dass ich ins Zweifeln komme, was meinem Geist die größere Wohltat ist: England, das mir so viele und so enge Freunde gebracht hat, oder das süße Frankreich, wegen der alten Vertraulichkeit, der Freiheit, und jüngst wegen des Beifalls und des Interesses, die ich hier erhalte. So werde ich hier also mit doppelter Lust übergossen, denn ich genieße es gleichermaßen, mich an die Geselligkeit in England zu erinnern, zu der ich hoffentlich binnen Kurzem zurückkehren werde, und meine Freunde in Frankreich wiederzusehen.

Du wärst nicht in der Lage, nicht zu lachen, wenn du wüsstest, wie begierig mein Griechlein[1] auf das Geschenk ist, das er als Gegengabe für die Schreib-

---

1 Wer damit gemeint ist, ist nicht klar; vielleicht George Hermonymus aus Mistras, der an der Sorbonne unterrichtet, und zu dessen Schülern neben Erasmus auch Jacques Lefèvre d'Étaples (→ S. 121), Beatus Rhenanus (→ S. 87), Guillaume Budé oder Johannes Reuchlin zählen.

rohre aus Zypern erwartet, wie oft er mich an das Geschenk erinnert, wie oft er mich ermahnt, es endlich zu schicken. Es ist wirklich ein Spaß, den Raben zu necken, der den Schnabel schon offen hat. Denn dieser dumme Mensch hat nicht begriffen, was ich ihm tatsächlich geschrieben habe, nämlich: „Ich werde dir schenken, was dir entspricht", mit anderen Worten: etwas Schlechtes.

Ich hoffe, dass die von mir begonnene Aufgabe, die Kinder Giovanni Battista Boerios zu erziehen, glücklich verlaufen wird. Ich sehe, dass diese Jungen Talent haben, bescheiden und nachgiebig sind, und dass sie schon jetzt klüger erscheinen, als es ihr Alter erwarten lässt. Clyfton, ihr Vormund, ist der freimütigste, liebenswürdigste und fleißigste Mensch, den man sich denken kann.

Leb wohl, mein so äußerst gelehrter und menschlicher Lehrer, und schreib mir recht häufig, gerne auch wenig, wenn du nur schreibst.

Paris, im Jahr 1506

Unruhe in Italien

16. November 1506
(Brief Nr. 203)

Über Erasmus' Zeit in Italien von 1506 bis 1509 wissen wir kaum etwas, denn es sind nur wenige Briefe überliefert – von 1508 bis 1511 schließlich gar keine. Was aber erhalten ist, berichtet von der Unsicherheit des Verkehrs für Briefe und Menschen. So auch dieser Brief an Servatius Rogerus, einen engen Jugendfreund aus dem Augustinerchorherrenkloster in Stein bei Gouda, seit 1504 Prior dieses Klosters. Trotzdem hält sich Erasmus seltsam bedeckt: Wo ist er zum Doktor der Theologie promoviert worden? Der Brief legt die altehrwürdige, weltberühmte Universität von Bologna nahe, obwohl dort des Krieges wegen Zwangspause herrscht; in Wirklichkeit war es die wenig glamouröse Universität Turin. Weniger ungewöhnlich aber sind die Umwege und Planänderungen durch plötzliche Truppenverschiebungen und Vorstöße in jenem andauernden Krieg, der zu Beginn des 16. Jahrhunderts in Italien tobt: Erasmus kommt von Turin nach Bologna, muss sofort für zwei bis drei Wochen nach Florenz ausweichen und kehrt Anfang November wieder nach Bologna zurück.

Einer der gewaltigsten Protagonisten dieser Kriege, neben den Königen von Frankreich und Spanien, ist Papst Julius II. aus der genuesischen Familie della Rovere: trotz seines hohen Alters ein ruheloser Kriegsherr, so oft wie möglich selbst auf dem Schlachtfeld anwesend, unversöhnlich und erbarmungslos. Neben dem Krieg aber prägen die Künste sein Pontifikat: Für Julius II. entstehen so hochkarätige Werke wie Raffaels Stanzen oder Michelangelos Decke der Sixtinischen Kapelle. Nicht zuletzt lässt Julius die alte Peterskirche abreißen und den Bau der neuen beginnen; in der konstantinischen Basilika hätte nämlich das Grabmal, das Michelangelo für ihn entwirft, keinen Platz gehabt. Ob Kriege, ob Künste: Beides verschlingt Unsummen Geldes, beides kostet viel Blut, und das wird nördlich der Alpen nicht besonders gut aufgenommen. Erasmus seinerseits wird gegen diesen Papst einen seiner beißendsten und lustigsten Texte schleudern: Nach dem Tod des Papstes 1513 wird er den *Julius exclusus* schreiben, eine bitterböse Satire, die den Kriegspapst vor der für ihn versperrten Himmelstüre zeigt; auch Hinweise auf den „königlichen Triumph" beim Einzug in Bologna, den Erasmus mit eigenen Augen gesehen hat, fehlen darin nicht. Erasmus wird die Autorschaft zwar zeitlebens abstreiten, aber seine Zeitgenossen erkennen ihn da bereits an seinem Stil und seiner Geisteshaltung. Der Kollege und Bewunderer Guy Morillon, der sich in Paris als Herausgeber antiker Klassiker einen Namen gemacht hat, prägt dafür in einem Brief an Erasmus aus dem Februar 1517 (Brief Nr. 532) einen Neologismus: die Satire ist schlicht und ergreifend *erasmice*, „nach Art und Weise des Erasmus".

An Servatius Rogerus

Erasmus von Rotterdam grüßt seinen Servatius. Obwohl ich dir vor kurzem aus Florenz geschrieben habe,[1] werde ich dir doch jetzt ein weiteres Mal dasselbe schreiben, da es nicht selten vorkommt, dass Briefen unterwegs etwas zustößt. Ich bin hauptsächlich nach Italien gegangen, um Griechisch zu lernen; die Wissenschaften sind hier aber entschlafen und vor Kälte starr, während hitzig die Kriege toben. Entsprechend werde ich mich bemühen, früher als gedacht zurückzueilen. Ich habe einen Doktortitel in Theologie angenommen, nicht allerdings aus eigenem Willen, sondern auf das Drängen anderer hin.

Bentivoglio hat Bologna verlassen;[2] die Franzosen belagerten die Stadt, sind aber von ihren Bürgern mit geringen Verlusten zurückgedrängt worden. Am Tag des heiligen Martin hat der Pontifex Maximus Julius Bologna betreten und am darauffolgenden Sonntag eine Messe in der Hauptkirche gelesen. Die Ankunft des Kaisers wird erwartet und ein Feldzug gegen die Venezianer vorbereitet, sofern sie nicht die Orte aufgeben, die der Papst für sich beansprucht. Die Wissenschaften haben inzwischen gezwungenermaßen Urlaub. Lebe wohl.

Bologna, den 16. November 1506

1 Knapp zwei Wochen zuvor, am 4. November 1506.

2 Die Familie Bentivoglio hat das ganze 15. Jahrhundert hindurch die Geschicke Bolognas gelenkt, der letzte Herr aus der Familie, Giovanni II., wird von Papst Julius II. verdrängt und flieht in der Nacht des 2. November 1506 aus der Stadt.

Auf Verlegersuche

28. Oktober 1507
(Brief Nr. 207)

Erasmus nutzt seinen Aufenthalt in Italien natürlich auch dazu, um Kontakte zu Buchdruckern zu knüpfen, und das mit brillantem Erfolg. Von Bologna aus schreibt er Ende Oktober 1507 nach Venedig, damals die unangefochtene Welthauptstadt des Buchdrucks. Die erste Druckerei in der Lagune wird 1469 von Johannes von Speyer eröffnet, um das Jahr 1500 ist die Zahl der Druckereien dort auf bereits fast 150 angewachsen. Erasmus schreibt nicht an irgendeinen der venezianischen Drucker, sondern an den Besten und Berühmtesten, an Aldo Manuzio. Aldo, aus der Nähe von Rom gebürtig, eröffnet seine Offizin 1494 und profiliert sich schnell durch wegweisende Innovationen und höchste Qualität: Er druckt lateinische und griechische Lettern, er sorgt sich um eine kritische und verlässliche Textbasis ebenso wie um konsequente Interpunktion und beste Lesbarkeit, er nutzt (im September 1500) zum ersten Mal eine Kursive, die es ihm erlauben wird, kleine handliche Formate zu produzieren. Aldo ist ein Humanist und Intellektueller, kein Handwerker, wie die meisten seiner Kollegen, er ist, im modernen und damals neuen Sinne, ein Verleger. Als solcher bringt er in seinem Verlagsprogramm die antiken, vor allem die griechischen Klassiker und die wichtigsten Zeitgenossen zusammen. Die praktische Arbeit verantworten der Drucker Andrea Torresano, später zudem Aldos Schwiegervater, und der Typograph Francesco Griffo. Dieses Team hat die Gestalt des gedruckten Buches bis heute nachhaltig geprägt, und seine Arbeit ist bereits in der Renaissance europaweit berühmt. Aldo Manuzio gibt dem inhaltlichen Horizont und dem ästhetischen Anspruch der Renaissanceliteratur einen Körper aus Papier.

Das hohe Lob, mit dem Erasmus seinen Brief eröffnet, ist also bei aller Schmeichelei nicht unbegründet. Auch macht Erasmus dem großen Aldo sofort klar, dass er seinerseits kein Debütant mehr ist, sondern bereits ein etablierter und versierter Autor – obwohl er gewiss noch keine Berühmtheit ist. Es geht um die Übersetzung zweier Tragödien des Euripides, *Hekuba* und *Iphigenie in Aulis*, die im September 1506 bei Badius in Paris erschienen sind (→ S. 66). Der Erfolg, den der Brief des Erasmus hat, ist prompt und geht deutlich weiter als gedacht: Rasch ist der Kontakt geknüpft, Erasmus reist nicht, wie geplant, nach Rom, sondern geradewegs nach Venedig. Es scheint sozusagen Liebe auf den ersten Blick zwischen zwei Büchermenschen gewesen zu sein. Bereits im Dezember 1507 erscheinen die Euripides-Tragödien und in seinem an die Studenten des Griechischen gerichteten Vorwort schreibt Manuzio: „Ich habe das Buch mit unseren Lettern drucken lassen, sowohl weil mich dieser äußerst gelehrte Mann (sc. Erasmus) darum gebeten hat und er einer meiner besten Freunde ist als auch weil ich glaube, dass es für euch Studenten überaus nützlich beim Ver-

HECVBA, & Iphigenia in Aulide Euripidis tragœdiæ in latinum tralatæ Erasmo Roterodamo interprete.

EIVSDEM Ode de laudibus Britanniæ, Regisq; Henrici septimi, ac regiorum liberorum eius.

EIVSDEM Ode de senectutis incommodis.

AL DVS

Titelblatt der Euripides-Übersetzungen von Erasmus, die 1507 bei Aldo Manuzio in Venedig erscheint. Universitätsbibliothek Basel, UBH Bc VII 83:1.

stehen und Übersetzen des Griechischen sein wird. Deshalb beglückwünsche ich euch auf das Herzlichste." Der Glückwunsch kann auf Gegenseitigkeit beruhen: Durch die Zusammenarbeit mit Erasmus endet auch für Aldo eine Krise, in die die Italienischen Kriege ihn und seinen Verlag gestürzt haben.

Kaum in Venedig angekommen, zieht Erasmus buchstäblich in Aldos Druckerei ein. Die beiden beginnen schnell die Arbeit an der runderneuerten und erweiterten Ausgabe seiner Sprichwortsammlung *Adagia*, die schließlich im September 1508 vollendet ist; dann erst reist Erasmus nach Rom und weiter bis Neapel. In Venedig wohnt Erasmus bei Andrea Torresano, zwar, wie er über 20 Jahre später im Colloquium *Opulentia sordida* humorvoll beklagen wird, bei durchaus karger Kost und ohne großen Komfort, aber dafür mitten im Füllhorn der Literatur und der Bildung; er teilt sich ein Zimmer mit dem Humanisten und späteren Kardinal Girolamo Aleandro. Das offenherzige, gesellige und hochgelehrte Ambiente beeindruckt Erasmus nachhaltig, gerade weil er aus dem Norden das Gegenteil gewohnt ist. In einer der erweiterten Folgeausgaben seiner *Adagia*, die bei seinem nächsten wichtigen Verleger, Johannes Froben in Basel, erscheint, wird er davon schwärmen, und zwar bei der Erläuterung des paradoxen Weisheitswortes *Festina lente (Eile mit Weile)*, das das Verlagsmotto von Aldo Manuzio darstellt und zur Bildformel *Anker und Delphin* gehört. Es ist die Verbindung von Bildung, Menschlichkeit und Freundschaft beim gemeinschaftlichen Büchermachen, die lebenslänglich Erasmus' Ideal bleibt.

An Aldo Manuzio

Erasmus von Rotterdam grüßt Aldo Manuzio aus Rom vielmals. Oft schon habe ich im Stillen bei mir gehofft, hochgelehrter Manuzio, dass die Literatur in beiden Sprachen, der du nicht nur durch deine Kunstfertigkeit und deine unübertroffen schönen Drucktypen, sondern auch durch dein Talent und dein ganz und gar nicht gewöhnliches Wissen so viel Glanz beschert hast, dass die Literatur also dir im Gegenzug ein ebenso reiches Verdienst bescheren möge. Denn was nämlich deine Berühmtheit angeht, so steht es außer Zweifel, dass zu allen Zeiten, die da noch kommen werden, der Name Aldo Manuzio von den Lippen all derer flattern wird, die in die heiligen Riten der Literatur eingeweiht sind. Dein Gedächtnis in der Nachwelt wird wie deine Berühmtheit in der Gegenwart nicht nur Ehre heischen, sondern auch Zuneigung und Liebe, weil du, wie ich höre, zur Wiederbelebung und Verbreitung guter Autoren keine Mühe scheust und eine Sorgfalt walten lässt, wie sie zum gewonnenen Geld in keinem Verhältnis steht. Du nimmst gewaltige Arbeiten nach dem Vorbild des Herkules auf dich, herausragende schöne Arbeiten, die dir unsterblichen

Ruhm einbringen werden, wenn sie auch gegenwärtig wahrlich eher anderen nutzen als dir selbst. Ich höre, dass du einen Platon in griechischen Lettern drucken wirst, auf den die meisten Gelehrten schon sehnsüchtig warten.[1] Ich bin begierig zu erfahren, welche Werke aus dem Bereich der Medizin du schon herausgebracht hast, und ob du uns bald einen Paulos von Aigina geben wirst.[2] Ich wundere mich, was bisher das Erscheinen des *Neuen Testamentes* verhindert hat, ein Werk das, wenn ich mich nicht völlig irre, sowohl der breiten Öffentlichkeit gefallen wird als auch meinem Gewerk, also den Theologen.[3]

Ich schicke dir zwei Tragödien, die zu übersetzen ich die Kühnheit besessen habe; ob mir das im Übrigen glücklich gelungen ist, das musst du selbst beurteilen. Thomas Linacre, William Grocyn, William Latimer und Cuthbert Tunstall, die sowohl deine als auch meine Freude sind, fanden sie jedenfalls sehr gut;[4] du weißt selbst, dass die Genannten zu gebildet sind, um in ihrem Urteil völlig zu fehlen, und zu ehrlich, um einem Freund schmeicheln zu wollen, wenn sie nicht ihre Liebe zu mir geblendet hat. Auch die italienischen Kollegen, denen ich meine Versuche gezeigt habe, haben sie nicht verdammt. Badius in Paris hat die Tragödien gedruckt und das, wie er mir schrieb, durchaus zu seinem Gewinn, denn er hat bereits alle seine Exemplare verkauft. Allerdings hat er es nicht vermocht, meinen guten Ruf zu schützen, denn der ganze Druck ist übervoll mit Fehlern. Zwar hat er mir nun angeboten, die Fehler in einer zweiten Auflage zu beheben, aber ich fürchte, dass er, wie das Sprichwort des Sophokles geht, das Übel mit Übeln verbessert. Ich glaube, dass meinen Nachtarbeiten Unsterblichkeit verliehen wird, wenn sie mit deinen Typen gedruckt, besonders mit jenen kleinen, die die allerschönsten sind, das Licht der Welt erblicken würden. Auf diese Art würde es ein ganz winziges Büchlein

1 Die griechische Werkausgabe Platons bei Aldo erscheint im September 1513.

2 Paulos von Aigina, ein byzantinischer Arzt und Fachautor des 7. Jahrhunderts, erscheint erst 1528, nach dem Tod Aldos, in seinem Verlag.

3 Auch der bereits 1499 angekündigte Plan einer dreisprachigen Bibelausgabe kann nicht zu Lebzeiten Aldos realisiert werden; für die griechische Bibel, die in seinem Verlag 1518 herauskommt, wird schließlich der von Erasmus eingerichtete Text des *Neuen Testaments* verwendet.

4 Vier englische Freunde bzw. Gönner von Erasmus, die alle in Italien studiert haben (Linacre und Grocyn in Florenz, Latimer und Tunstall in Padua) und vor allem als Fachleute für das Griechische gelten; William Latimer ist zudem persönlich mit Aldo bekannt.

werden und die Sache nur wenig kosten. Wenn du gewogen bist, dich auf diese Unternehmung einzulassen, werde ich dir ein korrigiertes Manuskript durch den Jungen überbringen lassen, der dir auch diesen Brief gebracht hat, ohne jede Verpflichtung, außer der, dass du mir einige wenige Exemplare schickst, die ich Freunden schenken kann.

Auch würde ich nicht zögern, den Druck auf meine Kosten und mein Risiko anzugehen, wenn ich nicht innerhalb weniger Monate Italien verlassen müsste. Deshalb wäre es mir sehr lieb, wenn wir die Sache zuvor regeln könnten. Das Vorhaben würde keine zehn Tage in Anspruch nehmen. Solltest du indessen fordern, dass ich selbst einhundert oder zweihundert Exemplare abnehme, dann würde mich das, auch wenn mir für gewöhnlich Merkur ganz und gar nicht hold ist und es in meinem Reisegepäck ausgesprochen unbequem wäre, in keiner Weise abschrecken, sofern du im Voraus einen ausgeglichenen Preis ansetzt. Lebe wohl, hochgelehrter Aldo, und zähle Erasmus fest unter die Zahl derer, die dir nur Gutes wünschen.

Solltest du in deiner Druckerei gerade ungewöhnliche und seltene Autoren haben, wäre ich dir dankbar, wenn du es mich wissen lässt; denn jene englischen Gelehrten haben mich gebeten, nach entsprechenden Werken zu suchen. Sollte der Druck der Tragödien ganz und gar nicht zu deinen Plänen passen, gib das Manuskript bitte dem Boten, damit er es zu mir zurückbringt.

Bologna, den 28. Oktober 1507

ERASMI ROTERODAMI ADAGIORVM CHILIADES TRES, AC CENTVRIAE FERE TOTIDEM.

ALD·STVDIOSIS·S.

Quia nihil aliud cupio, q̃ prodesse uobis Studiosi. Cum uenisset in manus meas Erasmi Roterodami, hominis undecunq; doctiss. hoc adagiorũ opus eruditum. uarium. plenũ bonæ frugis, & quod possit uel cum ipsa antiquitate certare, intermissis antiquis autorib. quos paraueram excudendos, illud curauimus imprimendum, rati profuturum uobis & multitudine ipsa adagiorũ, quæ ex plurimis autorib. tam latinis, quàm græcis studiose collegit summis certe laborib. summis uigiliis, & multis locis apud utriusq; linguæ autores obiter uel correctis acute, uel expositis erudite. Docet præterea quot modis ex hisce adagiis capere utilitatem liceat, puta quẽadmodum ad uarios usus accõmodari possint. Adde, qđ circiter decẽ millia uersuum ex Homero, Euripide, & cæteris Græcis eodẽ metro in hoc opere fideliter, & docte tralata habẽtur, præter plurima ex Platone, Demosthene, & id genus aliis. An autem uerus sim, ἰδοὺ ῥόδος, ἰδοὺ καὶ τὸ πήδημα. Nam, quod dicitur, αὐτὸς αὐτὸν αὐλεῖ.

Præponitur hisce adagiis duplex index. Alter secundum literas alphabeti nostri, nam quæ græca sunt, latina quoq; habentur. Alter per capita rerum.

liber Ecclie Sci leonardi in basilea Ordinis Canonicorũ Regularium

Titelblatt von Aldo Manuzios Ausgabe der *Adagia* von 1508 (→ S. 73). Universitätsbibliothek Basel, UBH DB III 7.

Geldsorgen und Regen

24. August 1511
(Brief Nr. 225)

Im April 1511 endet die große, fast dreijährige Leerstelle in der Korrespondenz des Erasmus. 1509 macht er sich von Italien aus auf den Weg nach England zu Morus, die längste zusammenhängende Reise seines Lebens. Auf diesem Weg, vermutlich mitten in den Alpen, die er durch die Schweiz und über den Septimerpass überquert, entsteht die Idee zu seinem berühmtesten Werk, dem *Lob der Torheit*. Er schreibt es mit großer Geschwindigkeit fertig, als er sich im Londoner Haus seines Freundes Thomas Morus, dem er das Werk widmet, von den Reisestrapazen erholt. Im Sommer 1511 verlässt Erasmus London, um eine Stelle als Griechischlehrer am Queen's College in Cambridge anzutreten, die der Bischof John Fisher für ihn geschaffen hat. Für die kommenden Jahre soll Erasmus dort sowohl selbst studieren als auch unterrichten. Die Reise nach Cambridge aber gestaltet sich, wie so oft, nicht reibungslos, wie er an John Colet schreibt, den er bei seinem ersten Englandaufenthalt 1499 in Oxford kennengelernt hat (→ S. 48). In London muss Erasmus eine Zwangspause einlegen, da er ernstlich erkrankt; erneut verbreiten sich Gerüchte über seinen Tod. Er leidet am sogenannten „Englischen Schweiß", einer heute nicht mehr genau zu bestimmenden Krankheit, die in der Frühen Neuzeit in mehreren Wellen durch Europa jagt und sich durch einen sehr schnellen und meist tödlichen Verlauf auszeichnet. Bei aller andauernden Klage über Krankheiten kann seine Konstitution so schwach also nicht gewesen sein: Erasmus steht die Sache in wenigen Wochen durch, obwohl in Cambridge, wie er an einen italienischen Freund, den in England angestellten Dichter Andrea Ammonio, schreibt, die wichtigsten Zutaten zur gesundheitlichen Nach- und Vorsorge fehlen, nämlich anständige Getränke: „Das örtliche Bier gefällt mir nicht im Geringsten und auch der Wein ist unbefriedigend." Andrea Ammonio, in Lucca geboren und Sekretär von Lord Mountjoy (→ S. 42), bevor er 1511 zum Sekretär von König Henry VIII. aufsteigt, ist ein langjähriger, enger und wichtiger Freund des Erasmus. Umso bitterer ist es, dass sowohl Ammonio als auch Colet 1517 beziehungsweise 1519 vom „Englischen Schweiß" dahingerafft werden. Auf dem Weg von London nach Cambridge 1511 aber hat Erasmus zunächst mit banaleren Gegnern zu kämpfen: Geldsorgen und Regen.

An John Colet

Erasmus grüßt seinen Colet. Wenn dich mein Unglück zum Lachen bringen kann, mein lieber Colet, dann wirst du jetzt herzhaft lachen können. Denn abgesehen von all dem, was mir in London zugestoßen war, war das Pferd meines Dieners ganz schön lahm; der Fuhrmann hatte nämlich das Pferd, das Bullock geschickt hatte,[1] ausgetauscht. Des Weiteren gab es auf der gesamten Reise rein gar nichts zu essen. Am folgenden Tag regnete es ohne Unterlass bis zur Mittagszeit. Nach der Mittagszeit kamen Blitz und Donner und Sturzbäche dazu; mein Pferd schlug dreimal der Länge nach hin. Bullock befragte die Sterne und kam zu dem Schluss, dass Jupiter einen nicht unbeträchtlichen Zorn auf uns hegt. Da muss ich ihm inzwischen zustimmen, ich sehe schon die Spuren, die zur christlichen Armut führen. Ich habe hier so wenig Hoffnung auf ein gutes Geschäft, dass ich gewiss alles werde ausgeben müssen, was ich von meinen Mäzenen bekommen habe.

Es gibt hier einen Arzt, ein Landsmann von mir, der mit Hilfe des fünften Elements die ungeheuerlichsten Dinge tun will, aus Greisen wieder Jünglinge werden lassen und Tote zum Leben erwecken;[2] sollte ich etwas von diesem fünften Element probieren können, so hätte ich doch einige Hoffnung, in Zukunft wieder jung zu werden; wenn ich etwas davon bekomme, dann soll es mich nicht reuen, hierhergekommen zu sein. Dass ich hier Geld verdiene, sehe ich aber nicht; was sollte ich Nackten auch abnehmen können, wo ich so dreist nicht bin und von Geburt an Merkur mir zürnt? Lebe wohl, mein bester Lehrer. Sobald ich zu unterrichten beginne, werde ich dir Bescheid geben, wie die Sache läuft, damit du noch mehr lachen kannst.

Cambridge, Queen's College, den 24. August 1511

Vielleicht wage ich es sogar, auf deinen Apostel Paulus loszugehen. Da siehst du, wie wagemutig dein Erasmus wird. Nochmal, lebe wohl.

---

1 Henry Bullock ist ein Fellow am Queen's College in Cambridge, der sich vor allem der griechischen Literatur hingibt und, wie Erasmus, Lukian übersetzt.

2 Der Arzt ist offenbar ein Alchemist und auf der Suche nach der *quinta essentia*, der Quintessenz, die ein magisches Allheilmittel sein soll und auch mit der Herstellung von Gold in Beziehung steht.

Aufbruch aus England Richtung Basel

Anfang Juli 1514
(Briefe Nr. 294 und 295)

In den ersten Tagen des Juli 1514 macht sich Erasmus auf den Weg von London nach Basel. Für diese Reise wird er, Besuche bei Freunden und einen Unfall inklusive (→ S. 83), gut zwei Monate benötigen, er wird also nicht mit Höchstgeschwindigkeit reisen. Erasmus hat einiges an Gepäck dabei, das teils vorausgeschickt wird, teils auf anderen Schiffen oder Gefährten befördert wird, und das gibt, kurz gesagt, Anlass zu vielfältiger Sorge. Ganz besonders, wenn es sich um seine Werke und Produktionsmittel handelt, um Bücher, Manuskripte, Unterlagen. So schickt Erasmus Anfang Juli 1514 einen Brief an Pieter Gillis voraus, der das schwerste Gepäck auf dem direkten Seeweg nach Antwerpen begleitet. Gillis ist seit 1505 ein Briefpartner und Freund von Erasmus, unter anderem Herausgeber einer Briefsammlung des Florentiner Humanisten Angelo Poliziano (→ S. 99) und im Hauptberuf Sekretär seiner Heimatstadt Antwerpen. Auf der Nord-Süd-Achse zwischen London und Basel, auf der Erasmus selbst sowie seine Briefe und Finanzen hauptsächlich unterwegs sind, ist Gillis einer seiner wichtigsten Gastfreunde, Unterstützer und Relaisstationen. Erasmus selbst fährt indes so wenig zur See wie möglich und nimmt die kürzeste Route über den Kanal, von Dover nach Calais. Der nächste Brief, datiert auf den 8. Juli, geht von dort eine Woche später zurück nach London, als er bereits in Hammes Castle, im heutigen Frankreich, bei seinem Gönner Lord Mountjoy (→ S. 42) angekommen ist.

An Pieter Gillis

Erasmus grüßt seinen Pieter Gillis. Der Schiffer Antonius wird dir mit diesem Brief auch drei Truhen übergeben, die erste ist rechteckig, aus Holz und mit Seilen umwunden, die beiden anderen sind französischer Machart und mit Schweinsleder überzogen; bitte stell sie bei dir zuhause oder an einem anderen sicheren Ort unter, bis ich ankomme. Wenn du den Schiffer triffst, bezahle ihn bitte, sofern er noch nicht hier von mir bezahlt worden ist; ich habe derzeit mit ihm noch keine Einigung getroffen. Sobald ich Mountjoy und einigen anderen Freunden meine Aufwartung gemacht habe, werde ich zu dir kommen, sobald die Himmlischen mir geneigt sind, und wir können uns in Ruhe über alles unterhalten. Es wundert mich, dass Franz, der Buchhändler,[1] hier ohne Briefe von dir ankam. Kümmere dich darum, dass meine Sachen sicher sind und sieh sie als deine eigenen an. Leb wohl, bester aller Freunde.

London, Juli 1514

* * *

An Andrea Ammonio

Erasmus grüßt Andrea Ammonio, Sekretär des erlauchtesten Königs der Engländer. Nicht nur einmal bin ich zu deinem Haus gegangen, um dir, dem allerengsten Freund, Lebewohl zu sagen und um so lange wie möglich deine Gesellschaft zu genießen, denn ich kenne in diesem Leben kaum etwas Angenehmeres als sie. Die Überfahrt ist aufs Beste gelungen, nichtsdestotrotz aber hat sie mich mit Angst erfüllt. Das Meer war wunderbar ruhig, der Wind günstig, das Wetter äußerst milde, die Tageszeit die bequemste. Die Anker wurden um die Mittagszeit gelichtet. Aber diese Seeräuber hatten das Gepäckstück, in dem sich meine Arbeitsunterlagen befanden, in ein anderes Schiff geladen. Das machen diese Leute für gewöhnlich mit Fleiß, damit sie nur umso bequemer etwas stehlen können; und wenn nicht, so doch, um ein paar Münzen damit zu machen und dir deinen eigenen Besitz zum Kauf anzubieten. Entsprechend glaubte ich schon, dass mehrere Jahre rastloser Arbeit verloren waren und empfand im Geiste einen solchen Schmerz, wie noch keine Eltern, vermute ich, beim Tod ihrer Kinder einen größeren verspürt haben. Auch in allen übrigen Belangen behandeln sie ausländische Reisende dergestalt, dass es wohl besser wäre, den Türken in die Hände zu fallen. Ich frage mich oft, wie dieser Bodensatz der Menschheit es schafft, von den Fürsten Englands toleriert zu werden. Denn es ist ein schweres Ärgernis für Gäste und so auch ein einschneidender Ehrverlust für die ganze Insel, wenn jedermann zuhause weitererzählt, wie unmenschlich er aufgenommen worden ist und wenn das gesamte englische Volk nach den Taten dieser Räuber eingeschätzt wird.

1 Der unerträgliche, aber unersetzbare Franz Birckmann (→ S. 92).

Ich weiß nicht, ob ich dir schon erzählt habe, dass ich dem König persönlich meine Aufwartung gemacht habe. Er empfing mich mit einem wirklich äußerst freundschaftlichen Gesichtsausdruck; daraufhin sagte mir der Bischof von Lincoln nachdrücklich, ich solle höchster und bester Hoffnung sein. Von sich aus hat er keinerlei Geschenk erwähnt und auch ich habe mich nicht vorgewagt, es zu erwähnen, um nicht dreist zu erscheinen. Der Bischof von Durham gab mir zu meinem Aufbruch ein Geschenk von sechs *Nobels*,[2] und zwar von sich aus, und, wenn ich mich nicht irre, zum vierten Mal. Der Erzbischof wollte bei dieser Gelegenheit nicht hintanstehen und gab mir ebenso viel, der Bischof von Rochester gab mir einen *Ryal*.[3] Das ist das gesamte Vermögen, das ich mit mir trage. Ich wollte, dass du das weißt, falls irgendjemand behaupten sollte, ich hätte unter dem Vorwand meiner Abreise eine große Summe Geldes zusammengerafft.

Im Augenblick befinde ich mich in Hammes Castle, wo ich ein paar Tage bei meinem Freund Mountjoy verweilen werde, dann geht es weiter nach Germanien, wo ich einige Freunde besuchen werde. Wenn die Fortuna dem, was ich hoffe und was andere mir versprochen haben, geneigt ist, dann werde ich schleunigst wieder zurückkehren; wenn nicht, dann werden die Umstände mir ihren Rat erteilen. Gebe der höchste und beste Gott, dass ich unbeschadet zu meinem Ammonio zurückkehre, um ihn nicht nur unbeschadet, sondern überhäuft mit allen Geschenken der Fortuna wiederzufinden. Wenn sich für dich die Gelegenheit ergeben wird, die Anliegen deines Erasmus voranzubringen, dann habe ich keine Zweifel, dass du das in seiner Abwesenheit ebenso gut tun wirst, wie du es bisher getan hast, ganz gleich, ob er an- oder abwesend war. Leb wohl, mein einzigartiger Freund.

Hammes Castle, den 8. Juli 1514[4]

---

2 Eine seit Mitte des 14. Jahrhunderts geprägte englische Goldmünze, etwa doppelt so schwer wie der europaweit gängige Florentiner Gulden (*Florin*).

3 Der *Ryal* löst unter Edward IV. den Nobel ab und ist von etwas höherem Wert.

4 Ebenfalls aus Hammes Castle und datiert auf den 8. Juli 1514 schreibt Erasmus einen langen Brief an Servatius Rogerus, den Prior des Klosters Stein, in dem er darlegt, warum er nicht in das Kloster zurückkehren, sondern ein humanistisches Wanderleben in der Welt führen will.

Nichts wie weg

August 1514
(Brief Nr. 299)

Im August 1514 reist Erasmus weiter: von Hammes Castle, wo sein langjähriger Freund und Gönner Lord Mountjoy residiert, über Gent, Antwerpen, Bergen op Zoom, Lüttich und Straßburg zum ersten Mal nach Basel. Unterwegs macht er, zwischen Bergen und Lüttich, einen Abstecher nach Hoogstraten, um seinen Freund Andreas van Borssele zu besuchen. Offenbar hat Erasmus seinen Besuch nicht angekündigt.

An Andreas van Borssele

Erasmus von Rotterdam grüßt seinen Andreas aus Hoogstraten. Ich habe keinen kleinen Umweg auf mich genommen, um dich, meinen alten Freund, wiederzusehen und den Anblick einer so berühmten Stadt zu genießen. Doch ein mir feindliches Geschick hat beides scheitern lassen: Du warst nicht zuhause und der Eindruck, den die Stadt auf mich machte, war so geartet, dass ich noch nie einen Ort mit größerer Freude wieder verlassen habe. Leb wohl.

Lüttich, August 1514

Unfall bei Gent, Ankunft in Basel

30. August 1514
(Brief Nr. 301)

Nach seiner Ankunft in Basel Ende August 1514 schreibt Erasmus einen Brief an Lord Mountjoy (→ S. 42) zu Ende, den er einige Wochen zuvor in Gent begonnen hat: Ein Unfall mit dem Pferd hat ihm heftige und langanhaltende Rückenschmerzen beschert, er muss in Gent eine Zwangspause einlegen. Die Rückenschmerzen erklären vielleicht auch die schlechte Laune in Hoogstraten (vgl. den vorhergehenden Brief). Endlich in Basel angekommen, schließt Erasmus schnell Freundschaft mit dem Buchdrucker Johannes Froben, der sich in einer eigenwilligen Art und Weise beim Gelehrten vorgestellt hat: 1513 veröffentlicht Froben einen von Erasmus nicht autorisierten Raubdruck der *Adagia*. Nach der Ausgabe von Aldo Manuzio ist erst 1511 eine weitere, neue Ausgabe bei Badius erschienen. Aber Frobens Arbeit zeichnet sich dermaßen durch Genauigkeit und Schönheit aus, dass er Erasmus' Gunst erringt, und das so sehr, dass Basel für ihn eine wichtige Stadt wird und er für weitere Druckangelegenheiten dorthin geht statt nach Venedig. Kaum also in Basel angekommen, beginnen die beiden die Arbeit an Erasmus' Hauptwerken: an der Werkausgabe des Kirchenvaters Hieronymus sowie am *Novum instrumentum*, der kommentierten Neuedition und Neuübersetzung des Neuen Testaments. Das sind also beileibe nicht nur *nugae*, beiläufig-spielerische „Schreibereien", wie der Brief an Mountjoy schließt.

An William Blount, Lord Mountjoy

Sei gegrüßt, mein bester Maecenas. Ich habe zwei Tage mit dem Abt[1] verbracht, und es waren in der Tat sehr lustige Tage. Er schickte mich schließlich mit ganz und gar nicht leeren Händen fort und machte mir zudem viele, äußerst liebenswerte Versprechungen. Kurzum, alles schien in bester Ordnung, als mir plötzlich die Fortuna einen Tiefschlag versetzte und mich daran erinnerte, dass man Dingen nicht trauen soll, die in bester Ordnung scheinen. Kaum hatte ich nämlich eine Herberge, irgendwo auf halber Strecke zwischen Roeselaere und Gent, verlassen, als mein Pferd sich beim Anblick einiger auf dem Boden aus-

1 Antoon van Bergen, der Abt des Klosters Saint-Bertin in Saint-Omer.

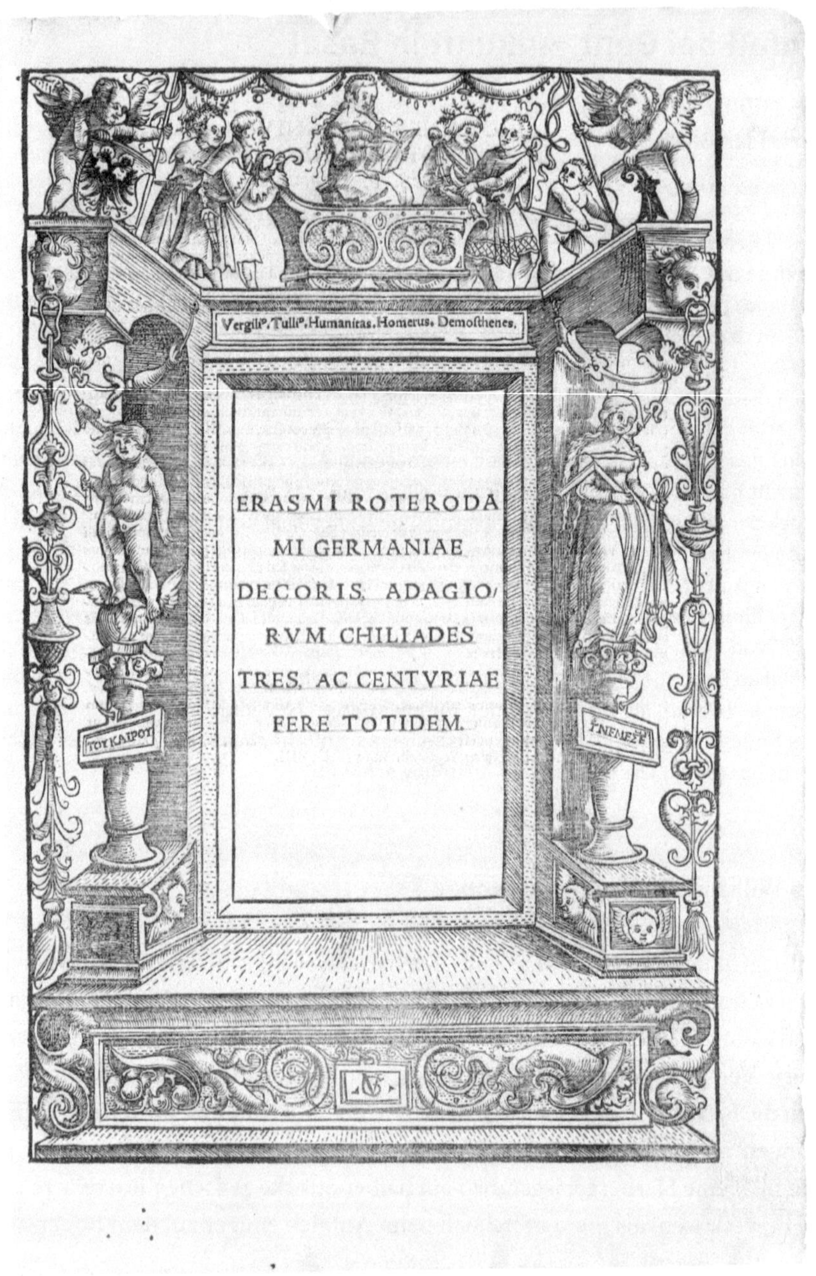

Titelblatt von Johannes Frobens Ausgabe der *Adagia* von 1513. Universitätsbibliothek Basel, UBH DB IV 10.

gebreiteter Leintücher erschreckte; ich beugte mich gerade nach vorne, um etwas zu meinem Diener zu sagen, als das Pferd es erneut mit der Angst bekam, in die entgegengesetzte Richtung scheute und mir den unteren Teil meiner Rückgrats heftig verdrehte. Die plötzliche Qual war unerträglich und rang mir Schmerzensschreie ab. Ich versuchte, abzusteigen. Es ging nicht. Mein Diener nahm mich in seine Arme und setzt mich auf dem Boden ab. Die Schmerzen waren mit Worten nicht zu beschreiben, besonders, wenn ich mich nach vorne beugte. Im Stehen tat es nicht so weh, trotzdem konnte ich mich nicht ganz aufrichten und blieb gebeugt. Da war ich also, auf dem platten Land, kein Gasthaus in Sicht, äußerst zugige und schlichte einmal ausgenommen, sechs lange Meilen von Gent entfernt. Ich bemerkte, wie meine Not vom Gehen etwas gelindert wurde, aber die vor mir liegende Strecke war zu groß, um sie zu Fuß zurückzulegen, selbst für einen Mann in bester Verfassung.

Stell dir vor, wie ich mich fühlte. Ich gelobte dem heiligen Paulus, einen vollständigen Kommentar zu seinem *Römerbrief* verfassen zu wollen, wenn mein Geschick glücklich genug sein sollte, dieser Gefahr zu entrinnen. Einige Zeit, der Verzweiflung nahe, musste ich den Versuch wagen, ob ich wohl mein Pferd besteigen könnte. Zu meiner Überraschung konnte ich. Ich begann mit einem langsamen Schritt – es war erträglich. Ich wies meinen Diener an, etwas schneller zu gehen – immer noch erträglich, aber alles andere als schmerzlos. Ich erreichte Gent, saß ab und ging auf mein Zimmer. Da kam der Schmerz mit ganzer Kraft zurück, besonders dann, wenn ich mich nicht bewegte. Ich konnte nicht stehen, ohne dass ich von zwei kräftigen Leuten, links und rechts, gestützt werden musste; sobald ich mich ein wenig entspannte, kam der unfassbare Schmerz zurück. Ich konnte nicht sitzen, ich konnte nicht liegen, ich konnte mich nicht bewegen. Ich ließ einen Arzt und einen Apotheker kommen. Es war so überwältigend, dass ich an nichts Anderes als an den Tod denken konnte.

Als ich am nächsten Morgen meinen Darm erleichtern wollte, gab ich mir alle Mühe, mich allein aus dem Bett zu erheben. Es ging, ich stand auf, bewegte mich, setzte mich hin, ohne Hilfe zu benötigen. Ich dankte Gott und dem heiligen Paulus. Dabei spürte ich, dass der Ärger noch nicht vorbei war, besonders, wenn ich meinen Körper drehte. Also blieb ich einige Tage in Gent, wurde von Freunden belagert und zur Ruhe gemahnt, wie mein Zustand es ratsam erscheinen ließ; ich bin das Übel noch nicht los. Was auch immer das gewesen ist, es war keine gewöhnliche Verletzung. Hier fand ich den flandrischen Ratspräsidenten,[2] einen sehr belesenen Mann, und zwei seiner Berater, Antonius Clava und Willem van Waele[3]; Robert de Keysere[4] und einige andere waren mir bereits bekannt. Ich sollte nun weiter nach Antwerpen, soweit mein Gesundheitszustand es erlaubt; wo immer ich auch sein mag, ich werde dir schreiben, wie es mir geht. Leb wohl.

Der Herr von Veere[5] war, in Begleitung seiner Mutter, in Bergen op Zoom, ich habe ihm meine Aufwartung gemacht; aber ich fand ihn betrübt, denn seine Frau lag im Kindbett und war nicht wohlauf, auch die Nachrichten aus der Provinz Zeeland waren nicht gut. Ich bestellte ihm einen Gruß von dir und wies ihn darauf hin, wie gut du seine Untertanen[6] behandelt hast. Ich kam nach Himmelfahrt in Basel an. In Deutschland wurde mir ein so ehrenvoller Empfang bereitet, dass es mir fast peinlich war.[7] Nun sitze ich eingepfercht in den überheizten Häusern der Germanen, kümmere mich um die Drucklegung meiner Schreibereien und finde mich dabei nicht weniger landunter, als Caesar es im Watt bei seinem Kampf gegen die Veneter gewesen ist. So schnell wie mir nur irgend möglich, werde ich wieder zu dir zurückkehren. Gott gebe, dass ihr alle gesund und wohlauf seid.

Basel, den 30. August 1514

---

2 Jean Le Sauvage, Jurist und Diplomat, amtiert als Kanzler und Ratspräsident in Flandern, Brabant und Burgund und ist einer der Ratgeber des jungen Habsburgers Karl, der später als Karl V. Kaiser werden wird. Le Sauvage wird im folgenden Jahr 1515 Erasmus an den Hof Karls vermitteln.

3 Zwei bedeutende Bürger und Ratsherren aus Gent, die zum Freundeskreis um Robert de Keysere gehören. Für Clava (→ S. 120) schreibt Erasmus ein Epitaph.

4 Ein äußerst wendiger Gelehrter und Buchdrucker aus Gent, der bereits seit 1511 Werke von Erasmus verlegt. Vergeblich versucht er, eine Universitätsgründung in Tournai voranzutreiben.

5 Adolf von Burgund, späterer Admiral der Niederlande und ein Schüler des Humanisten Jacob Batt (→ S. 35).

6 Gemeint sind die Einwohner von Tournehem, unweit von Calais, wo Mountjoy als englischer Statthalter amtiert.

7 Auf der Durchreise nach Basel wird Erasmus besonders in den freien Reichsstädten Straßburg und Schlettstadt von den dortigen Humanisten gefeiert. Basel war erst 1501 der Eidgenossenschaft beigetreten.

Schreiben in einer Zwangspause

13. April 1515
(Brief Nr. 327)

Erasmus, der wie jeder Mensch der Renaissance nicht zum Vergnügen reist, ist beinahe immer in Eile. Die unzähligen Möglichkeiten zur Verzögerung, die die Frühe Neuzeit bietet, vom Schaden an Mensch und Material bis zur Witterung, trägt er nicht mit abgeklärter Gleichmut. In ziemlich modern anmutender Art und Weise füllt Erasmus diese Pausen wiederum mit Schreibarbeit. So schreibt er an seinen Studienfreund Martin Dorp (Brief Nr. 337), dass er in England an nichts geringerem als dem *Lob der Torheit* arbeitet, weil ihn einerseits Nierenschmerzen daran hindern auszugehen und andererseits seine Bücherkiste, die er für die „echte" Arbeit bräuchte, noch nicht den Weg aus Italien zu ihm gefunden hat. Gegenüber dem humanistisch gesinnten Juristen Guillaume Budé (Brief Nr. 531) begründet er seine schriftstellerische Tätigkeit ganz grundsätzlich (aber durchaus mit einer Portion Ironie und einem Horaz-Zitat) mit Schlafproblemen und essentieller Unruhe. Manchmal ist es aber auch einfach die Langeweile, die produktiv macht. Davon zeugt der Brief vom 13. April 1515 an Beatus Rhenanus. Es ist eine in vielfacher Hinsicht typisch erasmische Szene: Die Zwangspause auf einer Reise wird zur Arbeit genutzt, die dem Kult der Freundschaft und der interpretativen Vermittlung eines antiken Textes dient, in diesem Falle eines alttestamentarischen Psalmes. Die Widmung ist zudem liebevolle Sprachspielerei mit dem Namen des Freundes, wörtlich „der Selige": Der Psalm Nr. 1 beginnt in der lateinischen Fassung der Vulgata: *Beatus vir, qui non abiit in consilio impiorum* („Selig der Mann, der nicht nach dem Rat der Frevler geht").

Beatus Rhenanus wird in Schlettstadt als Sohn eines (wohlhabenden) Metzgers geboren, erhält eine vorzügliche Bildung an der berühmten Schule seiner Heimatstadt und schreibt sich buchstäblich nach oben. Mit 18 Jahren beginnt er, für einige Jahre in Paris zu studieren und arbeitet dann als Korrektor, Herausgeber und Autor mit mehreren der wichtigsten Drucker seiner Zeit zusammen, darunter Henri Etienne, Matthias Schürer, sowie Johannes Amerbach und Johannes Froben in Basel, wo er von 1511 bis 1527 lebt. Er ist nicht nur einer der langjährigsten und engste Freunde des Erasmus, sondern auch Herausgeber der meisten seiner Werke. Beatus wird zudem Erasmus' erste Biograph nach dessen Tod. Die Freundschaft der beiden muss eine schlagartige Gelehrtenliebe gewesen sein, denn vermutlich lernen sich die beiden erst kennen, als Erasmus 1514 nach Basel kommt, also kein ganzes Jahr bevor dieser Brief entsteht.

Die Beatus gewidmete Auslegung des ersten Psalmes schreibt Erasmus auf dem Weg von Basel nach England. Die immerhin fast fünfzigseitige Interpretation betont, dass die heiligen Schriften nicht nur für Theologen da seien, sondern für alle Leserinnen und Leser sowie alle dazwischen und außerhalb – eine humanistische und auch von Erasmus immer wieder vorgebrachte Forderung, die gegen die Kirche durchgesetzt werden muss. Der Text erscheint im Sammelband der *Lucubrationes* des Erasmus erstmals im September 1515 bei Matthias Schürer in Straßburg und wird in den folgenden Jahren mehrfach nachgedruckt.

An Beatus Rhenanus

Erasmus von Rotterdam grüßt Beatus Rhenanus aus Schlettstadt. Wenn ich sehe, mein bester Beatus, dass sich auch gewöhnliche Leute und Analphabeten immer wieder gegenseitig kleine Geschenkchen schicken, um ihre Freundschaften zu pflegen, dann scheint es mir nicht richtig zu sein, dass diejenigen, die sich um die beste Literatur bemühen, bezüglich dieser Höflichkeit und Pflicht hintanstehen sollten, und das obendrein bei uns beiden, die der gemeinschaftliche Studieneifer zu einer so engen Freundschaft verbunden hat, wie sie enger gar nicht sein könnte. Als also neulich von den Mühen des Reisens die Pferde erschöpft waren und ich entsprechend ein paar Tage Rast in Saint-Omer einlegen musste, da kam mir der Einfall, mit einem Geschenkchen für dich zu beginnen, damit keinerlei Arbeitszeit verloren gehe. Gerade recht kam mir da auch eine ernste Mahnung unseres lieben Seneca in den Sinn, dass man sich nämlich besondere Mühe geben solle, die Gabe so zu wählen, dass sie nicht nur des Beschenkten würdig ist, sondern auch dem Schenkenden entspricht. So kommt es nämlich, dass die an sich billigsten Dinge zu kostbarsten Schätzen werden können, weil sie eben angemessen ausgewählt wurden. Was könnte also für einen Theologen als Schenkenden besser passen als ein kleines prächtiges Blümchen, das auf der frühlingshaftesten Wiese der heiligen Schriften gepflückt wurde? Und was könnte besser für einen Beatus passen als die vom Stift des göttlichen Geistes niedergeschriebenen Regeln, wie man *beatus*, selig, werden kann? Ein göttlicher Name ist es in der Tat, der die Natur des Menschen übersteigt. Die griechischen Dichter haben diese Eigenschaft deshalb übereinstimmend den Göttern zugeschrieben und sie *mákares* genannnt. So ist dieser Name im Grunde zu viel Ehre für jeden Sterblichen, wenn er sich nicht gleichsam Christus aufgepfropft, sich ganz in ihn verwandelt hat, eins mit ihm geworden ist, sodass er die Teilhabe an seiner Unsterblichkeit und an einem so ehrwürdigen Namen verdient hat. Nichts ist nämlich weiter davon entfernt, wahrhaft als *beatus* bezeichnet werden zu können, als das, was das heutzutage noch so überaus dumme Volk als *beatus* bezeichnet. Es schätzt so manche als *beatus*, wie es manche als göttlich betrachtet: Das ist hässlich als Irrtum und noch hässlicher als Schmeichelei. Die Bezeichnung *beatus* kommt in den Mysterien der Schrift immer wieder vor; nirgends aber finden wir, dass sie einem reichen Mann, einem Monarchen, einem Sardanapal[1] verliehen wird. Vielmehr lese ich: „*Beatus* jeder, der den Herrn fürchtet, der auf seinen Wegen geht!"[2] Ich lese: „*Beatus* der Mensch, dem der Herr die Schuld nicht zur Last legt."[3] Ich lese: „*Beatus*, wer sich des Geringen annimmt."[4] Ich lese: „*Beati* sind die, deren Weg ohne Tadel ist, die gehen nach der Weisung des Herrn."[5] So viele Ordnungen von *beati* gibt es, und dennoch werden sie nicht mehr geachtet als die Megarer im griechischen Sprichwort.[6] Der erste genannte *beatus* ist jener, den die Furcht vor Gott vor der Sünde bewahrt. Andererseits *beatus* ist auch der, der zwar dem Laster verfallen ist, aber seine Taten mit Tränen abwäscht, sodass der gütige Herr ihm seine Schuld nicht vorrechnet. Ebenfalls nicht wenig *beatus* ist jener, der die Irrtümer seines früheren Lebens durch Dienste der Frömmigkeit und Nächstenliebe aufwiegt, denn der Herr wird ihn am Tag des Gerichtes vom Bösen befreien. Noch mehr *beatus* ist der, den die Achtung des göttlichen Gesetzes vor aller Beschmutzung durch Laster bewahrt; am meisten *beatus* schließlich ist einer, wie ihn der Psalm beschreibt, der nicht nur von aller Beschmutzung durch Laster verschont bleibt, sondern auch beständig die göttlichen Vorschriften durchdenkt, damit er, während sein eigenes Leben in steter Unschuld erblüht, anderen die schönsten Früchte sittlichen Beispiels und heilsamer Lehre bringen kann.

So also schicke ich dir dich, das heißt dem Beatus einen *beatus*. Was nämlich könnte zutreffender sein? Schließlich bist du mit einem Gemüt gesegnet, das keinem Laster untertan ist, und bemühst du dich zudem, dass dein Leben

1 Ein bereits in der Antike legendenhafter Großkönig des Assyrischen Reichs, sprichwörtlich (vgl. *Adagia* Nr. 2627) für einen vergnügungssüchtigen und erfolgsverwöhnten Herrscher.

2 Psalm 128,1.

3 Psalm 32,2.

4 Psalm 41,2.

5 Psalm 119,1.

6 Die Einwohner von Megara galten sprichwörtlich als unbedeutende Leute, die man ruhig vernachlässigen kann, vgl. *Adagia* Nr. 1079.

wie auch dein Ruf von jeder Besudelung durch das Laster verschont bleiben, und so verwendest du auch unermüdliche Mühe auf die beste Literatur; schon bist du, mit Christus als Unterstützer deiner großartigen Anstrengungen, für dein Heimatstädtchen nicht wenig Licht und Zierde geworden, obwohl es bereits durch so viele hervorragende Geister ausgezeichnet ist. Groß ist die Hoffnung, dass du dich eines Tages ganz Deutschland als solch ein Mann zeigen wirst, dass alle Menschen verstehen werden, dass der Name Beatus dir nicht aus Zufall, sondern durch göttlichen Ratsschluss verliehen worden ist. Deswegen soll dieses kleine Geschenkchen dich nicht nur an deinen Erasmus erinnern, sondern wahrlich auch dich dir selbst vor Augen stellen. Möge es dem größten und besten Gott gefallen, dass wir, die wir schon bisher auf das Süßeste in der Geselligkeit des Studierens verbunden wurden, auch danach gemeinschaftlich in Ewigkeit *beatus* sein und die Seligkeit genießen können. Leb wohl, bester Freund.

Saint-Omer, den 13. April 1515

Reise nach England, verschwundenes Gepäck

7. Mai 1515
(Brief Nr. 332)

Nach etwas mehr als einem halben Jahr in Basel reist Erasmus wieder über Frankfurt und Antwerpen nach England, nicht zuletzt, um bei mäzenatischen Bischöfen vorstellig zu werden. Anfang Mai kommt er in London an. Unterwegs trifft er in Gent, Tournai und Saint-Omer die Bekannten und Freunde wieder, die er im Jahr zuvor auf der Reise Richtung Süden getroffen hatte. Wie immer hat er Arbeit dabei, vor allem Unterlagen zur Werkausgabe des Hieronymus und zur Übersetzung des *Neuen Testaments*, die in den letzten Zügen sind. Aber nicht nur für Leib und Leben, auch für die Literatur kann das Reisen Risiken bergen: Die Truhe mit den wertvollen Papieren verschwindet unterwegs. Zufall oder Winkelzug der Konkurrenz? Dieser Brief berichtet nicht nur vom Verlust wichtiger Papiere, sondern vermittelt auch eine wichtige Freundschaft und Zusammenarbeit: Pieter Gillis (→ S. 79), der alte Freund des Erasmus in Antwerpen, wird in den kommenden Monaten den englischen Gelehrten Thomas Morus, ebenfalls einer der lebenslangen humanistischen Freunde des Erasmus, nicht nur kennenlernen, sondern auch gastfreundlich in seinem Haus aufnehmen. Dort wird Morus seine *Utopia* schreiben, die 1516 im Druck erscheint, Pieter Gillis gewidmet ist und bis heute zu den berühmtesten Büchern der Epoche zählt.

An Pieter Gillis

Erasmus grüßt seinen Pieter Gillis. Wenn es dir gut geht, ist das für mich ein Anlass zu großer Freude. Ich bin länger unterwegs gewesen, als ich erwartet hatte, denn in Gent hielt mich der Kanzler[1] unseres erlauchtesten Fürsten drei Tage lang auf, in Tournai mein alter Freund Lord Mountjoy, der jetzt dort Statthalter ist und als Vizekönig regiert und schließlich in Saint-Omer der Abt des Klosters Saint-Bertin. Die Überfahrt mit dem Schiff war kostspielig und ge-

1 Jean Le Sauvage, der Kanzler des Habsburgers Karl (→ S. 86), welcher gerade im Januar 1515 von den Generalstaaten der Niederlande für volljährig und regierungsfähig erklärt worden ist.

fährlich, aber dafür auch schnell. Meine Truhe, die ich dem Bruder von Franz[2] anvertraut hatte, ist allerdings noch nicht angekommen; nichts Schlimmeres hätte mir zustoßen können. In dieser Truhe befinden sich alle meine Unterlagen zum Hieronymus, und wenn ich sie nicht bald wiederbekomme, werden die Drucker in Basel ihre Arbeit einstellen müssen, und das zu ihrem großen Schaden. Wenn das aus Zufall geschehen ist, dann ist es schlichtweg fürchterlich; wenn es aber mit Absicht und Berechnung geschehen ist, damit sie ihre alte Sprichwortsammlung[3] zuerst auf den Markt werfen können, dann war das ein Akt äußerster Feindseligkeit. Auf keine andere Weise hätten sie mir mehr Schaden zufügen können. Mein Plan war es gewesen, einige dieser Bücher den Bischöfen[4] zu überreichen; nun aber wurde ich dort mit leeren Händen vorstellig und wurde entsprechend mit leeren Händen wieder fortgeschickt. Wenn jene die Truhe wie versprochen abgeliefert hätten, wäre ich in der Zwischenzeit schon wieder bei dir. Momentan befinden sich zwei der vorzüglichsten Gelehrten von ganz England in Brügge, nämlich Cuthbert Tunstall,[5] der Kanzlei-

2 Die Brüder Franz und Arnold Birckmann sind bedeutende Buchhändler. Von ihrem Stammhaus in Köln aus sind sie vor allem im Handel Richtung Nordwesten führend und exportieren über eine Filiale in Antwerpen Bücher nach England. Der erste Buchdrucker in Cambridge, Johann Lair, ist ein Mitarbeiter der Firma Birckmann, die Mitte der 1520er-Jahre auch in Köln in den Buchdruck einsteigt. Arnold Birckmann wird Augenzeuge der Hinrichtung von Thomas Morus in London (1535) sein. Erasmus hat immer wieder Scherereien mit ihnen; Franz Birckmann nennt er in einem Brief an Morus vom 30. Mai 1527 sogar *Ghelriense portentum*, „das Gelderländer Scheusal".

3 In der Truhe befinden sich auch Exemplare der *Adagia*, eine Sammlung und Erläuterung tausender antiker Sprichworte und eines der Hauptwerke des Erasmus, die gerade 1513 bei Froben in Basel neu herausgekommen sind.

4 Damit meint Erasmus mit Sicherheit William Warham, Erzbischof von Canterbury, und John Fisher, Bischof von Rochester und Kanzler der Universität Cambridge, sowie vielleicht Thomas Ruthall, Bischof von Durham, und den mächtigen Thomas Wolsey, Erzbischof von York.

5 Cuthbert Tunstall arbeitet nach Studien in Oxford, Cambridge und Padua bei William Warham, dem Erzbischof von Canterbury, bevor er 1522 zum Bischof von London ernannt wird. Für König Henry VIII. wirkt er als Diplomat, kann sich aber dem Strudel der religiösen Streitigkeiten nach der Abspaltung der Church of England nicht entziehen: er versucht, ausgleichend zu wirken, und wird mehrfach ab- und wieder eingesetzt, eingekerkert und wieder freigelassen, bis er 1559 hochbetagt stirbt.

vorsteher des Erzbischofs von Canterbury, und Thomas Morus, dem ich mein *Lob der Torheit* gewidmet habe; beide sind sehr gute Freunde von mir. Sollte sich irgendwie die Gelegenheit bieten, dass du ihnen einen Gefallen erweisen kannst, dann wird deine Zuvorkommenheit aufs Beste investiert sein. Weise auch Franz darauf hin. Ich hoffe, dass ich euch wieder besuchen kann, noch bevor es Juli wird. Bis es soweit ist, pass auf dich auf und lass es dir gut gehen, mein unvergleichlicher Freund.

London, den 7. Mai 1515

Manuskript der Sprichworterläuterung *Sileni Alcibiadis* für eine erweiterte Fassung der *Adagia* (Nr. 2201). Universitätsbibliothek Basel, UBH Erasmuslade D 6.

Schwimmen statt Reiten

30. August 1515
(Brief Nr. 348)

Gerade noch in England (vgl. den vorhergehenden Brief), ist Erasmus im Sommer 1515 schon wieder in Basel angekommen. Wie so oft, gleichen Briefe die Eile seiner Reisebewegungen aus: Ende August schreibt er zurück nach England und entschuldigt sich bei wichtigen Gönnern, dass er sich für sie nicht mehr Zeit genommen hat. So auch in seinem Brief an Thomas Wolsey, den Erzbischof von York, der zudem Anfang September 1515 zum Kardinal erhoben werden wird (was Erasmus bei der Veröffentlichung dieses Briefes in der *Farrago nova epistolarum* 1519 geflissentlich vordatiert), im Dezember 1515 zudem zum englischen Lordkanzler. Erasmus reist, das wird auch in diesem Schreiben deutlich, für die Drucklegung seiner Werke und trotzt dabei kühn allen Hindernissen, die Mensch und Natur ihm bieten – da halten sich Selbstdarstellung und Wirklichkeit wohl die Waage. Vor allem ein Rheinhochwasser macht Probleme. Der Sommer 1515 ist im gesamten Reichsgebiet extrem regenreich und deshalb gerade für Reisende gefährlich. Erasmus widmet dem Rheinhochwasser von 1515 sogar ein eigenes Epigramm und nutzt es auch in einem Brief an Ulrich Zasius (→ S. 99) mit ganz ähnlichen Worten als Entschuldigungsgrund, den Freund nicht in Freiburg besuchen zu können (Brief Nr. 345).

In der Tat kann man es gar nicht überschätzen, was für andere Wesen die großen europäischen Flüsse vor den Regulierungen des 19. und 20. Jahrhunderts gewesen sind. Erst Ende Juli 1480 hat das sintflutartige, sogenannte Magdalenen-Hochwasser des Rheins von Sargans bis Köln (!) erhebliche Verwüstungen angerichtet; Sebastian Brant schreibt seinerzeit sogar ein beschwichtigendes Epigramm an Neptun. Bis zur Einführung der Reformation (in Basel 1529) finden in vielen Orten alljährlich große Bittprozessionen statt, die man als magische Vorläufer des Hochwasserschutzes ansehen kann – die Bezeichnung „sintflutartig" für ein Hochwasser war im 15. und 16. Jahrhundert deutlich weniger metaphorisch als heute gemeint: Die Angst vor dieser Art göttlicher Kollektivbestrafung ist allgegenwärtig. Aus astrologischen Gründen etwa wurde für 1524 eine Sintflut erwartet und in ganz Europa mit über 150 Flugblattdrucken beworben. Da wundert es nicht, dass Albrecht Dürer Anfang Juni 1525 einen bedrückenden Albtraum von zerstörerischen Wassermassen hat – und ihn (als erster Mensch in Europa je einen Traum) zeichnet und beschreibt. Erasmus scheint die Sache dann doch nüchterner zu nehmen.

An Thomas Wolsey

Erasmus an den ehrwürdigsten Herren Erzbischof und Kardinal Thomas. Ich grüße dich vielmals, ehrwürdigster Vorsteher. Es schmerzt mich, dass es mir nicht gestattet war, mich noch vertrauter und länger mit deiner Hoheit zu unterhalten, bevor ich England wieder verlassen musste. Den letzten, wie man sagt, Notanker meines Glücks hatte ich bei dir ausgeworfen; aber es drängte mich der Hieronymus, ein gewaltiges und ein edles und, wenn ich nicht irre, ein zu ewigem Leben bestimmtes Werk, nicht zuletzt ein frommes und fruchtbares. Es liegt mir derart am Herzen, dass ich alles andere hintanstelle. Meine Reise war beständig der Gefahr von Räubern ausgesetzt, noch nie stärker sogar als diesmal; zudem hatte der von Schnee und Regenfällen angeschwollene Rhein alles mit seinen Wassern bedeckt, vor allem in der Umgebung von Straßburg, sodass man eher schwimmen musste als reiten konnte. Alles das achte ich gering, wenn nur Hieronymus erscheinen kann. Auch ein *Neues Testament* auf Griechisch, wie die Apostel es geschrieben haben, und in einer lateinischen Übersetzung, die, wie auch der Kommentar, von mir stammt, wird gerade gedruckt. Auch andere, kleinere Werke sind vor kurzem erschienen. Diese Schreibereien halten mich beschäftigter und angespannter als ihr es durch euer erhabenes Amt seid. Sobald das alles erledigt ist, werde ich mich schleunigst auf den Rückweg machen, vor allem natürlich, wenn deine Freigiebigkeit in der Zwischenzeit etwas bereithalten sollte, was Geist und Körper, die von diesen Mühen ermattet sind, wieder aufzumuntern umstande ist. Möge es deiner ehrwürdigsten Hoheit wohlergehen, der ich mich völlig verschreibe und widme.

Basel, den 30. August 1515

Kurz vor Aufbruch

12. Mai 1516
(Briefe Nr. 407 und 408)

Ein immer wiederkehrendes Thema in vormodernen Korrespondenzen ist die Übereiltheit des Schreibens, die vom Aufbruch des Boten ausgelöst wird. Wenn der Bote los will oder muss, dann muss auch der Brief los, denn wann der nächste Bote zur Verfügung stehen wird, ist oft unklar. Es gibt noch keine institutionalisierte, standardisierte Post: Briefe werden als Unikate von Individuen übermittelt. Nicht selten ergeben sich so Bekanntschaften, die parallel zu den Brieffreundschaften im engeren Sinne verlaufen. Im Fall von Erasmus kennen wir mehrere seiner Boten, die ihm über längere Zeiträume hinweg dienen, auch namentlich, sie finden Eingang in die Korrespondenz, sind als Figuren greifbar. Auch die Boten tragen also Leben in das Schreiben. Die beiden Briefe an Willibald Pirckheimer in Nürnberg und Bonifacius Amerbach in Freiburg, beide wichtige Persönlichkeiten des humanistischen Milieus ihrer Stadt, sind gute Beispiele dafür: Erasmus ist einmal mehr auf dem Sprung, um von Basel in die Niederlande aufzubrechen, und macht die letzte Lieferung Korrespondenz fertig. Er schreibt bis zur letzten Minute.

An Willibald Pirckheimer

Erasmus grüßt seinen Willibald.[1] Weder wusste ich, was, noch hatte ich die Muße dazu, dir überhaupt zu schreiben, wie es nicht anders sein kann, denn schon bin ich zur Reise gerüstet; und all die Arbeit der letzten Monate hat mir so ziemlich den Garaus gemacht. Da es sich aber gerade so trifft, dass jemand einen Brief mitnehmen kann, so ist es mir nicht möglich, meinem Willibald

1 Willibald Pirckheimer, aus einem Nürnberger Patriziergeschlecht stammend, wirkt als Humanist, Sammler, Mäzen und fast drei Jahrzehnte lang als Ratsherr von Nürnberg. Er studiert in Italien, verbringt aber den Großteil seines Lebens in Nürnberg. Dort zählt er zu den Förderern und Freunden etwa von Hartmann Schedel und Albrecht Dürer. Seine ältere Schwester Barbara, Äbtissin in Nürnberg, ist ebenfalls für ihre humanistische Bildung berühmt.

nicht zu schreiben.[2] Das *Neue Testament* ist so gut wie vollendet. Hieronymus eilt der Ziellinie entgegen, er steht kurz davor, in die Hände der Menschen überzugehen. Im Moment wird auch ein Büchlein über die Erziehung eines Fürsten gedruckt, zusammen mit einigen anderen Sachen. Ich kleiner Mann unternehme, was mir gemäß ist, und helfe der Literatur, so gut ich kann voran. Um dich steht es glücklicher und so vermagst du Größeres. Wo auch immer ich aber in Zukunft wohnen werde, ich werde Willibald immer im Geiste mit mir tragen. Zum wiederholten Male möchte ich dich bitten, dass du meine Kommentare zum zweisprachigen Text des *Neuen Testamentes* gegenüber allen mit lauter Stimme empfiehlst. Denn du weißt, dass jedwede Neuheit dem Neid ausgeliefert ist. Lebe wohl, du Zier der Literatur.

Basel, den 12. Mai 1516

* * *

2 In einem Brief zu schreiben, dass man nichts zu sagen hat, aber trotzdem schreiben möchte, ist ein klassischer Gemeinplatz des humanistischen Freundschaftskultes und Briefeschreibens, der immer wieder auftaucht, und das bereits bei den antiken Vorbildern: So schreibt schon Cicero an Atticus (*Epistolae ad Atticum* V.5), so schreiben entsprechend Francesco Petrarca an Giovanni Boccaccio (am 1. April 1352, *Familiares* XII.10) oder Marsilio Ficino an Giovanni Cavalcanti (19. September 1468). Bei Petrarca kommt auch der Bote mit ins Spiel; der genannte Brief an Boccaccio beginnt: „Damit es nicht den Anschein hat, ich würde dich übergehen, möchte ich doch dem heutigen Boten etwas für dich mitgeben. Aber sei es, weil die Zeit so knapp ist, sei es aus Mangel an Dingen, sei es aufgrund der Fülle von Sorgen, die mich gerade mehr als gewöhnlich bedrücken, sei es wegen der lieblichen Hoffnung, mich bald wieder leibhaftig mit dir zu unterhalten und dich in Kürze schon wiederzusehen – genug Gründe jedenfalls, die mich entschuldigen mögen: Mir fällt im Moment nichts ein, was ich dir schreiben könnte, abgesehen eben davon, dass es nichts gibt, was ich dir schreiben könnte.“

An Bonifacius Amerbach

Erasmus grüßt seinen Bonifacius.[3] Dass ich dir nicht früher geschrieben habe, wirst du, mein Bonifacius, nicht auf die Rechnung meiner Unmenschlichkeit setzen, denn dafür bist du, das weiß ich, zu menschlich; vielmehr wirst du es meinen übermäßigen Anstrengungen anrechnen, die dir ganz und gar nicht unbekannt sind. Ich liebe dich und alle, die den Namen Amerbach tragen. Nach der Lektüre deines Briefes hege ich die höchste Hoffnung für dich, denn er erinnerte mich an Poliziano[4] oder an Zasius,[5] diesen zweiten Poliziano. Führe emsig fort, was du begonnen hast, mehre den Glanz deiner Heimat und deiner Familie durch heiliges Verhalten und höchste Bildung.

Während ich dir schreibe, bin ich schon zur Reise gerüstet. Den höchst scharfsinnigen Brief von Zasius zu beantworten, hatte ich keine Zeit mehr. Sobald mir die Muße dazu gegeben ist, will ich, vielleicht sogar mit einem Buch, Berufung gegen den Mann einlegen. Er scheint mir der einzige Deutsche zu sein, der sprechen kann. Lebe wohl.

Basel, den 12. Mai 1516

3 Bonifacius, der jüngste der drei humanistischen Söhne des Johannes Amerbach (→ S. 118), studiert in Schlettstadt, Basel, Freiburg (bei Zasius) und Avignon (bei Alciato); seine größte Nachwirkung entfaltet er als Jurist und Ethiker. Bereits mit dreißig Jahren erhält er den Lehrstuhl der Rechtswissenschaften in seiner Vaterstadt, wo er zudem Syndikus und mehrere Male Rektor der Universität wird. Nach dem Tod des Erasmus ist er sein Testamentsvollstrecker und verwaltet seine Stiftung.

4 Angelo Poliziano aus Montepulciano ist als Dichter, Philologe und nicht zuletzt enger Vertrauter Lorenzo de' Medicis die zentrale literarische Gestalt im Florenz des späten 15. Jahrhunderts. Sein selbstbewusster und individualistischer Stil in altphilologischer Forschung und Lehre sowie in der Dichtung sind europaweit prägend, auch von Erasmus wird er mehrmals als Superlativ genannt. Polizianos *Gesammelte Werke*, die 1498 posthum bei Aldo Manuzio erscheinen, sind die ersten *Gesammelten Werke* eines zeitgenössischen Autors. Nicht zuletzt ist Poliziano der Erzieher Giovanni de' Medicis, des momentan als Leo X. amtierenden Papstes.

5 Der Humanist und Jurist Ulrich Zasius unterrichtet an der Universität Freiburg, wo Bonifacius Amerbach gerade zu seinen Studenten zählt; zudem ist er federführend an einer Reform des Freiburger Stadtrechts beteiligt. Erasmus, der Zasius 1518 persönlich kennenlernt, rühmt mehrfach seinen Stil.

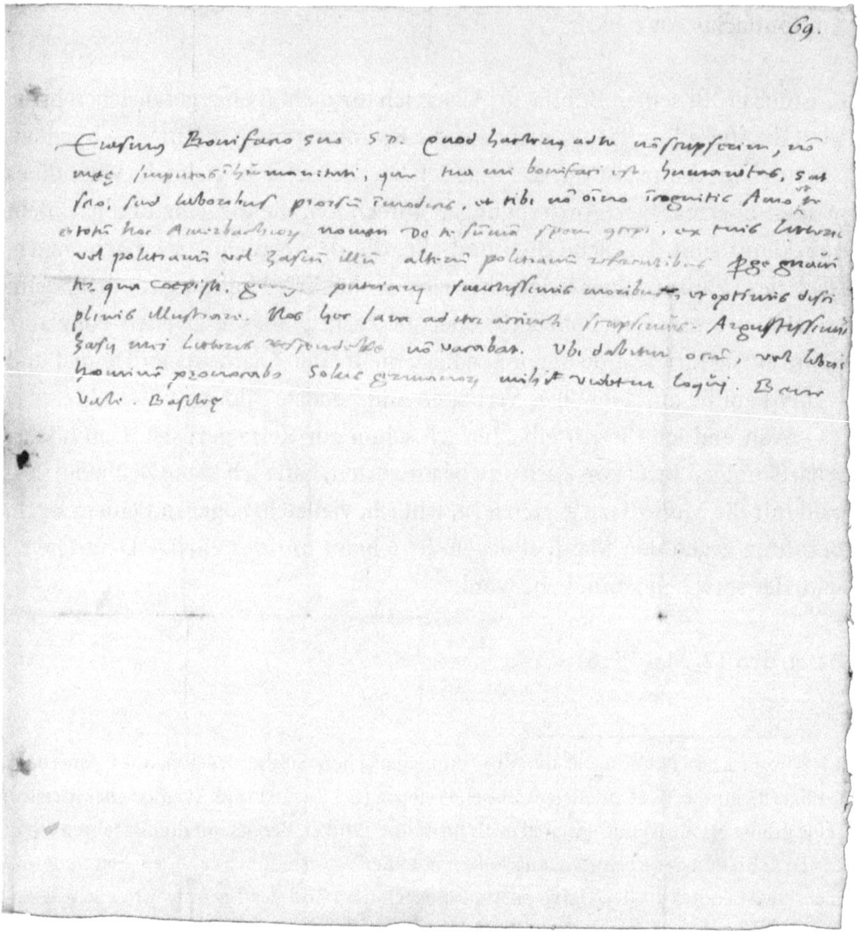

Brief von Erasmus an Bonifacius Amerbach, 12. Mai 1516 (Brief Nr. 408, → S. 99). Universitätsbibliothek Basel, UBH AN III 15:Nr.69.

Auf der Durchreise

circa 3. Juni 1516
(Brief Nr. 412)

Die Kriege der Renaissance werden mit Söldnerheeren geführt, die noch kein durchgreifender Drill diszipliniert und die sich gemeinhin direkt aus dem Gebiet versorgen und verpflegen, das sie durchqueren. Mit anderen Worten ist, ob Krieg ob Frieden, die Gefahr für Leib und Leben groß, sobald ein Heer durchzieht: einerseits aufgrund der direkten Konfrontation mit den bewaffneten Berufsgrobianen, andererseits durch die Aufzehrung oder Plünderung der Nahrungsvorräte. Stehen Truppenbewegungen zu erwarten, flüchtet sich die Bevölkerung in den Schutz von Stadtmauern (ein Minimum an Sicherheit), für Reisende hingegen empfiehlt sich das gleiche Verhalten wie bei Seuchen: die Reise verschieben oder einen wirklich weiten Umweg in Kauf nehmen. In jedem Falle sollte man in einer großen, robusten Gruppe reisen. Das betrifft natürlich auch Erasmus immer wieder, wie er etwa in einem Brief an Thomas Morus schildert, der in den ersten Tagen des Juni 1516 in Brüssel entsteht. Erasmus kommt gerade aus Basel und ist über Antwerpen und Brüssel zügig unterwegs nach Saint-Omer. Wie so oft, findet Erasmus einen Grund zur Klage, aber am Ende geht doch alles gut.

An Thomas Morus

Erasmus von Rotterdam grüßt seinen Morus. Während ich allen übrigen krank erscheine, bin ich für dich alleine wohlauf. Am 30. Mai bin ich, den Himmlischen sei Dank, unbeschadet in Antwerpen angekommen. Eigentlich war es mein Plan gewesen, den Weg durch Lothringen zu nehmen. Ich war bereits bis nach Kaysersberg, einer Ortschaft oben in den Hügeln, gekommen. Als ich aber wirklich überall Gruppen von Soldaten erblickte und sah, wie sich überall Bauern in die Städte zurückzogen, als ich dazu das Gerücht hörte, dass ein gewaltiges Aufgebot im Anmarsch sei, entschloss ich mich, einen anderen Weg zu nehmen und die eine Gefahr durch eine andere Gefahr zu ersetzen, wenn ich der Gefahr schon nicht entgehen konnte. In Köln machte ich zufällig die Bekanntschaft einiger italienischen Gesandter und setzte die Reise mit ihnen fort, sodass wir eine Gruppe von etwa achtzig Reitern waren. Selbst mit dieser großen Gruppe verlief die Reise nicht ohne Gefahren.

Der Bischof von Basel, ein hochbetagter, zugleich aufrechter und gebildeter Mann, hat mir gegenüber eine geradezu wunderliche Menschlichkeit an den Tag gelegt, obwohl er als Mensch ansonsten, wie viele übereinstimmen, nicht besonders großzügig ist; das ist sozusagen der Schönheitsfleck, den sie an einer ansonsten prachtvollen Gestalt finden wollen. Er lud mich zu sich ein, umarmte mich und ehrte mich mit wertschätzenden Worten. Er bot mir Geld an, auch eine Karriere, er schenkte mir ein Pferd, dass ich auf der Stelle und gleich hinter den Toren der Stadt für fünfzig *Florin*[1] verkaufen konnte. Auch einen silbernen Becher hatte er für mich vorgesehen; aber der Silberschmied hatte das ihm gegebene Wort gebrochen, was ihn sehr ärgerte. Ich finde fast keine Worte dafür, wie sehr mir das Wetter in Basel behagt, wie sehr auch der dortige Menschenschlag; nichts könnte freundschaftlicher, nichts ehrlicher sein. Wie viele Pferde mich bei meinem Aufbruch begleiteten, mit wie vielen Tränen mich die Basler verabschiedeten! Auch von anderswo habe ich nicht gerade unehrenhafte Angebote bekommen. Ich habe dir einen solchen Brief mitgeschickt, aus dem du schließen kannst, dass ich mir das alles nicht ausdenke. Das *Neue Testament* wird sogar von denen wertgeschätzt, von denen ich die übelste Nachrede erwartet hätte. Führenden Theologen gefällt es sehr gut. Mein *Enchiridion* wird von allen mit Lob überschüttet. Der Bischof von Basel trägt es stets mit sich herum. Ich habe gesehen, dass die Seitenränder voller Notizen in seiner Handschrift sind. Aber genug davon, denn du sollst nicht glauben, dass ich ein Angeber geworden bin; obwohl ich bei meinem Morus auch keine Angst habe, völligen Schwachsinn zu reden. Allerdings sind derart viele Lasten auf mich geladen, dass ich den Kopf kaum heben kann. Ein oder zwei Schicksalsschläge mag man immer zu ertragen lernen, mich aber verfolgt das Unglück überall. Wie schwer es ist, klug zu bleiben, wenn man die Dame aus Rhamnous gegen sich hat![2] Und dennoch erhalte und stütze ich mich durch einen herkulischen Geist.

---

1 Die in Florenz seit dem späten Mittelalter geprägten Golddukaten von etwa 3,5 Gramm Gewicht gehören zu den wichtigsten und gängigsten Münzen in Europa; und 50 von ihnen sind eine ansehnliche Summe. Anfang der 1430er-Jahre erhält Lorenzo Valla für seinen Rhetoriklehrstuhl in Pavia 50 Dukaten Jahresgehalt; Felice de Fredis kauft den stattlichen Weinberg mitten in Rom, in dem schließlich der Laokoon entdeckt wird, 1504 für 135 Dukaten.

2 Die Göttin Nemesis heißt bei Ovid *Rhamnusia*, nach ihrem wichtigen Heiligtum im attischen Rhamnous.

Der Brief, den ich von Pieter Gillis bekommen habe, als ich wieder in Antwerpen ankam, hat mich gefreut. Was Maruffo[3] angeht, so frage ich mich wirklich, was dieser Mensch sich dabei denkt, derartige Nichtigkeiten zu plappern. 120 *Nobels*[4] von hervorragender Qualität habe ich bei ihm hinterlegt, wofür er mir auch eine Quittung ausgestellt hat; aber diese Angelegenheit lässt sich ohne alle Gefahr erledigen. Ich habe, mit demselben Boten, der dir diesen Brief brachte, an den Erzbischof von Canterbury geschrieben, dass mir das Geld durch Maruffo zurückgegeben wurde. Maruffo soll ihm seinen Schuldschein aushändigen, mit dem ich in dieser Gegend an das Geld kommen kann; wenn der Schein bei dir hinterlegt ist, bekommt er sein Geld über den Erzbischof wieder. Wenn das nicht auf Zustimmung stößt, lass dir selbst das Geld aushändigen, und schreibe deinen Leuten, dass sie es mir hier zurückerstatten; und schick mir gleichzeitig eine Quittung, dass ich dazu auch befugt bin. Ich werde meinen Brief an den Erzbischof von Canterbury so anpassen, dass beides möglich ist. Der einäugige Pieter[5] hat mich darauf hingewiesen, dass es am besten wäre, das Geld einem gewissen deutschen Kaufmann anzuvertrauen, mit dessen Quittung ich es in Antwerpen bekommen könnte. So werde ich ihm also schreiben, dass er das Geld dir geben soll und dass es durch dich bald zu mir kommen wird. Der Brief, den du mir geschrieben hast, hat mich unglaublich gefreut, weil er bezeugt, wie du mir gesonnen bist, und noch dazu zeigt, welche Fortschritte dein literarischer Stil gemacht hat. Deine Verteidigungsschrift für mich konnte ich noch nicht ganz lesen, aber ich glaube aus ihr schon verstehen zu können, was Martin Dorp[6] geschrieben hat. Ich wundere mich, was ihm in den Sinn gekommen ist. Aber das macht eben die Theologie mit den Leuten.

---

3 Der genuesische Kaufmann Raffaelo Maruffo lebt seit 1509 in England und wickelt immer wieder Zahlungen für Erasmus ab.

4 Englische Goldmünze, etwa doppelt so schwer wie der *Florin*.

5 Pieter Meghen aus 's-Hertogenbosch ist als Schreiber für einflussreiche Humanisten in England tätig, neben Christopher Urswick (→ S. 105) etwa auch John Colet (→ S. 48) oder Thomas Wolsey (→ S. 95), und wird in den 1520er-Jahren zum Schreiber der königlichen Bibliothek. Für Erasmus, Morus und ihren Zirkel leistet er darüber hinaus auch als Kurier wichtige Dienste.

6 Martin Dorp, ein Dichter, Geistlicher und Philologe, ist ein alter Studienfreund des Erasmus; er unterrichtet am Paedagogium Lilii, später auch an der Universität Löwen und unterstützt die Gründung des Collegium Trilingue.

Ich habe dem Kanzler[7] meine Aufwartung gemacht. Wie Fortuna es wollte, war auch der Probst von Kassel[8] beim Abendessen zugegen, ein recht gebildeter und menschlicher Mann. Auch der Bischof von Chieti[9] war dort. Während ich dies schreibe, wird jeden Moment Tunstall erwartet. Sobald ich ihm meine Aufwartung gemacht habe, werde ich Mountjoy und den Abt[10] besuchen und einige Zeit mit ihnen verbringen, bis der Einäugige zurückkehrt. Bald werde ich meine Sache dem Fürsten vorbringen können; wenn ich aber spüre, dass die Unternehmung an Unterkühlung leidet, was für gewöhnlich das Schicksal der Bildung in Flandern ist, werde ich mich, wenn du nicht anderer Meinung bist, sofort wieder nach Basel begeben. Schreib mir sorgfältig und genau, wenn es etwas gibt, was meine Angelegenheiten betrifft. Wenn Pace bei dir ist, ermahne ihn, dass er mir sofort mit diesem Boten die Unterlagen zurückgibt, die ich in Ferrara bei ihm hinterlegt hatte.[11] Ich hatte noch ein Treffen mit dem Bischof von Chieti und habe mit ihm zu Abend gegessen. Er liebt und bewundert mich von ganzem Herzen; er betreibt seine Sache bei Fürst Karl, den er nach Spanien begleiten wird.

Heute habe ich bei Tunstall gegessen, der, um es kurz und bündig zu sagen, eine starke Ähnlichkeit mit dir hat. Sorg dich darum, dass du wieder auf die Beine kommst, denn ich höre, dass dich gerade ein nicht ungefährliches Leiden plagt.

---

7 Jean Le Sauvage (→ S. 86).

8 Georg van Themseke, ein einflussreicher Diplomat aus Brügge. Nach dem Treffen mit Jean Le Sauvage und Erasmus geht er als Botschafter Kaiser Karls V. nach England; dort lernt er auch Morus kennen, der ihn im ersten Buch seiner *Utopia* namentlich nennt und rühmt.

9 Gian Pietro Carafa, ein katholischer Hardliner aus neapolitanischem Adel, der noch eine große Karriere machen wird: Unter anderem wird er ab 1542 Gründungsdirektor der Römischen Inquisition, 1555 wird er zum Papst gewählt und nennt sich Paul IV. Unter seinem Pontifikat wird der erste *Index der verbotenen Bücher* ausgearbeitet, der in seinem Todesjahr 1559 erscheint und nicht zuletzt das Gesamtwerk des Erasmus verbietet.

10 Antoon van Bergen, Abt des Klosters Saint-Bertin in Saint-Omer.

11 Den englischen Humanisten Richard Pace hat Erasmus 1508 in Ferrara kennengelernt und ihm, selbst unterwegs nach Rom, mehrere Manuskripte zur Verwahrung übergeben (darunter vermutlich Teile wichtiger Frühwerke, u. a. der *Antibarbari*, des *De Copia* und des *De Ratione Studii*). Da Erasmus 1509 von Rom aus nach England reist, ohne den Weg über Ferrara zu nehmen, bleiben die Papiere bei Pace. Pace ist zu der Zeit Sekretär des Kardinals Thomas Wolsey, des Lordkanzlers von England.

Lob eines Pferdes

5. Juni 1516
(Brief Nr. 416)

Dass Reisende, noch dazu häufig Reisende in der Frühen Neuzeit eine langjährige Beziehung zu einem Pferd aufbauen, ist ungewöhnlich. Sobald möglich, werden Pferde etappenweise gewechselt, um die Reisegeschwindigkeit zu erhöhen. Erasmus hingegen wartet schon einmal ein paar Tage, wenn die Pferde erschöpft sind, und nutzt die Zeit für Schreibarbeiten, etwa für seinen Freund Beatus Rhenanus (→ S. 87); das schont zudem die Reisekasse, denn ein Pferd ist eine teure Sache. Ganz besondere Treue hält er einem Pferd, das ihm Christopher Urswick geschenkt hat und das er in diesem Brief würdigt. Urswick war 1516 ein bereits hochbetagter Humanist und Geistlicher am Hof der Tudors in England, unter anderem Beichtvater von Margaret Beaufort, der einflussreichen Mutter von König Henry VII. Auch als literarische Gestalt kann Christopher Urswick Ruhm beanspruchen: Er wird zu einer Nebenfigur in Shakespeares *Richard III.*

An Christopher Urswick

Der gute Geist deines Pferdes hat mir großes Glück gebracht, denn zweimal schon hat es mich unbeschadet nach Basel und wieder zurück gebracht – ein Weg, der nicht nur lang, sondern auch äußerst gefährlich ist. Es weiß daher inzwischen nicht weniger als der Odysseus des Homer, welcher *vieler Menschen Städte gesehen und Sitte gelernt hat,*[1] an so vielen Universitäten ist es schon gewesen. Während ich mich in Basel über zehn Monate hinweg zu Tode geschuftet habe, hat das Pferd sich ganz der Muße hingegeben und ist so fett geworden, dass es kaum mehr gehen konnte. Dieses sogenannte Oberdeutschland gefällt mir ganz wunderbar und zwar in jeder Hinsicht, auch wird Erasmus hier bestens umsorgt. Die Ausgabe des *Neuen Testaments* hast

---

1 Erasmus stellt das Pferd in eine edle Reihe, indem er aus dem ersten Satz von Homers *Odyssee* nach der Reformulierung des Horaz (*De arte poetica* V.142) zitiert. Die Stelle der Universitäten indes vertreten bei Homer die „unnennbaren Leiden" auf dem Meer, ein Echo, das einem Humanisten in den Ohren klingt.

du gewiss gesehen. Der ganze Hieronymus wird in Kürze das Licht der Welt erblicken und dazu noch ein Büchlein über die Erziehung eines christlichen Fürsten. Dem Erzbischof von Canterbury habe ich vier Bände Hieronymus schicken lassen, und zwar mit jenem Boten, der dir auch diesen Brief bringt, das heißt durch deinen Zögling, den einäugigen Pieter.[2] Ich fand ihn so hingebungsvoll mit dem Abschreiben von Büchern beschäftigt, dass er sich damit geradezu aufreibt. So glaube ich, dass dieser Mann seinem Ende nahe ist, denn er gleicht sich schon selbst nicht mehr: Er lebt völlig enthaltsam, und auch der Wein schmeckt ihm nicht mehr, daher auch die ungewohnte Blässe. Die Wohltaten, die du mir erwiesen hast, werde ich niemals vergessen, welchen Winkel dieser Welt auch immer ich in Zukunft bewohnen werde. Leb wohl.

Saint-Omer, den 5. Juni 1516

2 Vgl. den vorhergehenden Brief.

Ein Pferd gegen ein Buch

Mitte August 1516
(Briefe Nr. 451, 452, 453 und 455)

Erasmus ist in Eile, er braucht nun doch ein neues Pferd. Die Zeit Mitte der 1510er-Jahre gehört zu den unruhigsten und rastlosesten seines Lebens, sowohl in Bezug auf seine Publikationen, als auch mit Blick auf seine Reisen: In diesen Jahren könnte man Erasmus als Berufspendler bezeichnen. Im Frühling 1515 reist er von Basel nach England, im Sommer desselben Jahres wieder zurück; im Frühling 1516 reist er in die Niederlande, wo er gerade zu einem Ratgeber des jungen Kaisers Karl V. ernannt worden ist; im Sommer 1516 ist er wieder sehr kurz in England bei seinem Freund Thomas Morus, lebt dann den Rest des Jahres in Antwerpen; im Frühling 1517 ist er wieder in England. Im Sommer 1517 kommt er in Löwen an, wo er für einige Jahre bleiben und das Collegium Trilingue mitbegründen wird (→ S. 123). Diese fiebrige Reisetätigkeit hat zwei hauptsächliche und meist parallellaufende Gründe: Einerseits arbeitet Erasmus (lange) daran, seine Entbindung von klösterlichen Pflichten bürokratisch und kirchenrechtlich korrekt zu erreichen, Pfründen in England erhalten zu dürfen und etwaige Hindernisse, die auf seine uneheliche Geburt zurückgehen, zu beseitigen. Dabei spielt sein enger Freund, der italienische Dichter Andrea Ammonio, der momentan für den Papst arbeitet und als Subkollektor in England die der Kurie schuldigen Abgaben eintreibt, eine wichtige Rolle. Der sehr literaturaffine Papst Leo X. aus der Familie de' Medici, der von Angelo Poliziano (→ S. 99) erzogen wurde, gewährt die Gesuche des Erasmus Anfang 1517. Andererseits entstehen und erscheinen währenddessen Hauptwerke, deren Druck er überwachen muss: 1516 etwa kommen die zweisprachigen Ausgabe des *Neuen Testaments*, die Gesamtausgabe des Hieronymus und der fürstliche Erziehungsratgeber *Institutio Principis Christiani* heraus; 1517 der *Iulius exclusus*, die *Klage des Friedens* sowie Editionen antiker Werke wie die des Curtius und die sogenannten *Disticha Catonis*. Nicht zu reden von zahllosen Nachauflagen anderer Werke.

Erasmus ist also wirklich in Eile und braucht ein neues Pferd, um von London nach Antwerpen zu gelangen. Zum Tausch bietet er naturgemäß ein Buch. Christopher Urswick, der alte Humanist, der sich auch als Lieferant von Pferden bereits vorzüglich bewährt hat, ist nicht in die Finger zu bekommen: Er frönt, obwohl bereits fast siebzig Jahre alt, ausgiebig der Jagd. Dann bleibt Erasmus bei seinem Gönner John Fisher in Rochester unweit von London hängen, bevor er endlich weiterkommt. So schreibt er in der Woche zwischen etwa dem 14., als er aus London aufbricht, und dem 22. August 1516 ziemlich ungeduldige Briefe – und erhält eine gutgelaunte Antwort von Ammonio aus dem Londoner Stadtteil Westminster: Ammonio springt mit Freuden ein und schickt seinerseits ein Pferd. Dann kann es endlich losgehen: Schon am 27. August schreibt Erasmus an Johannes Reuchlin aus Calais, Anfang September ist er in Antwerpen angekommen.

An Andrea Ammonio

Erasmus von Rotterdam grüßt seinen Ammonio. Ich hoffe, diese Jagden waren für euch so erfolgreich wie sie für mich erfolglos waren: Denn zum einen haben sie mir den König geraubt, zum anderen hat mich die Abwesenheit von Kardinal Wolsey einige Tage gekostet. Darüber hinaus hatte ich ein Exemplar meines *Neues Testaments* an Urswick geschickt, um ihn einzuwickeln und ihn brieflich um das Pferd gebeten, das er mir versprochen hatte. Als ich am Montag[1] hinging, um ihn zu sehen, war er gerade zu einer Jagd aufgebrochen und wurde erst in sieben Tagen zurückerwartet. So ist mir dieser Thunfisch also entwischt. Obendrein hat mir die Jägerei nun auch noch dich entrissen. Was ich dir mündlich sagen wollte, muss ich also in einen Brief schreiben. Bitte öffne, wenn du willst, den Brief an den Papst, den mein Diener abgeschrieben hat; mir erscheint er noch nicht angemessen gut geschrieben. Wenn er deinem Urteil nach der Sache dienlich ist, dann lass ihn bitte nochmal sauberer abschreiben, und füge das all den Gefallen hinzu, die du mir schon getan hast. Ich lege mein ganzes Wohlergehen in deine Hände. Ich formuliere meine Bitte nicht umständlicher, denn ich vertraue dir aus ganzem Herzen; ich mache im Gegenzug keine prachtvollen Versprechungen, denn ich will dir, so ich es vermag, lieber mit Taten als mit Worten danken. Und ich bin voll guter Hoffnung, dass unsere Unternehmung Erfolg haben wird, nicht nur, weil ein mir so lieber Freund damit befasst ist, sondern auch, weil dieser Freund Ammonio ist, der Erasmus bisher so viel Glück gebracht hat. Leb wohl.

Diese zwei Gründe haben mich noch etwas länger als geplant in England verharren lassen: Die Hoffnung auf das Pferd von Urswick, das er mir zweifellos geben wollte, und auf Gespräche mit dir; indessen bin ich Englands schon wieder überdrüssig und habe zudem das Gefühl, dass ich nach dem Geschmack von Morus' Gattin schon zu lange Gast gewesen bin. Möge nun also bald ein glückliches Orakel von dir kommen. Leb wohl, nochmal.

Aus London.

* * *

1 Am 11. August 1516.

An Andrea Ammonio

Erasmus von Rotterdam grüßt seinen Andrea Ammonio. Der Bischof von Rochester hat es mit seinen Bitten dahin gebracht, dass ich zehn Tage bei ihm bleibe, und mein Versprechen habe ich bereits mehr als zehnfach bereut. So habe ich auch hier die Wahrheit jenes Sprichworts gefühlt: Bürge, und das Verderben ist nah.[2] In der Zwischenzeit soll ich ihn von einem Lateiner in einen Griechen verwandeln; die Metamorphose habe ich auf mich genommen. Um ihn einzuwickeln, hatte ich Urswick ein Exemplar meines *Neuen Testaments* geschickt und das in der Hoffnung, er würde mir im Gegenzug ein neues Pferd schicken; das alte ist an schlechtem Wasser gestorben, eine in Flandern nur allzu verbreitete Seuche. Da er nun aber fort und auf der Jagd ist, so blieb meine Jagd vergeblich. Deswegen habe ich meinen Diener zu dir hinüber geschickt, damit er sich auch mit dir besprechen kann; wenn dir also noch etwas Neues eingefallen ist, lass es mich wissen, denn ich werde vor Ende der Woche nicht aufbrechen. Ich habe ein Schreiben für dich bei Morus gelassen, als ich aufbrach, und auch eine Ausfertigung des Briefes an Leo dagelassen, aber nicht angemessen gut geschrieben. Im Namen der Musen, mein Ammonio, steh mir, wie du es stets tust, als Freund bei; ich werde mich erinnern und dir immer dankbar sein. Leb wohl.

Ausgesprochen viel, glaub mir, mein Ammonio, wird der Gefallen, den du mir tust, durch Schnelligkeit gewinnen;[3] denn umso schneller werden sich die Wolken aus Sorgen in meinem Geist zerstreuen, und ich werde sicherer sein, wenn die Sache durch Zufall doch als Tragödie endet. Leb wohl, nochmal.

Rochester, den 17. August 1516

* * *

2 *Adagia* Nr. 597.

3 Eine Variation über ein von Seneca und anderen Autoren entlehntes Sprichwort, *Adagia* Nr. 791.

An Erasmus von Rotterdam

Andrea Ammonio grüßt seinen Erasmus von Rotterdam. Mir schien, du hast es so eilig, das Meer zu überqueren, dass ich es nicht gewagt habe, dich auch nur um zwei Tage Aufschub zu bitten. Aber wie ich sehe, hätte ich es wagen sollen, auch wenn wir, ich weiß es, nicht alle Bischöfe von Rochester sind, und es ausgesprochen wenig Leute gibt, die wie jener würdig sind, die Gesellschaft des Erasmus zu genießen. Ich zweifle nicht, dass du dein Versprechen halten kannst, ohne dass jenes Verderben naht. Dass deine Jagd ungut ausgegangen ist, verwundert nicht, schließlich bist du ein Mensch, der an die Sprünge von solcherlei Jagden nicht gewohnt ist. Alles Übrige, wirst du sagen können, hast du mit Zinsen ausgelegt. Eine neuartige Metamorphose aber ist es gewiss, Bücher in Pferde zu verwandeln; da ich nun aber sehe, dass du ein Pferd brauchst, so schenke ich dir einen Schimmel (du weißt, wie viel sie einstmals galten)[4] aus meinem Besitz, der aus dem hintersten Irland hergebracht wurde. Nimm ihn an, wie er ist, er wird niemals auf deine Rechnung gesetzt werden.

Der Brief, den du bei Morus hinterlegt hast, hat mich gut erreicht; ich meine, dass der frühere Brief an Leo genügt. Was dein Anliegen betrifft, ist nichts geschehen außer dem, was wir besprochen haben. Deine Erfindung halte ich nach wie vor für richtig;[5] bezüglich der Frage, wer sich darum kümmern wird, so möchte ich, dass du, wie es so schön heißt, auf beiden Ohren schläfst;[6] beim Herkules, ich werde mich mit ebenso viel Mühe darum kümmern, als ob es um meinen eigenen Kopf ginge. Gleichwohl ist gesteigerte Schnellig-

4 Ein Hinweis auf die antike Wertschätzung für weiße Pferde, die Erasmus seinerseits in *Adagia* Nr. 321 erläutert.

5 Gemeinsam mit Ammonio hat Erasmus in London ein sehr langes Schreiben an die apostolische Kanzlei verfasst, um sich von klösterlichen Verpflichtungen, v. a. dem Tragen des Ordenshabits und den Essensregeln befreien zu lassen. Darin schildert er die Kloster- und Lebensgeschichte eines gewissen Florentius, die aber recht offensichtlich seine eigene ist; der Adressat des Schreibens, der apostolische Sekretär Lambertus Grunnius, ist ebenfalls fiktiv.

6 D. h. Erasmus soll sich keine Sorgen machen; die Redewendung erläutert er in *Adagia* Nr. 719. Ammonio wird mit dieser optimistischen Einschätzung recht behalten: Im April 1517 wird er selbst in Westminster als Stellvertreter des Papstes Erasmus straf- und klosterfrei stellen.

keit nicht das, was du erwarten solltest; denn die Straßen sind für Briefboten schwierig und viele ängstigen sich vor Soldaten. Sei in jedem Falle überzeugt, dass sich niemand eifriger dieser Angelegenheit annehmen wird als ich. Leb wohl, und empfehle mich mit Ehrerbietung dem Bischof von Rochester.

Aus London.

* * *

An Andrea Ammonio

Erasmus von Rotterdam grüßt seinen Andrea Ammonio. Mein Johannes[7] war wirklich drauf und dran, Prügel zu beziehen, wäre nicht Morus zur rechten Zeit aufgetaucht, um seine schützende Hand über ihn zu halten. Denn Morus war, kaum, dass er gehört hatte, dass ich in Rochester feststecke, herbeigeeilt, um seinen Erasmus zu sehen, gerade so, als würde er fürchten, mich längere Zeit nicht zu sehen. Er war es also, der meinem Diener den Rat gab, das Pferd wegzuführen, das du aus eigenem Antrieb geschickt hattest. Ich sehe, dass ich vorsichtiger mit dir umgehen muss, denn du schnappst prompt nach jeder Gelegenheit, mir etwas zu schenken. Ich wollte dein Geschenk fast schon zurückschicken, auch gegen Morus' Rat, wenn ich nicht gefürchtet hätte, du könntest vermuten, mir hätte das Geschenk nicht gefallen oder ich stünde nicht gerne in der Schuld eines Ammonio; in Wahrheit nämlich schulde ich niemandem lieber etwas, wie ich auch niemanden überschwänglicher liebe. Ich will vergehen, Ammonio, wenn ich deinen edlen Sinn und deine echte Freundschaft nicht höher schätzte und inniger liebte als dieses ganze lärmende Getue um den päpstlichen Posten; und entsprechend könnte ich mich niemals unglücklich schätzen, solange ich solche Freunde habe und sie wohlauf sind. Mir gefällt das hell strahlende Pferd ungemein, aber am liebsten an ihm ist mir dein strahlender Geist. Ich hätte wirklich lieber andere Leute ausgeräubert, etwa seine Hochwürden von York oder Colet oder Urswick, aber die sind allzu

7 John Smith, ein Diener des Erasmus, der das von Ammonio geschickte Pferd entgegengenommen hatte, offenbar ohne es mit seinem Herren abzusprechen.

vernünftig; obwohl Urswick, der mir ein edles Ross versprochen hatte, ohne Zweifel zu seinem Wort stehen wird, und das nicht erst zu den griechischen Kalenden, sondern zu den Kalenden des Oktobers.[8] Leb wohl, mein so gelehrter und so menschlicher Ammonio. Sobald ich in Brabant bin, werde ich an den Erzbischof von York und an Lark schreiben.

Rochester, den 22. August 1516

8 Die Kalenden waren im römischen Kalender der jeweils erste Tag eines Monats, in Griechenland hingegen gab es sie nicht: die „griechischen Kalenden" fallen also auf den Sankt-Nimmerleins-Tag, vgl. *Adagia* Nr. 484.

Zwischen Brüssel und Antwerpen

6. Oktober 1516/20. Januar 1517 (Briefe Nr. 476 und 516)

Es ist nicht immer leicht, ein guter Freund des Erasmus von Rotterdam zu sein. So hat der etwa zwanzig Jahre jüngere Pieter Gillis (→ S. 79) mit seinem berühmten und unsteten Freund immer wieder durchaus Arbeit. Auch muss er sich zuweilen freundschaftliche Zurücksetzungen oder gute Ratschläge gefallen lassen, die vielleicht der Freude über einen neuen Brief eine etwas säuerliche Note verliehen haben könnten; bei aller Ironie des ratgebenden Erasmus, dem man mit dem Lukas-Evangelium zurufen möchte: „Arzt, heile dich selbst!"

Ende August 1516 ist Erasmus aus England auf den Kontinent zurückgekehrt. Da eine gewisse Unschlüssigkeit herrscht, wo er sich für den Winter niederlassen soll, erklärt er seinen Briefpartnern, alle Post bis auf weiteres an Pieter Gillis nach Antwerpen zu schicken. Aus dem Plan, nach Löwen zu gehen, wird vorerst nichts, und Erasmus verbringt etwa ein Jahr zwischen Antwerpen, Gent und Brüssel. Dort erwartet ihn (vermeintlich!) ein ehrenvolles Amt, vor allem aber die Gesellschaft von Cuthbert Tunstall (→ S. 92), die er für den Moment offenbar mehr genießt als die des gemeinsamen Freundes Gillis. Erasmus versucht sich in Brüssel als Höfling, was ihm naturgemäß nicht entspricht. Schon ein Vierteljahr später, als Tunstall Brüssel verlässt, hält ihn nichts mehr in der Stadt. Nun möchte er wieder zurück nach Antwerpen und dort konzentriert an Büchern für Froben arbeiten, während er zu Gast bei Gillis ist – obwohl dieser gerade erneut Vater geworden ist. Was tut man nicht alles für einen Erasmus.

An Pieter Gillis

Erasmus grüßt seinen Pieter Gillis. Ich konnte hier in Brüssel ein Zimmer ergattern, was sich angesichts der hiesigen Menschenmassen äußerst schwierig gestaltet, obwohl es einigermaßen eng ist; immerhin liegt es in der Nähe des Hofes und, was in meinen Augen die größere Empfehlung ist, in der Nähe von Tunstall. Bitte schicke also baldestmöglich meine Bücher hierher, ob auf dem Wasser- oder Landweg, und schreibe mir durch irgendjemand anderen, wem du sie anvertraut hast und wohin du sie hast schicken lassen. Pompilius führt, wie ich sehe, seine Kunststücke auf, er hält also mit anderen Worten an seinen alten Sitten fest;[1] ich werde mich in Geduld üben. Eines Tages wird vielleicht der Moment kommen, ihm Gleiches mit Gleichem zu vergelten.

Möchtest du etwas hören, das dich zum Lachen bringen wird? Was viele andere oft nicht mit vielem Schweißvergießen erreichen, habe ich geradezu im Schlaf erreicht: Der katholische König hätte mich fast zum Bischof gemacht.[2] Wo, wirst du fragen. Nicht auf den hintersten indischen Inseln, woher etwa unser Barbier sein Gold bezieht,[3] indem er über Leute gebietet, die er nie selbst sehen wird, sondern bei den Sizilianern, die einst Griechen waren und noch heute beißend witzig und heiter sind. Glücklicherweise aber hat es einen Irrtum gegeben, der genau zu meinen Überzeugungen passt. Nachträglich wurde nämlich festgestellt, dass die Ehre, das betreffende Bistum zu vergeben, dem Papst zukommt: So schrieb der König also an den Papst und erkundigte sich aus Selbstachtung, ob er die Ernennung bestehen ließe. Das war es, was in Brüssel betrieben wurde, als ich in Antwerpen müßig meinen literarischen Spielereien nachhing, und das war es auch, weswegen der Kanzler befohlen hatte, mich zu rufen; wenn ich das gerochen hätte, hätte ich mir mit dem Umzug hierher mehr Zeit gelassen. Als ich hier ankam und mir diejenigen, die von der Sache wussten, gratulierten und mich beglückwünschten, da konnte ich nicht anders als lachen; trotzdem habe ich mich bei ihnen für ihren guten Willen bedankt, sie aber gleichzeitig ermahnt, von nun an nicht mehr dergleichen vergebliche Anstrengungen ins Werk zu setzen. Denn ich bin nicht bereit, meine Muße gegen ein wie auch immer glänzendes Bischofsamt zu tauschen. Das ist es also, worüber du lachen kannst. Nichtsdestotrotz bin ich mit der Einstellung des Fürsten gar nicht unzufrieden, weil er für gewöhnlich nur die fördert, von denen er weiß oder zumindest sicher glaubt, dass sie etwas taugen.

---

1 Wer sich hinter der Chiffre „Pompilius“ verbirgt, ist nicht bekannt; vielleicht handelt es sich um Franz Birckmann (→ S. 92).

2 Erasmus weigert sich durchgehend, seine freie literarische und gelehrte Tätigkeit aufzugeben; allerdings scheint Kanzler Jean Le Sauvage (→ S. 86) die Sache ernstlich angeschoben zu haben.

3 Pierre Barbier (→ S. 157), der Sekretär von Jean Le Sauvage, erzielt Einkünfte vermutlich aus dem erst wenige Jahre zuvor 1511 gegründeten Erzbistum Santo Domingo auf Hispaniola. Auch Erasmus wäre ein aus seinem Bistum abwesender Bischof – und die Frage, ob dergleichen zu dulden ist, ist ein wichtigstes Streitthema der Kirchenreform.

Ich freue mich, mein liebster Pieter, dass ich dir nicht mehr so zur Last falle, denn ich bekam schon Mitleid mit dir und deiner Gattin. Dennoch war es eine Last, die du nicht auf meine Rechnung setzen kannst. Dein von geradezu maßloser Liebe zu mir ergriffener Geist konnte sich nie genug daran tun, mich mit Wohltaten zu überhäufen, wie deine einzigartige Gattin es für dich tut, was ihr oberstes Ziel ist. Jetzt, da Erasmus fort ist, wirst du sie gemütlicher genießen können. Ist es nicht recht wenig, was die räumliche Trennung uns beiden nimmt? Und dieses wenige werden wir flicken können, wenn wir uns recht häufig Briefe schreiben, wobei ich hoffe, dass deine Briefe lebhaft und lustig sein werden; so werde ich nämlich wissen, dass es dir gut geht und du gesund bist, und das liegt mir mehr am Herzen als alles andere.

Zum größten Teil hast du diese Sache, deine Gesundheit, selbst in der Hand, glaub mir. Die meisten unserer Krankheiten beginnen in unserem Geist, und die Mühen des Studierens werden dich weniger angreifen, wenn du deine Studien durch einen verständigen Plan regelst. Deine Bücher, deine Briefe, deine Zettel sollten alle ihren Platz in einem bestimmten Nestchen haben. Lass dich nicht planlos erst zu diesem, dann zu jenem Autor hinreißen, sondern nimm von den vorzüglichen Büchern eines nach dem anderen zur Hand und lege es nicht wieder fort, bis du ans Ende gelangt bist. Notiere in der Zwischenzeit alles, was dir der Erinnerung würdig erscheint. Schreibe dir selbst eine bestimmte Lebensart vor und entscheide, wann du was tun willst. Häufe nicht eine Sache auf die nächste, bevor nicht die erste erledigt ist; so wird dir der Tag, der jetzt fast völlig verloren geht, länger erscheinen. Und da du dich über dein Gedächtnis beklagst, wäre es mein Rat, dass du dir eine Art Jahreskalender und -tagebuch anlegst, und dort (es ist nicht sonderlich viel Arbeit) Tag für Tag notierst, was Bemerkenswertes geschehen ist und was du nicht vergessen willst. Ich kenne Leute, denen diese Sorgfalt sehr viel genutzt hat; in erster Linie der ehrwürdige Frans van Busleyden, der Erzbischof von Besançon.

Vor allem anderen aber will ich dich zum wiederholten Male bitten, dich bei der Führung deiner Geschäfte eher von deiner Urteilskraft als vom Schwung deines Gemüts führen zu lassen. Wenn dir etwas nicht gefällt, beobachte sogleich, ob sich Abhilfe schaffen oder das Übel zumindest verkleinern lässt; diese Beobachtung wird in einem ruhigen Zustand besser gelingen als in einem erregten. Wenn es ein Heilmittel gibt, nutze es; wenn nicht, was helfen dann, frage ich dich, Zorn und Wehmut, abgesehen davon, dass das Übel sich verdoppelt und du selber schuld bist? Ich beschwöre dich im Namen unserer

Freundschaft, dass dir nichts wichtiger sein soll als das Leben und die Gesundheit. Wenn du dein Vermögen schützen kannst, ohne Schaden zu nehmen, schütze es; wenn nicht, so ist es eine sehr kostspielige Rechnung, dein Vermögen zu bewahren, aber dafür deine Gesundheit und deine Ruhe zu schädigen. Wenn du schließlich dich selbst nicht so wichtig nimmst, pass auf, dass du im gleichen Zug nicht auch andere verdirbst. Denn ich selbst kann mich nur als unbeschadet ansehen, wenn auch du keinen Schaden genommen hast; denn ich achte dich, so wahr Gott mich lieben mag, als meine bessere Hälfte. Wende niemals zu große Mühe auf unwichtige Dinge. Lebenszeit flieht davon und Gesundheit ist gläsern; beide darf man nicht verschleudern. Auf manche Dinge muss man herabschauen und den Geist zu Großem aufrichten. Mach Seneca und Platon zu deinen vertrauten Freunden; wenn sich diese beiden recht oft mit dir unterhalten, werden sie nicht dulden, dass dein Geist darniederliegt. Es gehört zu einem großen Geist, Beleidigungen zu übergehen und für die Schmähungen von gewissen Leuten weder ein hörendes Ohr noch eine antwortende Zunge zu haben. Mach zuweilen die Probe, inwiefern Nachgiebigkeit und kluge Schmeichelei mehr vermögen als ein überstürzter und zügelloser Geist.

Das Greisenalter deines hervorragenden Vaters solltest du, wie du es bereits tust, erleichtern, nicht nur, weil er eben dein Vater ist, sondern weil er solch ein Vater ist. Genieße deine ehrlichen Freunde und vergiss die falschen. Lebe so mit deiner Frau zusammen, dass sie dich nicht nur wegen des Geschlechtsverkehrs liebt, sondern auch achtet; schenke ihr dein Vertrauen, aber besprich mit ihr nur das, was mit dem Haushalt und mit der Lebensfreude zu tun hat. Behalte entsprechend Autorität gegenüber deinen Dienern, aber so, dass der häusliche Alltag dennoch mit Heiterkeit gewürzt ist. Bezüglich der Kindererziehung brauche ich dir keine Ratschläge geben, da du das beste Beispiel an deinem eigenen Vater hast.

Da siehst du also, mein liebster Pieter, wie ich dir die guten Ratschläge erteile, die ich mir selber kaum erteilen kann; aber dieses dumme Gerede gibt mir eben die Liebe zu dir ein. Lass es dir und den deinen gut gehen, lebe wohl.

Brüssel, den 6. Oktober 1516

* * *

An Pieter Gillis

Erasmus grüßt seinen Pieter Gillis. Ich freue mich, dass du um eine Tochter reicher bist,[4] und beglückwünsche dich zu Tunstall als Paten; unser Zeitalter besitzt keinen gelehrteren, anständigeren und menschlicheren Mann. Mach nur so weiter und behalte das Abwechseln deiner Nachkommen bei, damit du gleichviele Söhne und Töchter haben wirst. Für mich scheint hier ohne Tunstall das Leben zu Ende zu sein, ich sehe keinen Zufluchtsort mehr. Mountjoy ist zu weit weg. Löwen würde mir, obwohl ich mit den dortigen Theologen, so gut es eben ging, Frieden geschlossen habe, während der Fastenzeit einen herben Empfang bereiten. Um hier noch länger zu sitzen, fehlt mir jeder Nerv. Wenn es dir keine Umstände macht und du mir ein Zimmer überlassen kannst, das über eine eigene Latrine verfügt, könnte ich vielleicht zu euch umziehen und dort vorbereiten, was ich nach Basel zu schicken habe. Was du dadurch über das gewohnte Maß ausgeben müsstest, das sollst du auf meine Rechnung setzen; so würden wir uns nicht gegenseitig zur Last fallen. Lass mich das also so bald als möglich wissen, aber räume in deinem Haus auf keinen Fall etwas um, bevor du mir nicht eine klare Zusage geschrieben hast und ich dir eine noch klarere Antwort zurückgeschickt habe. Was das Geld angeht, so habe ich bisher noch nichts gehört, aber es ist doch nicht ganz unwichtig für mich, dass es nicht zu lange in den Händen der Bankiers bleibt. Deiner liebsten Frau wünsche ich alles erdenkliche Glück. Die Geschichten rund um meine Angelegenheiten sind zu weitschweifig, um sie einem Brief anzuvertrauen. Neulich habe ich mit dem Kanzler zu Mittag gegessen, habe dich ehrend erwähnt, und das traf auf ziemlich offene Ohren. Grüße auch deinen Vater, der nun erneut und doppelt Vater geworden ist, vielmals von mir. Lebe wohl.

Brüssel, den 20. Januar 1517

4 In einem Brief vom 18. Januar an Erasmus deutet Gillis an, dass seine Frau nun Wöchnerin sei; dass sie eine Tochter geboren hat, erfährt Erasmus wahrscheinlich von Tunstall.

Fernweh und Reiseempfehlungen

24. August 1517
(Brief Nr. 632)

Die Sehnsucht nach Italien ist ein Refrain in den Briefen des Erasmus, wenn sie auch oft von einem anderen, noch häufigeren Refrain überlagert wird: Sorge um die Gesundheit und die Bekömmlichkeit des Klimas. Beides steht im Brief an Bruno Amerbach aus dem August 1517 nebeneinander. Die Familie Amerbach ist für den Humanismus in Basel von größter Bedeutung: Johannes Amerbach, so genannt nach seinem unterfränkischen Heimatdorf Amorbach, studiert in Paris und Venedig und ist ab 1475 einer der ersten Buchdrucker in Basel (als allererster gilt Berthold Ruppel aus Hanau, der um 1470 seine Arbeit aufnimmt). 1484 wird Amerbach Bürger von Basel, arbeitet mit den wichtigen Humanisten der Region, von Reuchlin bis Rhenanus, und schließt sich im Jahr 1500 mit Johannes Froben und Johannes Petri zu einer Druckergemeinschaft zusammen. Seine Söhne Bruno, Basilius und Bonifacius folgen ihm nach, studieren in ganz Europa, arbeiten mit Froben oder als Juristen an der Universität von Basel. Bruno Amerbach scheint der lebhafteste und umtriebigste der drei Brüder zu sein.

An Bruno Amerbach

Erasmus grüßt seinen Bruno. Oh, du Glücklicher, dass du zu dieser wunderbarsten Zeit Italien sehen wirst! Wenn du dir Sorgen wegen des Klimas machst, so ist es in Padua der Gesundheit äußerst förderlich; in Bologna nicht so sehr, auch nicht in Florenz und ebenso wenig in Rom. Lass Froben wissen, dass er das Buch von Zasius[1] über den Ursprung der Gesetze drucken soll. Der Mann ist dieser Ehre würdig. Denk bitte daran, meinem Basilius und meinem Bonifacius einen Gruß auszurichten. Wie ich höre, hat Brunner es geschafft, seine Tyrannis zu errichten, wozu ich ihm gratuliere; er wird sich anstrengen müssen, um dem zu gleichen, dem er nachfolgt.[2] Mein Hieronymus wird

---

1 Der humanistische Jurist Ulrich Zasius (→ S. 99) unterrichtet in Freiburg.

2 Konrad Brunner, ein Studienfreund von Bonifacius Amerbach und Mitarbeiter in der Druckerei Froben, tritt 1517 eine Stelle als Lehrer in der Schule des eminenten Universalgelehrten Heinrich Glarean (→ S. 167) an, der für eine Gastprofessur von Basel nach

überall mit offenen Armen empfangen. Das liegt gewiss an deinem glücklichen Geschick; denn das Unheil, das mich verfolgt, macht niemals Pause. Leb wohl, mein allerliebster Bruno, und wo auch immer es dich demnächst hin verschlägt, lass mich wissen, was du treibst.

Löwen, den 24. August 1517

Paris wechselt (diese Stelle in Paris hat Erasmus selbst ausgeschlagen und sie seinem Freund Glarean vermittelt). Konrad Brunner stirbt 1519 in der gleichen Pestwelle wie Bruno Amerbach.

Zu kalt

21. November 1517
(Brief Nr. 719)

Der Winter 1517, der erste während Erasmus' Aufenthalt in Löwen, ist so kalt, dass die Herren nicht reisen können. Nehmen wir uns also den Moment, daran zu denken: Die Diener und die Boten müssen trotzdem raus.

An Antonius Clava

Erasmus grüßt seinen Clava.[1] Ich frage mich, mein lieber Clava, wie du, der du so in die öffentlichen Geschäfte eingebunden bist, mit dieser Kälte umgehst. Ich verstecke mich im Haus und lebe wie ein Kuckuck. Die Theologen gehen ihrem Treiben auch ohne mich nach. Wenn dieser Brief ein wenig später hätte abgehen können, dann hätte ich dir noch ein Exemplar meiner Paraphrase mitgeschickt; der Druck ist gerade jetzt fast abgeschlossen.[2] Ich höre, dass Paolo Emilios Buch über die Geschichte Frankreichs jetzt zum Verkauf steht;[3] es gibt keinen gebildeteren und heiligeren Mann als ihn. Er lebt nach wie vor in Paris.

---

1 Antonius Clava aus Brügge beginnt 1479 in Löwen zu studieren und arbeitet in der Folge als Rechtsberater für die Städte Brügge und Gent; Erasmus lernt ihn vermutlich schon in den ersten Jahren des Jahrhunderts kennen, ab den 1510er-Jahren ist ein reger Briefwechsel überliefert, der bis zu Clavas Tod 1529 andauert. Erasmus schreibt ein Epitaph für ihn.

2 Erasmus' Paraphrase der *Römerbriefe* (die erste einer ganzen Reihe von populären, vermittelnden Paraphrasen über das *Neue Testament*) ist soeben erschienen, der Druck hat im Oktober in Antwerpen begonnen.

3 Der Historiker Paolo Emilio aus Verona wird 1489 an den Hof des französischen Königs eingeladen, um ein Werk zur Geschichte Frankreichs und seiner Könige nach humanistischen Prinzipien und Qualitätsstandards zu schreiben. Zudem unterrichtet er in Paris und ist der Lehrer u. a. von Jacques Lefèvre; dort lernt ihn Erasmus während seiner Studienzeit kennen. Emilios *De Rebus gestis Francorum* bleibt auch nach seinem Tod 1529 Fragment; eine erste, unvollständige Fassung erscheint 1517 bei Jodocus Badius in Paris.

Es ist seltsam, dass Jacques Lefèvre[4] nicht einmal kurz auf den Brief antwortet. Es ging hier das Gerücht, dass er bereits geantwortet habe, aber ich halte mich bedeckt. Das Gerücht hatte, wie ich später herausfand, seinen Ursprung in einem Brief, den ein gewisser Jacques Lefèvre aus Deventer an mich geschrieben hatte, der mich schließlich erreichte, nachdem er in langer Wanderschaft bei den Brüdern von Hand zu Hand gegangen war. Achte auf deine Gesundheit und grüße mir die Freunde, vor allem Robert de Keysere und den Arzt.

Löwen, den 21. November 1517

4 Jacques Lefèvre genannt d'Étaples, um die Verwechslung zu vermeiden, von der Erasmus gleich berichten wird, ist ein wichtiger französischer Humanist, der ebenfalls an Übersetzungen und Kommentierungen der Heiligen Schrift arbeitet und durch diese Nähe oft ein gespanntes Verhältnis zu Erasmus hat. Die beiden begegnen sich zum ersten Mal 1511 in Paris (nachdem Erasmus von 1495 bis 1499 dort gelebt und die Stadt mindestens sechs weitere Male besucht hat) und verstehen sich zunächst glänzend; als Erasmus sein *Neues Testament* veröffentlicht, kühlt die Beziehung rasch ab. In späteren Jahren zeigt sich Lefèvre zu reformatorischen Ideen hingezogen, bleibt aber katholisch und im Dienst des Königs; Erasmus und er nähern sich wieder an, nicht zuletzt deshalb, weil sie unter den Pariser Theologen gemeinsame Feinde besitzen. Seine französische Übersetzung der Bibel erscheint 1530 bei Maarten de Keyser.

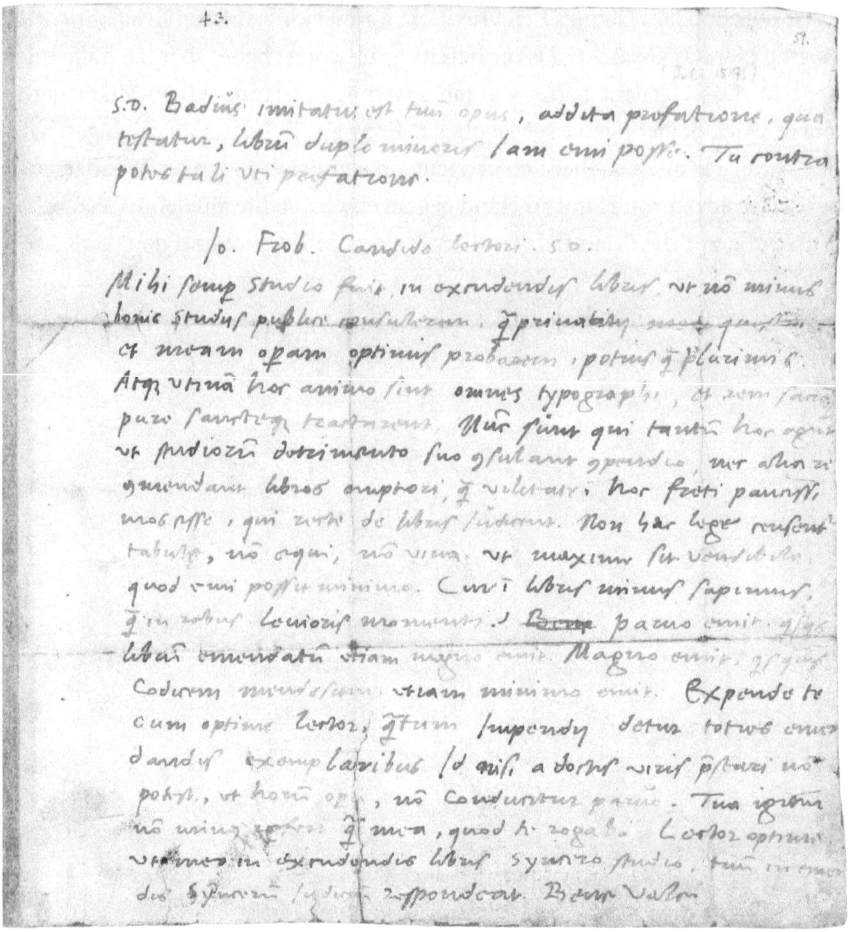

43.

51.

S.D. Badius imitatus est tuum opus, addita praefatione, qua testatur, librum duplo minoris iam emi posse. Tu contra potes tali uti praefatione.

Io. Frob. Candido lectori. S.D.

Mihi semper studio fuit, in excudendis libris ut non minus bonis studiis publice consulerem, quam privatis meis quaestibus, et meam operam optimis probarem, potius quam plurimis. Atque utinam hoc animo sint omnes typographi, et rem sacram pari sanctitate tractarent. Nunc sunt qui tantum hoc agunt ut sordidiore detrimento suo consulant compendio, nec alia re commendant libros emptori, quam vilitate. Hoc scio paucissimis molestum esse, qui recte de libris iudicent. Non hac lege censentur tabulae, non equi, non vina, ut maxime sit vendibile quod emi possit minimo. Cum libris minus sapimus, quam in rebus levioris momenti. ~~Bene~~ parvo emit, qui librum emendatum etiam magno emit. Magno emit, qui codicem mendosum etiam minimo emit. Expende tecum optime lector, quantum impendii detur totius emendandis exemplaribus, id nisi a doctis viris praestari non potest, ut horum opera non conducuntur parvo. Tua igitur non minus refert quam mea, quod hic rogabo. Lector optime, ut nos in excudendis libris synceros studio, tuum in emendis synceritati iudicium respondeat. Bene vale.

Brief von Erasmus an Johannes Froben, aus Löwen, Juli 1517. Universitätsbibliothek Basel, UBH G II 13a:Bl.51.

Reisekasse, Reisealter

5. März 1518
(Brief Nr. 781)

Der Brief ist an einen englischen Prälaten gerichtet, aber an wen genau, ist strittig; sowohl William Warham, der Erzbischof von Canterbury, als auch der mächtige Thomas Wolsey (→ S. 95), Erzbischof von York, könnten angesprochen sein. Erasmus schreibt aus Löwen, wo er im Jahr zuvor an der Einrichtung des Collegium Trilingue mitgewirkt hat, einer Schule, in der die drei alten Sprachen Latein, Griechisch und Hebräisch unterrichtet werden. Das Collegium Trilingue ist die erste Sprachschule dieser Art in Europa, der Lehrbetrieb kann bis 1797 aufrechterhalten werden; zu den berühmtesten Absolventen der Schule zählen etwa die Kartographen Gemma Frisius und Gerhard Mercator sowie der Anatom Andreas Vesalius. Erasmus indessen hat bereits 1518 neues Fernweh und neue Reisepläne und wie so oft widerstrebende Gründe zur Reise: Der Druck seiner Bücher muss überwacht werden, die Beziehungen zu Gönnern wollen gepflegt sein, und eigentlich wäre etwas Ruhe zum Schreiben das Allernötigste.

An einen englischen Prälaten

Sei gegrüßt, ehrwürdigster Meister, einzige Zier, einziger Schutz meiner Studien. Dichter gliedern ihre Geschichten in fünf Akte. Für mich ist nur noch der fünfte Akt dieser Komödie übrig, den ich so zu spielen hoffe, dass ich den Applaus der Anständigen verdiene und dass vor allem Christus, unser einziger Regisseur, zufrieden ist. Ich werde entweder nach Basel oder nach Venedig reisen, aber beide Wege sind so weit wie sie gefährlich sind. Ganz besonders, da in Deutschland, zusätzlich zum seit jeher üblichen Räuberunwesen, gerade eine Pest wütet, die bereits Lachner, den Vorstand der Druckerei Frobens,[1]

---

1 Wolfgang Lachner aus Neuburg an der Donau ist ein Buchhändler, der 1488 das Basler Bürgerrecht erhält. Er importiert zunächst Bücher aus Venedig und gibt ab 1492 auch selbst Bücher bei Druckern in Auftrag. Ab Beginn der 1510er-Jahre arbeitet er mit Froben zusammen und kümmert sich um die kaufmännischen Belange der Druckerei. Zudem verbindet er sich familiär mit dem etwa gleichaltrigen Froben: Froben heiratete Lachners Tochter Gertrud, Frobens Sohn Hieronymus heiratete Lachners Tochter Anna. Das ist kein

gemeinsam mit vielen anderen weggerafft hat. Wenn ich nach Italien gehe, benötige ich aber mehr Geld für die Reise, um all den Zufällen zu begegnen, die sich unterwegs stets unvorhergesehen einstellen. Ich habe den Plan gefasst, meine Bibliothek mit ausgezeichneten Büchern zu vergrößern, wie sie von den Italienern jeden Tag aufs Neue gedruckt werden. Aber ich muss mich auch um das *Neue Testament* kümmern. Es ist ein verworrenes Geschäft, und wenn ich nicht selbst vor Ort bin, wird am Ende nichts richtig sein.[2] Wo auch immer ich auf Erden bin, werde ich immer dein Schützling sein.

Wenn es mir gelingt, wieder zurückzukehren, plane ich, nach England wie an einen geheimen und stillen Rückzugsort überzusiedeln; und ich habe vollstes Vertrauen, dass deine Großzügigkeit mein bisschen Vermögen wohl vergrößern werde. Denn das Greisentum kommt täglich näher, und mit jedem Tag verstehe ich mehr und mehr das letzte Kapitel des Kohelet.[3] Wenn es mir aber nicht gelingt, wieder zurückzukehren, dann wird es, wenn ich nicht irre, wohl das Beste sein, in der Stunde des Todes mit einem frommen Werk beschäftigt zu sein. Grocyns Unheil ist natürlich sehr bitter für mich.[4] Für solche Talente kann ich mir nur das Schicksal wünschen, das sie verdienen, dass sie nämlich niemals Greisentum oder Tod zu spüren bekommen. So aber hat es den himmlischen Mächten gefallen. Wir tragen jenes heilige Feuer mit uns herum und zwar, wie einst die Vestalinnen,[5] in tönernen Gefäßen; und es ist

unübliches Geschäftsgebaren, ganz ähnlich heiratet auch Aldo Manuzio die Tochter seines Druckers Andrea Torresano.

2 Die zweite, an zahllosen Stellen korrigierte und überarbeitete Ausgabe von Erasmus' *Neuem Testament* bei Froben erscheint schließlich im März 1519, drei Jahre nach der ersten Auflage.

3 „Denk an deinen Schöpfer in deinen frühen Jahren, / ehe die Tage der Krankheit kommen und die Jahre dich erreichen, / von denen du sagen wirst: Ich mag sie nicht!, / […] Im übrigen, mein Sohn, lass dich warnen! Es nimmt kein Ende mit dem vielen Bücherschreiben, und viel Studieren ermüdet den Leib."

4 Der Humanist William Grocyn, der in Italien bei Angelo Poliziano (→ S. 99) studiert und in Oxford unterrichtet hat, gehört zum englischen Freundeskreis von Erasmus. 1518 erleidet er einen Schlaganfall, an dessen Folgen er im Sommer 1519 verstirbt.

5 Die Priesterinnen der römischen Göttin Vesta waren damit betraut, ein heiliges Feuer im Tempel ihrer Göttin zu hüten, das in Rom hohe kultische Bedeutung hatte. Vesta war die Göttin der Keuschheit, des familiären Heims und des Herdfeuers.

mir unbegreiflich, warum diejenigen am heftigsten den Übeln der Sterblichkeit unterworfen sind, die am ehesten der Unsterblichkeit würdig wären.

Über den Krieg gegen die Türken, der gerade vorbereitet wird, möchte ich lieber nichts schreiben. Wenn ich mich nicht irre, gibt man das eine vor und plant das andere. Aus der Schweiz schreibt man mir, der eigentliche Zweck sei, die Spanier aus Neapel zu vertreiben.[6] Lorenzo, der Neffe des Papstes, wird versuchen, Kampanien zu besetzen, schließlich hat er eine Tochter des Königs von Navarra geheiratet.[7] All das entgeht den Schweizer nicht, mögen sie noch so grobschlächtig sein; denn überall bewirkt das meiste doch das Geld. Unsterblicher Gott! Wann werden diese unchristlichen Reibereien und Kriege unter Christen endlich ein Ende haben?

Ich wünschte, ich hätte jetzt ein solches Pferd, wie du es einst durch mich dem Abt des Klosters Saint-Bertin geschickt hast![8] Nicht wenige Leute wundern sich, dass ich in meinem Alter noch eine solche Reise auf mich nehme; ich aber wundere mich vielmehr über den Bischof von Paris, der etwa siebzig Jahre alt ist und deutlich anstrengendere Reisen für Geschäfte unternimmt, die mir deutlich weniger wichtig erscheinen.[9] Ich bitte dich, den Überbringer dieses

6 Es ist ein Refrain der Renaissance: Entsprechende Hoffnungen auf einen Krieg gegen die Osmanen, die vom französischen König geschürt werden, der dann aber einen Angriff auf Neapel führt, gibt es bereits 1494.

7 Erasmus ist auf dem Laufenden: Die Hochzeit von Lorenzo di Piero de' Medici, Neffe des amtierenden Papstes Leo X. de' Medici, mit der hochadligen Madeleine de la Tour d'Auvergne wird im Januar 1518 verhandelt und am 2. Mai in Amboise gefeiert; ihre gemeinsame Tochter Caterina de' Medici wird 1547 Königin von Frankreich. Sowohl Lorenzo als auch Madeleine sterben allerdings bereits im Frühling 1519.

8 In diesen Wochen schreibt Erasmus mehrere Briefe nach England mit der Bitte um ein bzw. drei Pferde, was sich umso schwieriger gestaltet, als der Export durch ein königliches Dekret seit 1495 erschwert wird. Am Ende kommt nur ein Pferd mit dem Boten John Smith zurück, ein Geschenk von Thomas Morus, an den er am gleichen Tag, dem 5. März 1518, diesbezüglich geschrieben hat. Dieses Pferd dient Erasmus für den Rest des Jahres und begegnet uns noch im Brief Nr. 867 (→ S. 138) an Beatus Rhenanus.

9 Étienne de Poncher, zu dieser Zeit 72 Jahre alt, ist seit 1503 Bischof von Paris und wird von den französischen Königen verschiedentlich als Diplomat in Deutschland und Italien eingesetzt. Im September 1517 wird er nach England entsandt, um über die Aufgabe der Stadt Tournai zu verhandeln, er kehrt im Dezember desselben Jahres zurück.

Briefes, meinen Diener, gut zu behandeln und schnell zurückzuschicken, damit ich nicht lange warten muss, und deinem Erasmus weiterhin geneigt zu sein. Solange es dir gut geht, werde ich mich selbst glücklich schätzen. Ich wünsche Eurer Exzellenz, deren hingegebener Diener ich bin, alles Gute.

Löwen, den 5. März 1518

Nicht in Frankfurt

13. März 1518
(Brief Nr. 797)

Eine Reise, die sich Erasmus nicht antut, ist die Reise zur Frankfurter Messe. Diese ist bereits im 16. Jahrhundert ein bedeutender Umschlagplatz für Bücher, und das vor allem dank der Netzwerkanstrengungen von Frankfurter Kaufleuten wie dem bibliophilen, um 1488 gestorbenen Peter Ugelheimer, die die Verbindungen zur Buchhauptstadt Venedig pflegen. Erasmus beobachtet den Trubel lieber aus der Ferne, derzeit aus Löwen. Am 12. und 13. März 1518 schreibt er gleich vier Briefe an Johannes Froben und seine Mitarbeiter, die sich zur Frühlingsmesse in Frankfurt aufhalten oder von Erasmus zumindest dort vermutet werden. Jeder wird mit anderen Informationen, Aufträgen, Zukunftsoptionen oder auch mit Trost und Zuversicht versorgt; am 27. Januar 1518 ist Frobens Kompagnon Wolfgang Lachner (→ S. 123) gestorben.

Im Frühjahr 1518 steht Erasmus vor einer wichtigen Entscheidung für seine Karriere in der Welt der Buchdrucker und Verleger: Welcher Verlag soll die zweite, stark überarbeitete Auflage eines seiner Hauptwerke, des griechisch-lateinischen *Novum Instrumentum omne* von 1516 drucken? Der kritisch durchgesehene griechische Bibeltext mit der neuen Übersetzung des Erasmus ins Lateinische erscheint, wie jedes Hauptwerk des Erasmus, in mehreren Versionen, die teils stark voneinander abweichen. Und wie bei jedem Hauptwerk des Erasmus zeigen mehrere Verlage Interesse daran. Er schwankt zwischen Johannes Froben in Basel, bei dem die Erstausgabe erschienen ist, und dem Verlag des bereits verstorbenen Aldo Manuzio in Venedig, dessen Prestige und Reichweite gerade in Italien unerreicht ist. Da Erasmus den Druck natürlich persönlich überwachen will, kommen auch praktische Erwägungen ins Spiel, die die Reise zum Druckort betreffen: Nicht nur das Prestige zieht ihn zunächst nach Venedig, sondern auch die Nachrichten von einem Pestausbruch in und um Basel. Durch das von Krieg und Räuberei verheerte Deutschland müsste er sowieso; an Beatus Rhenanus (→ S. 87) schreibt er am 13. März recht deutlich: „Unsterblicher Gott, welche Tragödien führen die Fürsten auf! Das Ehrgefühl ist aus dem Treiben der Menschen verschwunden. Die Tyrannei hat, wie ich sehe, einen Höhepunkt erreicht. Papst und Fürsten halten die Bevölkerung nicht für Menschen, sondern für käufliches Vieh." Aber in diesen Briefen Mitte März scheint, bei allen Vorbehalten, die Entscheidung bereits gefallen, das, wie es nun heißt, *Novum Testamentum omne* bei Froben drucken zu lassen. Es wird kühner ausfallen als das *Instrumentum* und größere Wirkung zeitigen; Martin Luther etwa wird es als Grundlage seiner Bibelübersetzung ins Deutsche nutzen. Nicht zuletzt aber enthält es Änderungen im lateinischen Text, die seinerzeit viel mehr Aufsehen erregen als Übersetzungen des Bibeltextes in eine Volkssprache. Unter anderem findet sich hier nun eine der schönsten Belegstellen für die Hochschätzung des Erasmus für den sermo (→ S. 48), die Rede, die lebendige Sprache. Der Beginn des Johannes-Evangeliums heißt nun nicht mehr „Am Anfang war das Wort" (in principio erat verbum), sondern „Am Anfang war die Rede" (*in principio erat sermo*). Zunächst aber auf die Buchmesse nach Frankfurt, beziehungsweise genau dorthin nicht.

An Johannes Oekolampad

Erasmus grüßt seinen Oekolampad.[1] Wie hätte ich das ahnen können, mein liebster Oekolampad, dass du, ein Mann, der sich völlig allem Himmlischem verpflichtet hat, dich nach Frankfurt, in dieses schäbige Menschenwirrwarr, begeben hast? Aber da du den Beinamen Theseus anerkannt hast, wirst du dich auch als Theseus bewähren müssen. Die hebräischen Stellen, die ich auf deine Anregung hin eingefügt habe, wurden verschiedentlich angegriffen, vor allem das aus dem Annius[2] zusammengesammelte, das ich zum Lukasevangelium eingefügt habe. Ich werde noch vor Anbruch des Mai nach Basel reisen, wenn es das Räuberunwesen in Deutschland zulässt, um eine neue Ausgabe des *Neuen Testaments* zu veranstalten. Ich wünschte, auch du könntest dort sein und mit ganzer Kraft bei dieser Unternehmung helfen! Denn über Gerbel kann ich mich nicht nicht ärgern, sobald mir in den Sinn kommt, mit wie viel Hochmut und Geringschätzung er sich aufgeführt hat.[3] Hier gibt es einen

---

1 Johannes Oekolampad, der in Süddeutschland und Bologna studiert hat, ist als Humanist und Theologe den Unternehmungen des Erasmus verbunden; 1515 holt ihn Froben nach Basel, wo er am *Novum Instrumentum* und seinen Folgeprojekten mitwirkt. Ende der 1510er-Jahre zieht er nach Augsburg und Altomünster, begeistert sich immer mehr und auch öffentlich für Positionen Luthers und wird schließlich, nachdem er 1522 dorthin zurückkehrt, zum Reformator von Basel.

2 Annius von Viterbo, ein 1502 verstorbener Dominikaner und Historiker. Erasmus bezieht sich auf sein 1498 erschienenes Werk über die Apokalypse. Ansonsten ist Annius von Viterbo berühmt als Fälscher antiker Quellen.

3 Nikolaus Gerbel aus Pforzheim hat in Wien bei Konrad Celtis studiert und nach weiteren Studien in Köln und Tübingen eine Bildungsreise nach Venedig und Bologna unternommen. 1515 lässt er sich in Basel nieder, arbeitet als Kirchenjurist, unterrichtet und betätigt sich als Korrektur für Erasmus, Schürer und andere. Er tendiert schließlich entschieden in die lutherische Richtung.

Matthäus, den Lehrer von Wolfgang Capito,[4] der ordentlich mit öffentlichen Geldern angestellt worden ist, um Hebräisch zu unterrichten. Das geht bisher sehr gut. Leb wohl, mein Oekolampad, und liebe deinen Freund Erasmus, wie er dich liebt.

Löwen, den 13. März 1518

4 Wolfgang Capito aus dem Elsass kommt ebenfalls 1515 nach Basel und blüht im Umkreis Frobens, Erasmus' und der Universität, deren Rektor er 1517 wird, auf. Nach einer Zwischenzeit in Mainz und nach gewachsener Begeisterung für die Reformation geht er 1523 nach Straßburg und wird dort zum Reformator der Stadt.

Apologie des Ortswechsels

5. April 1518
(Brief Nr. 809)

Erasmus bereitet sich darauf vor, Löwen zu verlassen und nach Basel zu reisen, um mit Froben zu arbeiten. Das scheint für Theologen und Kollegen in Löwen, wo Erasmus seit Juli 1517 lebt und, von kleineren Ausflüge abgesehen, für seine Verhältnisse auch durchaus sesshaft war, ein willkommener Anlass für Kritik zu sein. Was wiederum ein willkommener Anlass für Erasmus ist, zu schreiben, was er so gerne und so oft schreibt, nämlich Apologien, also Selbstverteidigungen und Rechtfertigungen. In einem Brief an seinen alten Freund Marcus Laurinus, der am *Paedagogium Lilii* in Löwen sowie in Bologna studiert hat und derzeit in Brügge als Kanoniker wirkt, verteidigt er nicht nur seine humanistisch-christliche Position, seine übersetzerischen und quellenkritischen Bearbeitungen, die zahlreichen Überarbeitungen seiner Werke, sowie – Stein des Anstoßes und Summe all dessen – seine zweisprachige Ausgabe des *Neuen Testaments*, sondern rechtfertigt auch und vor allem seine häufigen Ortswechsel. Das viele Umherziehen, das rastlose Reisen wird ihm vorgeworfen, als sei es ein Defekt, eine Schwäche, als sei es „Unbeständigkeit". Erasmus verteidigt nicht nur seine ungewöhnliche Mobilität – er legt auch süffisant nahe, dass er noch viel mehr reisen könnte, wenn er nur allen Einladungen nachkommen würde, die ihn von hohen und höchsten Stellen erreichen. Der Brief, der einen deutlich öffentlichen und publizistischen Charakter besitzt, erscheint bereits im März 1519 gedruckt, bei Froben in Basel. Da ist Erasmus schon längst wieder woanders.

An Marcus Laurinus

Erasmus von Rotterdam grüßt seinen Marcus Laurinus. Ich habe deine Briefe erhalten oder besser gesagt deine reinen Liebesbriefe, denn so klangen sie, denn so atmeten sie. Auch ich wünsche mir nicht weniger, wieder deine Gesellschaft genießen zu können, als du die meine; und das wird uns, wie ich hoffe, nun bald erlaubt sein. Über die Beschimpfungen der Neider, die nun, nachdem sie alle anderen herabgewürdigt haben, auch mich für meine Unbeständigkeit verhöhnen, habe ich, ehrlich gesagt, gelacht, weil ich eben dergleichen Geplapper schon gewöhnt bin, aber es war dennoch ein zum Teil sardonisches Lachen. Für mich selbst sollte mir gegen solche Verleumdungen ein gutes Gewissen genügen. Aber wer sollte im Übrigen nicht unangenehm berührt sein von der verstockten und perversen Undankbarkeit solcher Leute? Niemand benötigt meine Arbeiten mehr und hat mehr Nutzen davon als diejenigen, die meine Studien derart ankläffen. Wilder und bestialischer aber kläfft niemand als diejenigen, die von dem betreffenden Buch noch nicht einmal den Einband gesehen haben. Überprüfe es einmal, lieber Marcus, und du wirst sehen, dass ich die Wahrheit sage. Solltest du auf einen von diesen Leuten treffen, dann lass ihn sich zunächst ordentlich über mein *Neues Testament* austoben; wenn er sich dann ausgekotzt hat und schon ganz heiser ist, frag ihn, ob er das Werk selbst überhaupt gelesen hat. Wenn er ein ernstes Gesicht macht und bejaht, fordere ihn auf, eine Stelle zu nennen, die ihm besonders missfällt. Du wirst keinen einzigen finden, der das kann.

Nun überlege einmal, wie christlich es ist, wie würdig für die, die den Beruf des Mönchs gewählt haben, vor dem ungebildeten, einfachen Volk den Ruf eines Menschen zu beschmutzen, den sie nicht wieder reinwaschen könnten, selbst wenn sie es wollten, und das, obwohl sie gar nicht wissen, was sie da zerrupfen. Sie denken wirklich nicht an das Wort des Paulus, dass die Lästerer das Reich Gottes nicht erben werden.[1] Keine Art der üblen Nachrede ist nämlich verbrecherischer als die vermeintlicher Häresie; aber genau das ist die Kerbe, in die sie sofort schlagen, wenn ihnen die Nase von jemandem nicht passt.

Dann aber ist es wie bei den Schweizer Landsknechten, dass, wenn nämlich einer den Finger hebt, alle einen Finger heben und es mit dem Plündern losgeht,[2] und so ist es auch bei jener Herde: Sobald einer zu grunzen anfängt, fangen sie alle zu grunzen an und wiegeln mit Geschrei das Volk auf, damit es mit dem Steinigen beginne. Dann ist es, als hätten sie ihre Gelübde vergessen, als hätten sie sich zu nichts anderem verpflichtet, als die Namen anständiger Männer mit ihren gifttriefenden Zungen zu besudeln, gerade so wie der Psalmist es prophezeit hat: „Sie schärfen ihre Zunge wie eine Schlange, Viperngift ist unter ihren Lippen."[3] So werden diejenigen, die christliche Frömmigkeit predigen sollten, zu eifrigen Feinden für die Frömmigkeit anderer; obwohl

1 1. Kor. 6,10.

2 Die Schweizer Söldner sind während der ganze Renaissance berüchtigte Soldaten; ebenso berüchtigt ist das Problem, den Beginn und vor allem das Ende des Plünderns nach einem siegreichen Gefecht zu koordinieren und zu kontrollieren.

3 Psalm 140,4.

sie sich selbst als Hierophanten geben, erweisen sie sich als Sykophanten.[4] Zudem, es ist geradezu ungeheuerlich, sind sie stammelnde Kleinkinder, wo sie segnen sollen, aber um zu beißen und zu verleumden, haben sie Sprache genug; und so machen sie zuvor um Musen und Grazien einen weiten Bogen, aber sie zeigen ihren ganze Witz, ihre ganze Anmut, wenn es darum geht, den Ruf anständiger Männer zu besudeln.

Schließlich betreiben sie auch das, was sie selbst nicht vermögen, durch Handlanger und heuern einen Choerilus[5] oder sonst einen üblen Rhetor an; so groß ist ihre Wollust, Schaden anzurichten, so groß ihr Durst nach Dingen, die so läppisch wie verbrecherisch sind. Gutes zu tun, ist äußerst schwierig, aber entspricht der Frömmigkeit; warum, wenn sie es denn schon wollen, beweisen sie nicht auf diesem Gebiet, was sie für große und bewunderungswürdige Menschen sind? Dieser Menschenschlag wäre rundum würdig, in Büchern gefeiert zu werden, damit die Nachwelt nicht übersehen kann, welche außerordentliche Perversität des Handelns und Denkens sich unter dem schönen Schein der christlichen Religion verbergen kann. Vielleicht könnte ich mich dessen annehmen, wenn ich ein wenig Mühe hineinstecken würde. Was mich aber davon abhält, ist zum Teil christliche Bescheidenheit, zum Teil die (in meinen Augen) Ungerechtigkeit, wegen der Niedertracht einiger Weniger den Ruf ganzer Orden zu schädigen, zu denen auch viele gehören, von denen ich weiß, dass ihnen die Verwegenheit jener genauso missfällt wie mir. Mir ist es lieber, jene in Betracht zu ziehen, die Frömmigkeit, Bildung und Würde besitzen, die mir für die Arbeit meiner durchwachten Nächte danken, und meine Absicht gutheißen, wenn ich sie auch nicht völlig erfüllt haben mag. Hätte ich nämlich bemerkt, dass die Mehrheit jenen Sykophanten gleicht, dann wäre nichts leichter gewesen, als einfach zu schlafen und zu schweigen und nur für Christus und mich selbst zu singen.

Schon aber werde ich wieder verhöhnt, ich sei wohl mit der ersten Ausgabe selbst nicht zufrieden gewesen, weil ich eine überarbeitete zweite vorbereite. Tun wir so, als ob das so wäre: Was gäbe es daran zu tadeln? Wenn ich mich bemühe, mich selbst zu übertreffen, tue ich dann nicht das, was Origines, Hieronymus und selbst Augustinus getan haben? Vor allem habe ich ja in der

---

4 Statt Hohepriestern der Demeter (Hierophanten), sind sie Denunzianten (Sykophanten).

5 Ein sprichwörtlich unfähiger Hofdichter Alexanders des Großen, der u.a. von Horaz als Negativbeispiel zitiert wird.

ersten Ausgabe angekündigt, dass ich das tun werde, wenn es nötig sein wird. Jetzt geht es nicht darum, aber ich plane dasselbe zu tun, was ich auch in der dritten Überarbeitung meiner *Adagia* getan habe. In der ersten Übersetzung habe ich sowieso nur wenig geändert, und zwar genau um jene nicht zu sehr zu verärgern, die allzu launisch sind; jetzt habe ich, ermutigt von gelehrten Männern, in dieser Hinsicht mehr gewagt. Diese Änderungen untermauere ich schließlich auch, indem ich die übereinstimmenden Autoritäten zahlreicher benenne, um die Einwände auch jener auszuräumen, die schwer zu überzeugen sind. Auch füge ich viele Belege hinzu, die ich in der Eile der ersten Ausgabe übergangen habe. Sollte sich hier und da etwas eingeschlichen haben, was die Gelehrten oder die Frommen vor den Kopf stößt, werde ich nicht zögern, es zu ändern; noch werde ich in Abrede stellen, dass ich ein Mensch bin.

Sie mögen die erste Ausgabe gern schmähen, wenn ich darin nicht viele Stellen erläutert habe, zu denen auch Thomas von Aquin nur dummes Zeug geredet hat, von anderen ganz zu schweigen. Wenn sie möchten, sollen sie das leugnen oder widerlegen. Sollte es offensichtlich und unbestreitbar sein, dann erkennen sie damit auch an, wie viel ihnen meine Arbeit genutzt hat; und wie viel sie auch Thomas genutzt hätte, wenn er noch leben würde. Niemand soll das, was ich gesagt habe, zu einer Schmähung des Aquinaten verdrehen. Ich stelle keinen Vergleich zwischen ihm und mir an, wenn ich auch manche Stelle erläutere, zu der er sich getäuscht hat. Was ich über Thomas gesagt habe, das kann so auch für Nicolaus von Lyra gelten, selbst für Augustinus oder Hilarius. Mögen sie das auch schmähen, so müssen sie doch zugeben, dass ich zahllose Stellen erklärt habe, die zuvor auch von nicht gerade gewöhnlichen Gelehrten nicht verstanden werden konnten.

Schlussendlich, warum verdammen diese Leute ein Werk, das der Papst, dem es gewidmet ist, nicht verdammt? Ich habe es ihm geschickt, er hat es angenommen, er hat es gelesen, er hat sich bei mir mit Briefen und auch mit Taten bedankt. Aber diese Haarspalter, die von Natur aus dumm, durch ihre Lästersucht doppelt blind sind, scheinen wohl zu glauben, ich wolle durch meine Übersetzung die allgemein gebräuchliche Fassung aus dem Verkehr drängen, die ich doch an vielen Stellen der griechischen Lesart vorziehe. In der Tat habe ich nur das übersetzt, was ich in den griechischen Handschriften gefunden habe, und in Anmerkungen ausgeführt, was ich gutheiße und was nicht. Nun, mögen sie sich vorstellen, ich hätte nichts anderes vorgehabt und die griechischen Handschriften nur deshalb übersetzt, damit es von Lesern der lateinischen Sprache, die kein Griechisch können, mit der allgemein gebräuchlichen Fassung verglichen werden könnte – was wäre es dann, was sie mir vorwerfen wollen? Tatsächlich aber zeige ich mit handfesten Argumenten, dass unser üblicher Text verderbt ist, und das ohne jede Gefahr für den Glauben. Ich zeige, dass Cyprianus, Hieronymus und Ambrosius mit den griechischen Handschriften übereinstimmen. Trotzdem brüllen jene herum, als hätte ich eine schwere Sünde begangen. Was aber soll es helfen, mein lieber Marcus, Argumente gegenüber denen zu gebrauchen, die mit Absicht ihre Augen verschließen, damit sie nichts sehen, die ihre Ohren verschließen, damit sie nichts hören? Alle ihre Einwände habe ich bereits in meinen Apologien abgehandelt, wenn sie sie nur zur Kenntnis nehmen wollten; wenn sie es nicht wollen, dann werde ich mich vergebens damit abmühen, diejenigen zufriedenzustellen, die lieber verleumden als lernen wollen.

Und jetzt wird mir von diesen gestrengen Menschen auch noch mein Mangel an Beständigkeit angekreidet, seit sie gehört haben, dass ich nach Basel gehen werde. Als ob ich zum Vergnügen nach Basel reisen werde oder je gereist bin! Ich habe den Hieronymus herausgebracht, ich habe das *Neue Testament* herausgebracht, nebst vielem anderen; um der Öffentlichkeit einen nützlichen Dienst zu erweisen, habe ich einen höchst gefährlichen Weg für nichts erachtet, habe ich Ausgaben für nichts erachtet, habe ich all die Mühsal, mit der ich einen guten Teil meiner Gesundheit und meines Lebens aufgerieben habe, für nichts erachtet. Oh Wunder, welche Unbeständigkeit, dass ich lieber nach Basel gehe als mich mit solchen Leuten zu betrinken! Sie selber rennen nach Rom und wieder zurück, fliegen durch alle Länder und Meere, aber nicht auf eigene Kosten, da sie ja ein Armutsgelübde abgelegt haben, sondern mit Geld, das sie zusammengaunern und zusammenkratzen, indem sie arme sündenbeladene Witwen verrückt machen, indem sie fromme Nonnen ausnehmen oder indem sie einfache Brüder betrügen; all das, um Männer, die sich um das christliche Gemeinwesen verdient gemacht haben, mit Schmutz zu besudeln. Und die werden für beständige und ernste Leute gehalten! Ich hingegen, der ich auf eigene Kosten, mit eigener Mühe, der Öffentlichkeit einen nützlichen Dienst erweise, soll unbeständig sein? Soll er sich doch endlich, sagen sie, eine Stadt aussuchen, um darin zu leben. Was? Hat es denn den Anschein, ich würde in einer skythischen Wildnis leben? Glauben die denn, dass jeder außerhalb der Natur steht, den sie nicht regelmäßig bei ihren Saufgelagen sehen? Ich bin dort zuhause, wo meine Bibliothek ist und mein anderes bisschen Hausrat.

Wenn der öffentliche Nutzen von mir verlangt, umzuziehen, dann sollte man, wenn ich nicht irre, mein Pflichtgefühl loben und nicht meine Unbeständigkeit verdammen. Wenn ich mich von der Notwendigkeit dieser Reise für dreihundert Goldstücke hätte loskaufen können, ich hätte die Summe nicht ungern aufgebracht; nun haben mich aber die Umstände gezwungen und so bin ich gegangen. Nie bin ich von einem Ort zum anderen gezogen, wenn es nicht darum ging, einer Seuche auszuweichen, meine Gesundheit zu pflegen oder eine ehrbare Angelegenheit zu betreiben. Einzig und allein Italien habe ich freiwillig besucht, zum Teil um wenigstens einmal die heiligen Orte gesehen zu haben, zum Teil um die Bibliotheken dieses Landes und den Umgang mit den dortigen Gelehrten zu genießen. Sollte das Unbeständigkeit gewesen sein, steht die Reue noch aus.

Inzwischen habe ich fast zwei Jahre ohne Unterbrechung hier in den Niederlanden gelebt. Es wäre mir möglich gewesen, mit glänzendsten Aussichten dem Katholischen König zu folgen. Der König von Frankreich hat mich eingeladen und mir Berge von Gold versprochen. Der so überaus menschliche König von England hat mich eingeladen, ebenso der ehrwürdige Kardinal von York, ebenso Franciscus, der jüngst verstorbene Erzbischof von Toledo. Der Bischof von Paris hat mich eingeladen und ebenso der Bischof von Bayeux, der Erzbischof von Mainz und die Bischöfe von Lüttich und Utrecht, die Bischöfe von Basel und Rochester, ebenso der Herzog von Bayern und der Herzog von Sachsen. Das ist nicht meine Erfindung, das ist eine allseits bekannte Tatsache, und zudem durch zahlreiche Briefe, die ich von den Genannten erhalten habe, belegt. Alle eben Genannten habe ich vernachlässigt und mich weiterhin um das gekümmert, was gerade auf meinem Schreibtisch lag: Und dann werde ich unbeständig genannt, weil ich das, was ich in durchwachten Nächten begonnen habe, auch wirklich zu Ende bringen will. Wenn die Tugend der Beständigkeit darin besteht, möglichst lang an ein und demselben Ort zu verharren, dann gehört das erste Lob den Felsen und den Baustämmen, gleich das nächste den Schnecken und Schwämmen. An einen anderen Ort zu wechseln, ist kein Laster; Laster ist es, es aus falschen Gründen zu tun. Lange am selben Ort zu bleiben, ist keine Tugend; Tugend ist es, ein löbliches Leben zu führen. Sokrates wird dafür gelobt, dass er stets ein anständiger Bürger von Athen geblieben ist. Platon aber wird für seine Wanderschaft nicht getadelt. Johannes der Täufer hat Judäa niemals verlassen. Christus hat gerade so die Grenzen Judäas berührt. Trotzdem würde niemand den Aposteln Unbeständigkeit vorwerfen, weil sie den ganzen Erdkreis durchstreift haben. Niemand wirft Hilarion seine Reisen vor, nur weil Paulus seine Höhle nie verlassen hat.[6]

Warum aber erinnere ich an diese Beispiele gegenüber Leuten, die gar nicht beständig in einer Stadt bleiben, sondern vielmehr sogleich Krippe und Weide wechseln und umziehen, sobald anderswo die Küche verheißungsvoller dampft und glänzt? Beständigkeit fordern sie von mir ein, weil ich nicht die letzten fünfundvierzig Jahre in ein und derselben Stadt mit ihnen gesoffen habe (nach alter Schwämme Sitte, die an einem Ort kleben und trinkend leben), weil ich nicht mit ihnen gehurt habe, nicht mit ihnen gewürfelt habe, nicht mit ihnen andere denunziert habe. Ich ziehe meine Unbeständigkeit ihrer Beständigkeit um ein Vielfaches vor. Denn ich halte es für deutlich schöner, an vielen Orten dergestalt zu leben, dass, egal wo du gelebt hast, die Besten sich freuen, wenn du zurückkehrst, anstatt stets in ein und derselben Stadt so zu leben, dass es nicht ins Gewicht fällt, ob du überhaupt gelebt hast; von einem hässlichen Leben ganz zu schweigen. Was, wenn die Gesundheit jemanden zwingt, umzuziehen – werden sie nicht jemanden entschuldigen, der an seine Gesundheit denkt? Mich verdammen sie nun dafür, dass ich den öffentlichen Nutzen an allererste Stelle setze. Verwerfen sie denn aber auch meine Werke? Sollen sie sie verwerfen, wenn das anständige und gebildete Leute gutheißen können: Niemand wird von mir dazu gezwungen, klüger zu sein als er sein will. Was aber jene angeht, mein lieber Marcus, lass uns zum Ende kommen. Lass uns die Guten lieben, wie es christlich ist, lass uns die Bösen ertragen, wenn wir sie nicht durch Wohltaten für uns gewinnen können. Irgendwann wird jeder Salatkopf seinen Mund finden. Grober Klotz und grober Keil[7] werden zusammenkommen, und „während sie ihre Zähne in Zartes senken wollen, beißen sie auf etwas Hartes."[8] Ich für meinen Teil habe weder die Muße noch die Nerven, mich mit derlei Krätze herumzuschlagen.

6 Hilarion von Gaza und Paulus von Theben waren zwei Einsiedler des 3. und 4. Jahrhunderts, deren Lebensgeschichten von Hieronymus niedergeschrieben wurden. Der Kontrast aus Mobilität und Statik wird von Erasmus auch in seiner Hieronymus-Edition hervorgehoben.

7 Vgl. *Adagia* Nr. 105.

8 Zitat nach den *Satiren* des Horaz (II.1, V.77 f.).

Wenn es für dich beschwerlich ist, möchte ich nicht, dass du herbeieilst; wenn nicht, dann wirst du hier in Zukunft überaus willkommen sein. Ich selbst, so hoffe ich, werde dich in Kürze sehen, einige Tage bei dir verbringen und mich an deiner Gesellschaft weiden, bevor ich wieder weiter muss; wenn ich aber auch wieder abreise, so wird es nicht von langer Dauer sein. Wenn ich nach Basel reise, sollte ich im kommenden Herbst wieder zurück sein; wenn nach Venedig, dann im nächsten Frühling. Dass du über meinen Diener John,[9] den ich vor einem Monat Richtung England geschickt habe, nichts gesagt hast, wundert mich, denn ich will doch meinen, dass er dir seine Aufwartung gemacht hat. Leb wohl, mein aufrichtiger Freund.

Löwen, den 5. April 1518

9 Von Antwerpen aus schickt Erasmus etwa Mitte Februar seinen Diener John Smith nach England, um Briefe zu überbringen und Unterlagen von Peter Vannes, einem Verwandter des Andrea Ammonio (→ S. 77), zurückzuholen.

Von Basel nach Löwen

Oktober 1518
(Brief Nr. 867)

Mit den ersten Tagen im Mai 1518 bricht Erasmus, so lässt es sich aus seinen Briefen rekonstruieren, von Löwen über Köln nach Basel auf, für einen Arbeitsbesuch. Für die etwas über 600 Kilometer lange Strecke benötigt er knapp zwei Wochen, er kommt am 13. Mai in Basel an. Das bedeutet – er ist zu Pferde, zu Schiff und zu Fuß unterwegs – ein erhebliches Durchschnittstempo von fast 50 Kilometern pro Tag. Im Spätsommer reist er die Strecke wieder zurück und das kaum langsamer, obwohl er mit gesundheitlichen Beschwerden zu tun hat: Um den 3. September startet er in Basel und kommt via Straßburg, Speyer, Mainz, Koblenz, Köln, Aachen und Maastricht am 21. in Löwen an. Dass Erasmus die Hin- und Rückreise im Sommer 1518 in fast gleicher Geschwindigkeit bewältigt, ist erstaunlich, und zwar aus einem Grund, der für heutige Reisende keine Bedeutung mehr besitzt: die Fließrichtung des Rheins. Für die Reise stromabwärts genügt ein Floß; stromaufwärts hingegen bedarf es der Technik und der Infrastruktur, mindestens jedenfalls braucht man Segel und Treidelpfade, also Uferwege, von denen aus Zugtiere die Schiffe flussaufwärts nach Süden schleppen können.

Über die Rückreise von Basel nach Löwen, die voller Überraschungen und Übelkeiten steckt und mit einer realsatirischen Fehldiagnose endet, hat Erasmus einen langen Brief an seinen Freund Beatus Rhenanus (→ S. 87) adressiert. Er schreibt ihn, während er sich von den Strapazen des Weges erholt und sich im Haus eines anderen Freundes, des Buchdruckers Dirk Martens, auskuriert. Wann genau der Brief verfasst wurde, ist nicht bekannt, aber wir wissen, dass er am 22. Oktober losgeschickt wird. Der Brief, der wiederum südwärts Richtung Basel reist, wird offen versandt, damit der Bote ihn mehreren Freunden zeigen kann, die er unterwegs vielleicht antrifft, zudem geht eine Abschrift des Briefes in ähnlicher Weise und gleichzeitig in Richtung England ab. Bereits im folgenden Jahr 1519 erscheint der Brief, bei Froben gedruckt, in der Sammlung *Farrago nova epistolarum Erasmi*, etwa „Durcheinander neuer Briefe des Erasmus". Er ist damit nicht nur ein detailliertes Reisetagebuch, sondern auch ein wunderbares Beispiel für den halb privaten, halb öffentlichen Charakter, den Briefe in der Renaissance besitzen.

An Beatus Rhenanus

Erasmus grüßt seinen Rhenanus. Empfange hiermit, mein lieber Beatus, die ganze Tragikomödie meiner Reise. Wie du weißt, war ich noch ziemlich schlapp und lustlos, als ich in Basel aufbrach, denn ich hatte mich noch nicht mit dem Klima angefreundet, nachdem ich mich so lange im Haus verborgen gehalten hatte, und war darüber hinaus seit geraumer Zeit überarbeitet. Die Fahrt mit dem Schiff war nicht unangenehm, abgesehen davon, dass um die Mittagszeit die Sonne heiß und etwas lästig schien. In Breisach nahmen wir eine Mahlzeit zu uns, wie ich noch keine unerfreulichere erduldet habe. Dampf und Gestank waren zum Sterben, noch schlimmer aber waren die Fliegen. Wir saßen mehr als eine halbe Stunde tatenlos bei Tisch, während die Wirtsleute ihr eigenes, wenn man das so sagen kann, Festmahl zurechtmachten. Schließlich wurde nichts aufgetragen, was man hätte essen können; schäbige Mehlsuppen, Fleischklumpen, nicht zum ersten Mal aufgewärmter Stockfisch, einfach zum Kotzen. Zu Gallinarius bin ich nicht gegangen.[1] Jemand erzählte mir, dass er gerade ein Fieber habe, und fügte noch diese hübsche Geschichte hinzu: Jener franziskanische Theologe, mit dem ich mich über Wortungetüme gestritten hatte, hatte einige liturgische Kelche auf eigene Rechnung verpfändet. Das ist doch erhabener Scotismus![2] Als der Abend dämmerte, wurden wir in einem nasskalten Kaff ans Ufer geworfen; nach dessen Namen habe ich mich gar nicht erkundigt, und wenn ich ihn wüsste, wollte ich ihn nicht hinschreiben. Der Ort war fast mein Tod. Das Abendessen nahmen wir in einem nicht besonders großen, aber dafür völlig überheizten Zimmer ein, gemeinsam mit mehr als sechzig anderen Leuten, glaube ich, sämtlich einfachster Bodensatz, und das um zehn Uhr. Oh was für ein Gestank, was für ein Lärm, besonders als der Wein die Gesellschaft erhitzt hatte! Und doch musste ich da sitzen und meine Uhr nach ihnen einrichten.

Am frühen Morgen als es noch dunkel war, wurden wir vom Geschrei der Bootsleute aus den Federn gescheucht. Ohne gegessen oder geschlafen zu haben ging ich an Bord. Straßburg erreichten wir vor dem Mittagessen, gegen

1 Der Humanist und Geistliche Johannes Gallinarius lehrt an der berühmten Schule in Schlettstadt, bevor er 1516 Prediger in Breisach wird.

2 Johannes Duns Scotus war einer der bedeutendsten franziskanischen Theologen des 13. Jahrhunderts.

neun Uhr. Dort geriet unsere Aufnahme deutlich bequemer, vor allem weil Schürer den Wein bereitstellte.[3] Ein Teil der literarischen Gesellschaft war bereits da, nach und nach kamen sie alle, um mich zu begrüßen, und keiner war dabei geschäftiger als Gerbel.[4] Gebwiler und Rudolfinger ließen mich rein gar nichts bezahlen, eine Großzügigkeit, die bei ihnen nichts Neues ist.[5] Von hier aus ging es zu Pferde weiter nach Speyer; nirgends sahen wir auch nur den Schatten eines Soldaten, obwohl schreckenerregende Gerüchte die Runde machten. Mein englisches Pferd verweigerte schlichtweg den Dienst und kam kaum bis nach Speyer; dieser Verbrecher von einem Schmied hatte es so übel behandelt, dass ihm beide Ohren mit glühendem Metall versengt worden waren. In Speyer schlich ich mich aus dem Wirtshaus davon und flüchtete mich zu meinem Freund Matern, der in der Nähe wohnte.[6] Der Domdekan, ein gelehrter und menschlicher Mann,[7] nahm mich dort für zwei Tage liebenswürdig und gesellig auf. Zufällig begegnete ich dort auch Hermann von dem Busche wieder.[8]

---

3 Matthias Schürer, ein humanistischer Buchdrucker aus Schlettstadt und Teil des Freundeskreises, dem auch Erasmus und Rhenanus angehören. Er studiert in Krakau und ist ab 1500 in Straßburg als Drucker aktiv, ab 1508 mit eigener Werkstatt. Er veröffentlicht Klassiker und Zeitgenossen, darunter nicht zuletzt Erasmus, von dem er zwischen 1509 und seinem Todesjahr 1519 fünfzehn Werke in zahllosen Auflagen druckt, allein zwischen 1514 und 1519 sechs Auflagen des erfolgreichen Rhetoriklehrbuches *De duplici copia verborum ac rerum*.

4 Nikolaus Gerbel, den Erasmus als Korrektor nur bedingt schätzt (→ S. 128).

5 Hieronymus Gebwiler hat in Basel studiert, ist ebenfalls Lehrer in Schlettstadt und kommt 1509 nach Straßburg, wo er bis 1524 wirkt; er ist entschieden katholisch. Der Schweizer Johannes Rudolfinger, Vikar der Kathedrale von Straßburg, der er seine Büchersammlung vermacht, ist vor allem als Musiker berühmt.

6 Matern Hatten alias Reuß, Humanist und Geistlicher, studiert in Leipzig und ist seit 1495 Vikar am Dom seiner Heimatstadt Speyer. Von diesem Posten wird er als entschlossener Lutheraner 1527 entfernt, woraufhin er nach Straßburg übersiedelt.

7 Thomas Truchseß von Wetzhausen, ein humanistisch geprägter Kleriker, der im selben Jahr 1518 auch Johannes Reuchlin zu sich eingeladen hat; über dessen *Augenspiegel* hat er im Auftrag des Papstes Leo X. ein sehr positives Gutachten geschrieben.

8 Aus Westfalen, studiert in Deventer, Heidelberg und mehrere Jahre in Italien, bevor er als Lehrer eine ausdauernde *peregrinatio academica* zwischen Paris und Greifswald beginnt. Auch er steht auf Seiten Reuchlins, beteiligt sich an den *Dunkelmännerbriefen*, und erhält 1527 als Anhänger Luthers einen Ruf an die soeben als erste protestantische Hochschule gegründete Universität Marburg.

Von hier aus ging es in einem Wagen nach Worms und von dort weiter nach Mainz. Durch einen Zufall reiste mit demselben Wagen ein Sekretär des Kaisers namens Ulrich Varnbüler, man könnte auch sagen *filix collis.*[9] Er bemühte sich auf dem ganzen Weg unglaublich herzlich um mich, ließ auch in Mainz nicht zu, dass ich in ein Gasthaus ging, sondern führte mich in das Haus irgendeines Kanonikers und begleitete mich bei meiner Abreise bis zum Schiff. Nicht unangenehm war die Fahrt, dem guten Wetter sei Dank, aber die Bootsleute gaben sich erfolgreich Mühe, dass sie sehr lange dauerte. Zudem war der Gestank der Pferde erheblich. Am ersten Tag genoss ich die Gesellschaft von Johannes Longicampius, der mir diesen Gefallen tat, und eines Juristen, der mit ihm befreundet war; Johannes hatte vor einiger Zeit in Löwen unterrichtet.[10] Mit von der Partie war auch ein Pater Johann aus Westfalen, ein Kanoniker des Stifts St. Viktor vor Mainz, ein überaus gemütlicher und lustiger Mensch.

Als wir in Boppard anlegten und uns am Ufer die Beine vertraten, während das Schiff überprüft wurde, erkannte mich irgendwer, zeigte mich dem Zöllner und rief: „Schaut, wer da ist!" Der Name des Zöllners war Christopherus Cinicampus, wenn ich nicht irre, in der Volkssprache also Eschenfelder.[11] Es ist unmöglich zu sagen, wie sehr der Mann außer sich war vor Freude. Er

9 Aus Sankt Gallen, wird nach Studien in Basel Leiter der Kanzlei am Reichskammergericht in Speyer. 1515 übersetzt er als Erster einen Text des Erasmus ins Deutsche, nämlich den Essai *Dulce bellum inexpertis* (= *Adagia* Nr. 3001) als *Der krieg ist lustig den vnerfarnen*; der Text erscheint 1519 bei Andreas Cratander in Basel im Druck. Für Erasmus und seinen Verleger Froben organisiert er Druckprivilegien beim Kaiser. 1522 portraitiert Albrecht Dürer Varnbüler in einem seiner berühmtesten Holzschnitte, den bereits Erasmus sehr lobt. Das lateinische Wortspiel, mit dem Erasmus den kaiserlichen Sekretär vorstellt, formuliert einen potentiellen latinisierten *nom de guerre*, wie ihn die Humanisten lieben: *filix* bedeutet „Farn", *collis* „Bühl", „Hügel".

10 Der Bayer Johannes Longicampius kommt 1516 aus Löwen nach Basel, wo er Erasmus besucht und von ihm weiterempfohlen wird. Er geht schließlich nach Wittenberg, wo er durch die Unterstützung Philipp Melanchthons den Lehrstuhl für Mathematik erhält.

11 Aus der Begegnung mit Eschenfelder, Zöllner an der Grenze des Erzbistums Trier, entwickelt sich eine lebenslange Bekanntschaft und Brieffreundschaft; Erasmus gibt zahlreichen Freunden Empfehlungsschreiben an Eschenfelder mit, erhält Gefallen und gibt Gefallen zurück: Eschenfelder beherbergt Humanisten wie Ulrich von Hutten und Albrecht Dürer bei sich bzw. erlässt ihnen den Zoll; Erasmus hingegen widmet ihm 1536 sein letztes vollendetes Werk, *De puritate tabernaculi sive ecclesiae christianae*, eine Auslegung des Psalms 15.

zog mich sofort mit in sein Haus. Auf seinem Tisch lagen unter den Zollformularen einige meiner Bücher. Er schrie vor Freude, er rief seine Kinder herbei, rief seine Ehefrau, rief alle seine Freunde zusammen. Als die Bootsleute lauthals drängelten, schickte er ihnen zwei Kannen Wein, als sie weiter schrien, schickte er zwei weitere und versprach schließlich, den Mann, der ihm einen solchen Gast gebracht hatte, auf der Rückfahrt vom Zoll zu befreien. Von hier aus wurden wir bis Koblenz von Doktor Johann Flaming[12] aus Gefälligkeit begleitet, der einem Nonnenkloster vorsteht und ein Mann von engelsgleicher Unschuld ist, von gründlichem und nüchternem Urteil, von nicht selbstverständlicher Bildung. In Koblenz nahm mich Doktor Matthias,[13] ein Amtmann des Bischofs, in sein Haus auf; er ist ein junger Mann, aber wirkt schon sehr gesetzt, er spricht ein sehr genaues Latein und ist durch und durch Rechtsgelehrter. Da hatte ich ein recht lustiges Abendessen.

In Bonn verließ uns jener Kanoniker Johann, um die Stadt Köln zu meiden. Ich hätte die Stadt gerne selbst gemieden,[14] aber mein Diener war bereits mit den Pferden dorthin vorausgegangen, und im Schiff war niemand verlässliches, den ich mit der Aufgabe hätte betrauen können, ihn wieder zurückzurufen; und den Bootsleute vertraute ich nicht. Daher kamen wir frühmorgens, noch vor sechs Uhr, an einem Sonntag nach Köln. Luft und Wetter waren seuchenschwanger. Ich betrat ein Gasthaus und trug den Dienern des Wirtes auf, mir einen zweispännigen Wagen zu mieten und ein Essen für zehn Uhr vorzubereiten. Dann hörte ich die Messe, die Mahlzeit verschob sich. Kein Erfolg mit dem Wagen. Ich versuchte, ein Pferd zu mieten, denn meine Pferde waren nutzlos. Kein Erfolg. Ich begriff, worum es hier ging: Sie verfolgten die Absicht, mich hier festzuhalten. Unverzüglich gab ich Befehl, meine eigenen Pferde zu satteln und ließ eines von ihnen mit meiner Tasche beladen; ein

---

12 Ein Dichter und Freund des Eobanus Hessus, der bis Ende der 1520er-Jahre in Boppard lebt.

13 Matthias von Saarburg, der in Bologna studiert hat, ist Amtmann des Erzbischofs von Trier in Koblenz, an dessen Hof er weiter Karriere macht. Er unterstützt zahlreiche Gelehrte und Buchdrucker mit Büchern und Manuskripten und ist 1521 erneut der beflissene Gastgeber des Erasmus.

14 Grund ist die Pest: Noch einen Monat später vermeidet es Eobanus Hessus aus diesem Grund, die Stadt zu betreten.

weiteres vertraute ich meinem Wirt an, und so legte ich auf meinem lahmen Pferd den Weg zum Grafen von Neuenahr[15] zurück. Es war ein Weg von fünf Stunden. Jener war in Bedburg.

Bei ihm verbrachte ich fünf überaus angenehme Tage, und das in solcher Ruhe und Muße, dass ich mit einem guten Teil der geplanten Überarbeitung fertig wurde; denn ich hatte jenen Teil des *Neuen Testamentes* bei mir.[16] Oh mein Beatus, ich wünschte, du würdest diesen Mann kennen! Er ist noch jung, aber besitzt eine seltene Klugheit, die gemeinhin auch den Greisen fehlt; er spricht nur wenig, dann aber, wie Homer von Menelaos sagt, „nur fliegende Worte voll Inhalts"[17], also sinnige; gebildet in mehr als einer Disziplin, ohne eingebildet zu sein; rundum freimütig und dem Freund ein Freund. Schon fühlte ich mich wieder erholt und gestärkt, schon gefiel ich mir wieder selbst und freute mich darauf, bei Kräften zu sein, um den Bischof von Lüttich zu treffen und zu meinen Freunden in Brabant zurückzukehren. Was für Feste, was für Zusammenkünfte, was für Gespräche versprach ich mir da! Ich beschloss, im Fall eines milden Herbstes nach England zu gehen und die Angebote anzunehmen, die der König mir schon so oft gemacht hatte. Aber oh wie trügerisch sind die Hoffnungen der Sterblichen! Wie plötzlich und unerwartet wandelt sich für die Menschen alles! Aus diesen glückseligen Träumereien stürzte ich kopfüber in die übelste Katastrophe.

Für den nächsten Tag war ein zweispänniger Wagen gemietet worden. Der Graf, der mich nicht am Vorabend schon verabschieden wollte, kündigte an, mich am frühen Morgen vor meiner Abreise noch einmal zu sehen. In dieser Nacht erhob sich eine Art Sturm von wilden Winden, der sich tags zuvor bereits angekündigt hatte. Nichtsdestotrotz stand ich nach Mitternacht auf, um noch etwas für den Grafen zusammenzuschreiben; und als der Graf zur sieb-

15 Hermann von Neuenahr der Ältere, der in Köln, Bologna und Ferrara studiert hat und als hoher Diplomat u. a. für das Erzstift Köln tätig ist. 1520 assistiert er bei der Königskrönung Karls V. im Dom von Aachen, ab 1524 ist er Kanzler der Universität Köln. Er steht in Kontakt mit zahlreichen Humanisten am ganzen Rhein, schreibt vermutlich an den *Dunkelmännerbriefen* mit, und ist als Autor und Herausgeber auch selbst humanistisch tätig. Er ist Widmungsträger unzähliger Werke.

16 Die genannten bearbeiteten Korrekturabzüge des *Neuen Testaments* gehen Mitte Oktober mit dem gleichen Boten Richtung Basel, der auch diesen Brief dabei hat.

17 Homer, *Ilias* III, 214.

ten Stunde immer noch nicht erschienen war, schickte ich jemanden, um ihn aufzuwecken. Er kam und fragte in seiner bescheidenen und zurückhaltenden Art, ob ich wirklich entschlossen sei, bei diesem schrecklichen Wetter aufzubrechen. Er machte sich Sorgen um mich. Da, mein Beatus, raubte mir ich weiß nicht welcher Jupiter oder böse Geist nicht nur, wie Hesiod sagt, die Hälfte meiner Besinnung, sondern meinen vollständigen Verstand; denn die Hälfte meiner Besinnung war mir schon genommen, als ich mich nach Köln hineingewagt hatte. Wenn er nur mit etwas mehr Nachdruck seinen Freund gewarnt oder ich auf seine freundschaftliche Warnung besser gehört hätte! Die Gewalt des Schicksals riss mich fort; was soll ich sonst sagen? Ich stieg in den offenen Wagen, während ein Wind blies, „wie er auf hohen Bergen / die zitternden Eichen zerfetzt."[18] Es war ein Südwind, aber doch atmete er die reine Pestilenz. Ich dachte, durch das Gewand, in das ich mich gewickelt hatte, ausreichend geschützt zu sein, aber die Gewalt dieses Windes drang überall hin. Gegen Abend kam ein leichter Regen hinzu, der noch pestilenzialischer war als der Wind, der ihn gebracht hatte; als ich in Aachen ankam, war ich völlig erschöpft vom Schwanken des Wagens über die unruhige Straße, das für mich so eine Belastung war, dass es auf einem lahmenden Pferd wohl angenehmer gewesen wäre. Ein Kanoniker,[19] dem mich ein Brief des Grafen empfohlen hatte, holte mich aus dem Gasthof und brachte mich in das Haus des Kantors. Dort fand ich einige Kanoniker beisammen, die sich gerade betranken wie es Sitte ist. Ich hatte, nach einem ausgesprochen sparsamen Mittagessen, großen Hunger, aber bei denen gab es nichts mehr außer Karpfen, und der war kalt. Ich fraß mich voll. Bis spät in die Nacht wurde gesoffen. Ich aber entschuldigte mich bald und ging zu Bett, da ich die Nacht zuvor nur sehr wenig geschlafen hatte.

Am nächsten Tag wurde ich in das Haus des Vizeprovosts gebracht,[20] denn nun war er an der Reihe. Dort gab es keinen Fisch außer Aal (woran das

---

18 Ein Zitat aus einer *Epode* des Horaz (10, V.7 f.) über einen heftigen Meeressturm, der jemandem an den Hals gewünscht wird.

19 Vermutlich der Kanoniker und spätere Dekan Johann Schönraid, in dessen Haus der entkräftete Erasmus bei der Weiterreise sein Schwert vergisst, wie einem Brief des Lambert Hollonius an Erasmus vom 5. Dezember 1518 zu entnehmen ist.

20 Werner Huyn van Amstenrade, aus einem luxemburgischen Adelsgeschlecht und seit Januar 1517 Vizeprovost am Aachener Dom.

stürmische Wetter schuld war, denn für gewöhnlich hielt er eine glänzende Tafel), und so aß ich mich an luftgetrocknetem Fisch satt, den die Deutschen *Stockfisch* nennen – nach dem Werkzeug, mit dem man ihn schlägt. Für gewöhnlich esse ich das ganz gerne, aber mir fiel auf, dass manche Teile davon noch roh waren. Nach dem Essen, als das Wetter immer noch die reinste Pestilenz war, zog ich mich doch in den Gasthof zurück. Ich befahl, ein tüchtiges Feuerchen anzuzünden. Der Kanoniker, ein äußerst menschlicher Mann, unterhielt sich mit mir für etwa eineinhalb Stunden. Währenddessen begann mein Magen bereits, mir übel mitzuspielen; als es nicht aufhörte, schickte ich den Mann fort, und begab mich auf die Latrine, um meinen Bauch zu entleeren. Noch bevor sich mein Darm so erleichtert hatte, steckte ich mir zusätzlich ein ums andere Mal den Finger in den Hals: Zum Vorschein kam der rohe Fisch und nichts außer diesem spukte ich aus. Nach der Kotzerei legte ich mich hin und schlief zwar nicht, aber ruhte doch aus, ohne im Kopf oder im Körper Schmerzen zu haben. Anschließend musste ich mit dem Fuhrmann über mein Gepäck verhandeln und wurde schließlich wieder zum allabendlichen Saufgelage eingeladen. Ich ließ mich entschuldigen, hatte aber keinen Erfolg damit. Ich wusste, dass mein Magen außer einem lauwarmen Süppchen nichts behalten würde. Denn dasselbe war mir schon einmal in Basel geschehen, als ich mich eines Nachts, durch einen Anfall des Phlegmas von Magenschmerzen gequält, in ähnlicher Weise erleichtert hatte: Es hatte einen Monat gedauert, bis mein Magen wieder irgendeinem Gericht seine Gnade erweisen konnte. Diesmal war prachtvoll aufgetischt worden, aber ich hatte nichts davon. Nachdem ich meinen Magen mit einem Süppchen besänftigt hatte, begab ich mich wieder nach Hause; ich schlief nämlich an diesem Abend beim Kantor. Ich trat ins Freie und mein ganzer, ganz leerer Körper erschauderte unter dem Wetter dieser Nacht. Es war eine grauenvolle Nacht.

Am nächsten Morgen nahm ich wieder etwas lauwarmes Bier und einige Bissen Brot zu mir, und bestieg mein Pferd, das kränklich war und lahmte; entsprechend war der Ritt noch unbequemer. In Anbetracht des Zustands, in dem ich mich befand, war es eigentlich ein besserer Plan, im warmen Bett zu bleiben, als sich aufs Pferd zu schwingen. Aber nichts ist rauer, freudloser und unfruchtbarer als diese Gegend, und entsprechend ist die Bevölkerung nirgends träger. Also fand ich es besser, das Weite zu suchen. Die Gefahr durch Räuber war hier äußerst groß, aber die Angst vor ihnen war durch das Übel meiner Krankheit verdrängt.

Schon als ich noch in Basel gewesen war, hatte ich, als ich mich, der Gewohnheit folgend, in der Leistengegend kratzte, um etwas Bewegung in meine Verdauung zu bringen, etwas zu fest gekratzt und unter der linken Hüfte die Haut mit dem Fingernagel aufgerissen. Dasselbe geschah nun an der rechte Hüfte, aber ohne Schmerz, ohne eitrige Entzündung. Die wunde Stelle an der linken Hüfte war durch den zweitägigen Ritt von Straßburg nach Speyer leicht entzündet, aber ich spürte davon nur etwas, wenn ich fest dagegen lehnte. Durch den jetzigen Ritt aber entzündete sich die neue Wunde sehr, weil genau der Sattel darauf drückte, dass rings um die Stelle alles brannte. Zusätzlich begann die Stelle an der linken Leiste anzuschwellen, aber so, dass sich die Haut ringsum noch bewegen ließ und es nicht zu sehr schmerzte. Darüber hinaus bildete sich oberhalb der linken Leiste eine Art verhärtete Geschwulst, die aber weder wehtat noch sich entzündete. Auch waren diese Körperteile während des Ritts nicht ausreichend gegen den Wind geschützt.

So legte ich also vier Meilen zurück und kam nach Maastricht. Dort tat ich meinem Magen mit einem Süppchen etwas Gutes, stieg dann wieder aufs Pferd und machte mich auf den Weg nach Tongeren; eine Ortschaft, die etwa drei Meilen entfernt ist. Dieser letztgenannte Ritt war der mit Abstand anstrengendste und schmerzvollste für mich. Das Pferd hatte einen seltsamen Schritt, was meine Nieren quälte. Zu Fuß zu gehen, wäre erträglicher gewesen, aber ich hatte Angst, in Schweiß auszubrechen, und es bestand die Gefahr, in offener Landschaft von der Nacht überrascht zu werden; so kam ich, mit unvorstellbaren Schmerzen im ganzen Körper, besonders in den Nieren und in der Leber, in Tongeren an. Schon hatten der Mangel an Nahrung und noch obendrein all die Qual dazu geführt, dass mein Körper nicht mehr konnte; ich vermochte weder sicher zu stehen noch richtig zu gehen. Meine Zunge, die noch ihren Dienst tat, nutzte ich dazu, den Ernst meines Zustandes zu überspielen. Ich wärmte meinen Magen mit einem Biersüppchen und ging ins Bett.

Am Morgen befahl ich, einen überdachten Zweispänner zu mieten. Die Straße war so steinig und holperig, dass es mir besser schien, auf ein Pferd umzusteigen, bis sie gerade wäre. Ich stieg also auf das größere der Pferde, in der Hoffnung, dass es bequemer und sichereren Schrittes über die Steine gehen würde. Ich war kaum aufgestiegen, da zog sich durch das kalte Wetter eine Art trüber Schleier vor meine Augen, und ich verlangte nach einem Mantel. Was ich stattdessen bekam, war ein Ohnmachtsanfall. Es brauchte nur eine Berührung mit der Hand, um mich wieder zu wecken. Mein Begleiter

Johannes[21] und die anderen Mitreisenden ließen mir, der ich auf dem Pferd saß, alle Zeit, um wieder zu mir zu kommen. Wieder ganz wach, steige ich wieder in den Wagen. Kurze Zeit später spüre ich Bewegung in meinen Eingeweiden; ich steige aus, ich entleere mich und schon kommt etwas Gesichtsfarbe und Lebensfreude zurück. Wir befanden uns bereits in der Nähe von Sint-Truiden. So wechselte ich wieder auf ein Pferd, damit man mich nicht im Wagen sehen und für krank halten würde. Wieder verursachte das abendliche Wetter mir ziemliche Übelkeit, aber nicht so sehr, dass ich ohnmächtig geworden wäre. Dem Fuhrmann bot ich doppelten Lohn, wenn er mich am nächsten Tag bis nach Tienen fahren würde, eine Ortschaft sechs Meilen von Tongeren. Er schlug ein. Mein Gastgeber, den ich gut kannte, erzählte mir, wie sehr sich der Bischof von Lüttich gegrämt hatte, dass ich ohne Abschied nach Basel aufgebrochen war. Meinen Magen wärmte ich mit einem Süppchen und ging ins Bett. Es war eine unfassbar grauenvolle Nacht, und das vor allem wegen der schmerzhaften Wunde an der linken Hüfte; so sehr quälte mich das verdorbene und gestockte Blut. Dann hatte ich das Glück, einen Vierspänner zu ergattern, der nach Löwen fuhr, und schwang mich hinein. Die Fahrt war eine unglaubliche Beschwerlichkeit, kaum zu ertragen; aber wie auch immer, an jenem Abend kamen wir um sieben Uhr in Löwen an.

Ich hatte beschlossen, nicht zu mir nach Hause zu gehen, einerseits weil ich vermutete, dass die Zimmer eiskalt sein würden, andererseits weil ich dem Kollegium keine Unannehmlichkeiten bereiten wollte, sollten irgendwelche Gerüchte über mich und die Pest in Umlauf kommen. Also ging ich zu Dirk, dem Buchdrucker,[22] einem treuherzigen Freund, mit dem alleine ich selig sein konnte, wenn die Dinge nach Wunsch laufen sollten. In jener Nacht war das größte Geschwür an der Hüfte ohne mein Wissen aufgebrochen und die Schmerzen ließen schon nach. Am nächsten Tag schickte ich nach einem

21 Johannes Hovius arbeitet als Kopist und Korrektor bei Froben und tritt vor dieser Reise in den Dienst des Erasmus; vermutlich bleibt er, wie Erasmus, bis 1521 in Löwen. Ab 1524 versucht er, mit Empfehlungen seines Herrn versehen, sein Glück in Rom.

22 Dirk Martens aus Aalst lernt das Druckhandwerk in Treviso und eröffnet 1473 seine erste eigene Werkstatt. Nach Stationen in Aalst, Löwen und Antwerpen lässt er sich 1512 erneut in Löwen nieder. Er verfolgt ein humanistisches Programm, druckt als erster in den Niederlanden griechische Lettern und verlegt auch Unterrichtsmaterial für das Collegium Trilingue sowie zahlreiche Werke des Erasmus. Sein berühmtester Druck ist zweifellos die Erstausgabe von Thomas Morus' *Utopia* (1516).

Chirurgen. Er versorgte mich mit Umschlägen. Inzwischen hatte ich schon ein drittes Geschwür bekommen, und zwar am Rücken, wofür einer meiner Diener verantwortlich war, der mich in Tongeren mit Rosenöl gegen meine Nierenschmerzen massiert und dabei mit seinen schwieligen Fingern eine Rippe zu hart bearbeitet hatte. Die Stelle hatte sich in der Folge entzündet. Auch unter meiner rechten Brustwarze entstand eine harte, bewegliche Schwellung; sie entzündete sich aber nicht und verschwand schließlich von selbst. Auf dem Weg nach draußen sagte der Chirurg heimlich zu Dirk und meinem Diener, dass es die Pest sei; er würde weitere Umschläge und Wickel schicken lassen, aber selbst nicht mehr zu mir kommen. Ich schickte meinen Urin zu einigen Ärzten, die keinerlei Erkrankung feststellten; ich holte noch andere Meinungen ein, sie bestätigten mir dasselbe. Ich schickte nach dem Juden,[23] und der bekundete in Anbetracht meines Urins, dass er selbst gerne so gesund wäre wie ich es sei. Als der Chirurg am nächsten und am übernächsten Tag nicht zurückkam, fragte ich Dirk, was der Grund dafür sei. Er brachte irgendeine Entschuldigung vor. Ich vermutete schon, worum es ging. „Was denn", sagte ich, „meint er also, es ist die Pest?" „Genau das", sagte er, „war sein Befund, er ist überzeugt, dass da drei Beulen sind." Ich lachte mich schlapp und verschwendete keinen einzigen Gedanken an die Pest.

Einige Tage später kam der Vater des genannten Chirurgen zu mir, untersuchte mich, urteilte gleichlautend und versicherte mir geradewegs ins Gesicht, dass es sich um einen waschechten Fall von Pest handele. Allerdings konnte auch er mich nicht davon überzeugen. Ich schicke nach einem anderen, sehr namhaften Chirurgen. Er untersucht mich und sagt dann, da er ein eher grober Kerl war: „Ich würde ohne Sorgen mit dir in einem Bett schlafen und, wenn du eine Frau wärst, etwas mit dir anfangen." Genauso dachte der Jude. Ich schickte

---

23 Nach einer Anmerkung in der Druckfassung des Briefs in der *Farrago nova epistolarum Erasmi* handelt es sich um den Gelehrten Matthäus Adriani, einen aus Spanien stammenden getauften Juden. Adriani wird kurz nach der Jahrhundertwende in Venedig fassbar, wo er, bereits Doktor der Medizin, für Aldo Manuzio an hebräischen und griechischen Sprachlehren arbeitet; dort scheint ihn Erasmus kennengelernt zu haben. Er wirkt in Tübingen, Straßburg und vor allem in Basel, wo er eine große Zahl Humanisten unterrichtet. 1517 wird er von Erasmus ans Collegium Trilingue nach Löwen geholt, ab 1520 lehrt er an der Universität Wittenberg. Nachdem er sich dort schnell mit Luther überwirft, verliert sich seine Spur.

nach einem weiteren Arzt, der hier in Löwen einen sehr guten Ruf genießt, gute Ärzte nämlich sind in dieser Gegend eine Seltenheit. Ich frage ihn, ob es in meinem Urin Anzeichen für eine Krankheit gäbe; er verneint. Ich erzähle ihm von den Geschwülsten und füge hinzu, dass ihr Ursprung nicht in der Pest liegt. Sie waren weder neu noch plötzlich entstanden. Die Schwellungen waren anfangs beweglich; die an der linken Hüfte sogar beständig. Kein Fieber, keine Kopfschmerzen außer durch das Gerüttel der Reise, keine Schläfrigkeit, der Gaumen beständig in bester Form; das Erbrechen war nicht natürlich, sondern von mir herbeigeführt gewesen, und es war nichts herausgekommen außer dem Fisch. Sobald ich den los war, beruhigte sich mein Magen; dass ich danach keine Lust zu essen hatte, lag einfach an mir. Mein Urin zeigte keine Spur von Pest. Er hörte sich das und noch weiteres mutig an: Aber sobald ich das Geschwür erwähnte, spürte ich sofort, wie er es mit der Furcht bekam. Ich gebe dem Arzt eine Goldmünze und er verspricht, nach der Essenszeit wieder zu mir zu kommen. Er war so angsterfüllt durch meine Erzählung, dass er stattdessen einen Diener schickte. Den weise ich ab, und voller Zorn auf die Ärzte vertraue ich mich dem Arzt Christus an.

Mein Magen war nach drei Tagen durch Hühnchenfleisch und Wein aus Beaune wiederhergestellt. Unverzüglich widmete ich mich wieder den Studien und brachte die Arbeit zu Ende, die am *Neuen Testament* noch blieb. Siebzehn Tage später löste sich schwarzes und abgestorbenes Fleisch von meinen Wunden ab; die Chirurgen hatten vorhergesagt, dass das geschehen würde. Die Schwellung an meiner linken Hüfte begann zu wachsen, was zwar nicht schmerzte, mir aber große Furcht einjagte. Dann beginnt ein lächerlicher Verdacht in meinem Geist aufzukommen, der sich hoffentlich als falsch erweisen wird, dass dieses Übel nämlich von der Berührung mit meinem Pferd herrührt. Hin und wieder nämlich hatte ich mit bloßer Hand Fliegen von dem Geschwür verscheucht; und danach zufällig jene Stellen an meinem Körper berührt, während ich Wasser ließ oder ein Hemd anzog. Der Chirurg sagte mir aber sehr überzeugt, dass ich mir darüber keine Sorgen zu machen brauchte. Inzwischen ist das Geschwür weicher und etwas kleiner geworden, wenn es sich auch nicht mehr bewegen lässt. Von den Geschwülsten geht keine Gefahr mehr aus, die Schwellung auf meiner rechten Brust ist von selbst verschwunden.

Bei Dirk erholte ich mich etwa vier Wochen lang, dann kehrte ich in meine eigene Wohnung zurück. Während dieser Zeit ging ich nur ein einziges Mal zur Messe in eine benachbarte Kirche, denn ich war noch nicht ausreichend bei Kräften. Wenn es wirklich die Pest gewesen ist, dann habe ich sie mit Mühe, Qual und Geistesstärke zurückgeschlagen. Denn oft genug ist die Vorstellung einer Krankheit ein großer Teil dieser Krankheit. Nach meiner Ankunft hatte ich sofort verkünden lassen, dass niemand mich besuchen solle, persönliche Einladungen ausgenommen, damit weder jemand an Angst um sich selbst noch ich an manch freundlicher Zuneigung zu leiden hätte; dennoch bahnte sich Dorp als erster einen Weg nach drinnen, bald darauf Atensis.[24] Marcus Laurinus und Paschasius Berselius,[25] die täglich vorbeikamen, haben mich durch ihre honigsüße Gesellschaft von einem Gutteil der Krankheit geheilt.

Mein lieber Beatus, wer hätte es glauben können, dass mein hageres Körperchen, so schmächtig und vom Alter schon so ausgezehrt, nach so viel mühevoller Reise, nach so viel forschungsbeflissenem Fleiß auch so viel Krankheit noch ertragen könnte? Du weißt es ja, wie schwer krank ich noch vor kurzem in Basel gewesen bin, und nicht nur einmal. Schon hatte sich ein Verdacht in meinen Geist geschlichen, dass dieses Jahr mein letztes sein könnte: derart folgte Übel auf Übel, eins schlimmer als das andere. Ich aber habe mich auch in den Momenten, als die Krankheit mir am heftigsten zusetzte, niemals zu einer Stimmung hinreißen lassen, in der mich der Wunsch zu leben gequält, die Furcht zu sterben erschüttert hätte. In Christus allein lag alle meine Hoffnung, und nie wünschte ich anderes von ihm als das, was er für mich als bestes erachtet. Einst, als ich noch jung war, ich erinnere mich gut, erfüllte mich schon der bloße Name des Todes mit Schrecken. Das zumindest ist ein Vorteil des fortschreitenden Alters, dass ich den Tod nur mehr wenig fürchte und das Glück eines Menschen nicht an der Dauer seines Lebens bemesse. Ich habe mein fünfzigstes Jahr schon hinter mir; und da ich sehe, wie wenigen es vergönnt ist, soweit zu kommen, kann ich mich nicht beklagen, zu kurz gelebt

24 Zwei Vertreter der akademischen Welt: Martin Dorp (→ S. 103) ist seit der Studienzeit in Utrecht und Löwen mit Erasmus befreundet; Johann Briaert, genannt *Atensis*, ist ein moderat konservativer Theologe, der seine Karriere vom Studium bis zum Rektor der Universität (als Nachfolger von Adrian Boeyens, der 1522 als Hadrian VI. Papst wird) in Löwen verbringt.

25 Zwei gute Freunde: Marcus Laurinus (→ S. 130), ein Priester aus Brügge, ist mit Erasmus seit langer Zeit bekannt; Paschasius Berselius stammt aus Lüttich, wo er die meiste Zeit seines Lebens verbringt und für Erasmus den Kontakt zum dortigen Bischof pflegt; in Löwen arbeitet er zwischenzeitlich bei Dirk Martens, vermutlich als Korrektor.

zu haben. Sollte das zudem etwas mit dieser Sache zu tun haben, so habe ich schon jetzt ein Denkmal errichtet, das der Nachwelt bezeugen kann, dass ich gelebt habe. Vielleicht wird an meinem Scheiterhaufen, wie die Dichter sagen, die Missgunst verstummen, umso heller aber der Ruhm erstrahlen: Auch wenn es sich für einen Christen nicht gehört, sich menschlichen Ruhm zu Herzen zu nehmen; vielmehr soll es mein Ruhm sein, dass Christus mich billigen mag. Lebe wohl, mein liebster Beatus. Weiteres wirst du aus den Briefen an Capito erfahren.[26]

Löwen, im Oktober 1518

26 Der Elsässer Humanist und Reformator Wolfgang Capito (→ S. 129).

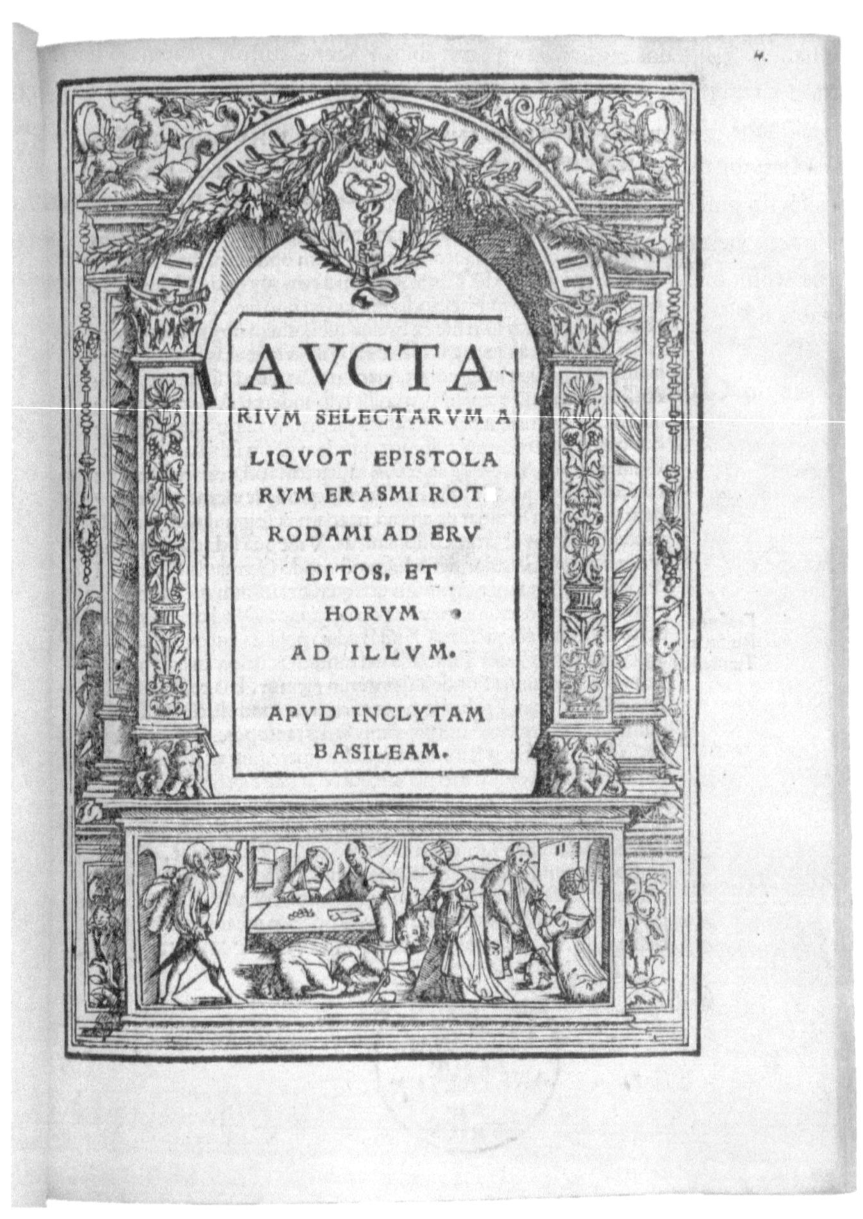

AVCTA
RIVM SELECTARVM A
LIQVOT EPISTOLA
RVM ERASMI ROT
RODAMI AD ERV
DITOS, ET
HORVM
AD ILLVM.

APVD INCLYTAM
BASILEAM.

Titelblatt der Briefsammlung *Auctarium selectarum aliquot Epistolarum Erasmi Roterodami ad eruditos, et horum ad illum*. Herausgegeben von Beatus Rhenanus, gedruckt von Johannes Froben in Basel im August 1518. Zentralbibliothek Zürich, III D 440,4.

Sommerfrische in Anderlecht

12. August 1521
(Brief Nr. 1223)

Während sich seine vergleichsweise sesshafte Zeit in Löwen dem Ende zuneigt, entdeckt Erasmus eine Kulturtechnik für sich, die ebenso zur Antike wie zu Renaissance gehört, in der sie wiederentdeckt wurde: die Sommerfrische auf dem Land, im Komfort einer Villa und im gestalteten Grün eines Gartens, mit Muße, mit guter Luft und mit Stille. Den Sommer 1521 verbringt er in Anderlecht, vor den Toren Brüssels, als Gast des Kanonikers Pieter Wichmans. In einem Brief an Conrad Goclenius, einen Kollegen und Professor am Collegium Trilingue in Löwen, schildert er begeistert die gesundheitsförderliche Ruhe, lobt entspannt den Kollegen und webt mit lockerer Hand am Netzwerk seiner Freunde. Aber wir sollten uns nicht täuschen lassen: So ganz meistert der Workaholic Erasmus die Entspannungstechnik der *villeggiatura* noch nicht. Den Brief vom 12. August 1521 hat er vermutlich in Anderlecht begonnen, aber in Brügge fertiggeschrieben und losgeschickt. Denn dort spielt sich im Beisein des Erasmus gerade ein Stück Weltpolitik ab: Karl V. ist anwesend, um sich mit dem mächtigen Thomas Wolsey (→ S. 95), Erzbischof, Kardinal und Lordkanzler von England, zu Verhandlungen zu treffen. Der bereits lang andauernde Konflikt zwischen Frankreich und Habsburg, der im Grunde eine Art Weltkrieg darstellt, geht in eine neue Runde, und ein Bündnis von Habsburg und England soll gefestigt werden. Wolsey wird am 14. August in Brügge eintreffen, und nicht nur der Kaiser wird ihn begrüßen und mit ihm sprechen, sondern auch Erasmus. In Wolseys Entourage kommen zudem gute Freunde nach Brügge, darunter Mountjoy, Tunstall und Morus. Zudem kann Erasmus bei seinem alten Freund Marcus Laurinus (→ S. 130) wohnen, die Ehrbezeigungen des Königs von Dänemark genießen und Handschriften des heiligen Donatian von Reims studieren. Ende August kehrt er nach Anderlecht zurück.

An Conrad Goclenius

Früher war ich der Meinung, dass das Altertum das Landleben so sehr gelobt hat, weil es eine Lustbarkeit war. Jetzt aber hat mich die Erfahrung mit der Sache selbst gelehrt, dass es genau so gesund wie fröhlich ist. In den Städten wäre Erasmus fast zugrunde gegangen, so sehr plagte mich mein Magen mit Übelkeit ohne Ende. Schon längst hatte ich mit mehr als einem Arzt zu tun; Tränke, Pillen, Einläufe, Pülverchen, Salben, Bäder, Umschläge und was nicht alles waren mir verschrieben worden. Zugleich hatte ich gar keine Zeit, um krank zu sein, denn beständig wurde ich hierhin und dorthin zu dringenden Geschäften gerufen. Deshalb packte ich meine Sachen und stieg aufs Pferd. Mein Diener fragte mich, wohin ich mich begeben würde. „Irgendwohin", sagte ich, „wo schönes und gesundes Wetter uns anlächelt." Kaum zwei Tage war ich hier, da hatte sich das Fieber schon zum Teufel geschert und meinem Magen ging es wieder gut. Ich scheine hier auf dem Land in der Tat wieder jung geworden zu sein; mein Magen ist bereit, alles Mögliche zu ertragen, obwohl er zuvor so schwächlich war. Ich habe in meinem Leben noch nichts getan, mein lieber Goclenius, was ich weniger bereuen würde.

Es freut mich überaus, dass du als Lehrer der lateinischen Sprache so rührig bist und mit deiner Gelehrsamkeit und deinem Talent gleichermaßen das Collegium Trilingue zierst. Glücklich ist unsere Jugend, die in dieses Jahrhundert geboren wurde. Ich würde sie geradezu beneiden, wenn ich nicht das öffentliche Wohl mit ganzem Herzen unterstützen würde. Je lauter die alten Frösche quaken, umso mehr und mehr flammt das Feuer der Jungen auf, die die Bildung der Ungebildeten verachten und zu Besserem vorausstürmen. Ich sehe es deutlich, was die Ruchlosigkeit der Betreffenden verdient hat. Du aber musst dir die Zeit sparen, die du im Kampf mit diesen üblen Haarspaltern verschwendet oder doch sehr schlecht angelegt hättest, und sie dafür verwenden, die freien Wissenschaften voranzubringen. Willst du, dass ich dir einen glänzenden und prachtvollen Weg zur Rache empfehle? Erweise dich selbst als ein Mann von tadellosen Sitten und als ein fleißiger und sorgfältiger Professor bester Literatur. Keine andere Methode wird jene schneller dazu bringen, sich aufzuhängen. Das nämlich haben jene vollauf verdient, für die öffentliche und gemeinschaftliche Güter eine so schlimme Qual sind, dass sie sie nicht nur anderen, sondern auch sich selbst vorenthalten wollen. Entschuldigen mag man den Neid „zwischen Nachbar und Nachbar, die beide etwas gewinnen wollen".[1] Diese Leute aber haben es in der Hand, dieselben Wohltaten zu genießen, deren Genuss durch andere für sie die schiere Folter bedeutet. Eine Sache vor allem hat mir an euch beiden[2] immer gefallen, dass nämlich nicht

1 Erasmus spielt auf eine Passage aus Hesiods *Werke und Tage* an.

2 Vermutlich denkt Erasmus neben dem Lateinprofessor Goclenius noch an den Griechischprofessor Rutgerus Rescius.

nur eure Sitten aller Hässlichkeit fernstehen, sondern auch eure Lehrtätigkeit tadellos ist, tatsächlich nicht nur tadellos, sondern bescheiden. Was werden kluge Leute also denken, wenn sie hören, dass in Löwen Poesie und Rhetorik ohne alle Anstößigkeit und üble Nachrede unterrichtet werden, hingegen die Theologieseminare und die heiligen Predigten derart durchdrungen sind von verlogenstem Geläster, dass selbst Analphabeten einen Ekel davor haben?

Ich habe für Thomas Morus brieflich dein Portrait gemalt, und mich dabei derart bemüht, nichts dazuzuerfinden, dass ich wohl auch manches übergangen habe. Mir ist es lieber, wenn er sich aus diesem Grund bei mir beklagt, sobald ihr euch erst begegnet seid und kennengelernt habt. Er wünscht sich sehr, dich einmal zu sehen. Wenn du ihm schreibst, beglückwünsche ihn zu den Würden und der Stellung, in die er erhoben wurde. Denn wo er bisher nur ein Ratgeber des Königs war, ist er vor kurzem, ohne es zu erwarten oder anzustreben, durch die persönliche Gunst diese überaus menschlichen Fürsten sowohl in den Ritterstand erhoben als auch zum Verwalter der Schatzkammer gemacht worden, ein Amt, das bei den Briten in hohem Ansehen steht und ein nicht zu verachtendes Gehalt mit sich bringt. Leb wohl.

Brügge, den 12. August 1521

Von Löwen nach Basel

circa 14. Juli 1522
(Brief Nr. 1302)

Nach vier Jahren in Löwen, wo er die Gründung des Collegium Trilingue begleitet und gefördert hat, reist Erasmus im Herbst 1521 nach Basel, wo er eigentlich gar nicht lange bleiben will. Grund für die Umsiedlung ist nicht nur die übliche Überwachung eines Drucks (Froben bereitet die dritte Auflage von Erasmus' *Neuem Testament* vor), sondern auch eine Eskalation im Konfessionsstreit: Erasmus verlässt Löwen, um katholischer Vereinnahmung und Nachstellung zu entgehen; dass er schließlich 1529 wiederum Basel verlassen wird, um reformierter Vereinnahmung und Nachstellung zu entgehen, spricht Bände über die Misere und Tragödie der 1520er-Jahre nördlich der Alpen. Im April 1521 hat Luther in einer berühmten Szene (er stehe hier und könne nicht anders) auf dem Reichstag zu Worms den Widerruf seiner Schriften abgelehnt, woraufhin er und seine Anhänger geächtet und seine Schriften verboten und verbrannt werden. Das hat auch für Erasmus Konsequenzen, er gilt als der Reform nahestehend. Im konservativen Löwen wird gegen ihn gepredigt, Freunde und Gleichgesinnte werden diffamiert oder von der Inquisition festgenommen: Die Fronten in Europa verhärten sich weiter, mangelnde Parteinahme ist bereits suspekt. Genau das aber, harte Parteinahme, ist für Erasmus unerträglich; der Gesprächsbereite hat bald ringsum nur noch Feinde.

Bereits im Frühling 1521 beginnt er, seine Reise nach Basel vorzubereiten, wie er später an Marcus Laurinus (→ S. 130) schreiben wird (im sehr langen, apologetischen Brief Nr. 1342, der neben Brief Nr. 1302 an Barbier die wichtigste Quelle für diese Reise ist). Mitte Oktober bricht Erasmus schließlich auf: Er hat den Sommer auf dem Land in Anderlecht verbracht, kommt um den 14. Oktober in Löwen an und trifft dort Girolamo Aleandro, einen alten Freund aus venezianischen Tagen und jetzt ein prominenter Feind Luthers; mit ihm verbringt er einige Tage im Gasthaus Wilder Mann, und sie unterhalten sich „bis Mitternacht über literarische Themen" (Brief Nr. 1342). Dann macht Erasmus einen Abstecher nach Antwerpen, um Pieter Gillis (→ S. 79) zu besuchen und Geld einzusammeln, und am 28. Oktober 1521 beginnt die Reise nach Süden. Erasmus ist schnell unterwegs, was auch an den Soldaten liegt, denen er sich angeschlossen hat: bereits am 2. November erreicht er Düren, am 4. Koblenz, am 5. Mainz, am 7. Speyer, am 9. Straßburg, dann gelangt er über Schlettstadt und Colmar am 15. November nach Basel.

Die Ankunft im winterlichen Deutschland beschert Erasmus eine erneute Begegnung mit seinen Erzfeinden: den deutschen Kachelöfen. Er erkrankt und kann sein geplantes (Rück-)Reisepensum nicht einhalten. Warum das in einem von Gerüchten und Polemiken vergifteten Klima so einschneidend, warum die persönliche Präsenz so wichtig ist, zeigt der rückblickende Brief an Pierre Barbier, der Mitte Juli 1522 entsteht, nur zu deutlich. Obwohl der Brief bereits 1529 im *Opus epistolarium* gedruckt wird, ist er unvollständig. Er endet eindrücklich mit einem offenen Problem. Pierre Barbier ist eine neue Anlaufstelle für Erasmus in Rom. Aus Arras gebürtig, beginnt Barbier seine Laufbahn am Hof der Habsburger, wird Sekretär für den Kanzler Jean Le Sauvage, kommt mit diesem nach Spanien und tritt dort in die Dienste von Adrian Boeyens aus Utrecht. Als Adrian Anfang Januar 1522 überraschend und in Abwesenheit zum Papst gewählt wird, folgt er ihm nach Rom: Am 11. Juni beginnt die Reise in Saragossa, am 29. August kommt der neue Papst in Rom an. Das muss Erasmus relativ genau gewusst und verfolgt haben, denn der um den 14. Juli geschriebene Brief Nr. 1302 erwartet Barbier bereits in Rom. Dabei hat mit Guy Morillon wiederum ein Unterstützer des Löwener Collegium Trilingue geholfen. Mit einer ausreichenden Zahl an Freunden und mit lieber einem Brief zu viel als einem zu wenig funktionieren die Netzwerke selbst dann, wenn alle sich ständig bewegen.

An Pierre Barbier

Erasmus von Rotterdam grüßt Pierre Barbier vielmals. Mein unvergleichlicher Freund, ich habe dir durch unseren Morillon geschrieben, einen offenherzigen Freund; dadurch wirst du erfahren können, wie es deinem Erasmus ergeht, der geradezu zugrunde geht, wenn zugrunde gehen bedeutet, dem Tod entgegenzueilen. Ich habe dir neulich einen kurzen Brief nach Rom geschrieben, indes es unsicher war, ob du in Zukunft dort sein würdest. Denn ich habe immer den Verdacht gehegt, dass Papst Hadrian nicht vor dem Herbst oder nicht ohne den Kaiser nach Rom gehen wird.

Nun also sollst du nicht unwissend darüber gelassen werden, welches Geschick den Schützling, den du bisher verteidigt hast, zugrunde gerichtet hat. Neben einigen anderen Sachen stand der Druck meines *Neuen Testaments* an, zum dritten Mal überarbeitet und erweitert; und obwohl man mir bereits ein mehrfach einen recht grausigen Empfang in Deutschland bereitet hatte, so war ich doch wie der Esel, von dem man sagt, dass er durchs Feuer geht, um seinen Fohlen beizustehen, und wollte genauso auch meinem Werk unter Lebensgefahr zu Hilfe eilen. Ohne Zweifel hätte man es schlecht behandelt, wäre ich nicht dabei gewesen. Als sich mir daher die Gelegenheit bot, in Begleitung einer großen Gruppe von Soldaten zu reisen, die aus dem Dienst des Kaisers entlassen und auf dem Heimweg waren, wagte ich es und machte mich auf den Weg. Denn auf dem Land in Anderlecht hatte sich meine Gesundheit so gut erholt, ja war ich geradezu wieder ein Jüngling geworden, dass ich in mir Mut zu jedem Wagnis fühlte. So kommt, wie der Weise sagt, Hochmut vor dem Fall.

In dieser Hinsicht war es bereits höchst unvorteilhaft, dass ich, der plötzlichen Gelegenheit folgend, abreiste und keine Möglichkeit mehr hatte, mit Jean Glapion zu sprechen, den mir die Erfahrung als echten und ehrlichen Freund gezeigt hatte.[1] Er hatte eine Unterredung mit mir verlangt, und auch ich war ausgesprochen begierig darauf, ihn zu treffen. Als er aber zu meinem Haus kam, war ich zufällig gerade in Antwerpen, um die Ernte meiner Pension einzufahren. In der Zwischenzeit folgte er dann dem Kaiser, der von Valenciennes zur Belagerung von Tournai auszog. Da also alle Hoffnung auf ein Gespräch verloren war, begab ich mich Richtung Basel und tröstete mich damit, dass ich hoffentlich in meine Heimat zurückkehren würde, wenn das Werk vollendet wäre, an dem ich gerade arbeitete, noch bevor der Kaiser das Land verlassen hätte.

Und siehe da, der Dunst der Öfen ließ mich in Worms sofort erkranken. Dieses Übel wurde durch das Reiten etwas gelindert und in Speyer erholte sich mein Körperchen einige Tage als Gast des Domdekans.[2] Zurück in Basel ergriff mich dann auf Grund des Ofengestanks nicht nur eine Verschleimung, sondern schlicht und ergreifend die Pest. Die Natur besiegte auch dieses Übel. Ich roch die Öfen zum dritten Mal und es begann ein Kopfschmerz, der für mehrere Monate anhielt. Damit einher gingen die Nierensteine, die mich einfach nicht loslassen wollen und mich täglich unbarmherziger bestürmen. Es nimmt kein Ende und es gibt keine Pause, eine Entbindung folgt der nächsten, ewig ist ihr Übermaß. Dieses Gebären bringt mich oft in schwere Lebensgefahr. Die Qual ist dergestalt, dass ich wegen ihr den Tod nicht mehr fürchte, dass ich oft sogar diejenigen beneide, die an der Pest oder fiebrigem Schüttelfrost leiden. Vor zwei Wochen wäre ich bei so einer Geburt fast gestorben. Der Stein war gewaltig. Mein Appetit brach völlig zusammen und konnte bis jetzt nicht wieder hergestellt werden. Der ganze Erasmus besteht nur noch aus Haut und Knochen.

1 Der Franziskaner Jean Glapion aus Nordfrankreich trifft nur einmal, im Sommer 1521 in Brüssel, mit Erasmus zusammen; ihre Korrespondenz ist fast vollständig verloren. Glapion ist ab 1520 der einflussreiche Beichtvater Karls V., stirbt allerdings bereits Mitte September 1522.

2 Thomas Truchseß von Wetzhausen, bei dem Erasmus bereits 1518 einkehrt (→ S. 140).

Obwohl ich genau wusste, dass es von größter Wichtigkeit war, nach Brabant zu kommen, bevor der Kaiser abreiste,[3] hatte das nun zur Folge, dass meine Gesundheit es nicht erlaubte. Ich kam bis Schlettstadt, das ist eine Reise von zwei Tagen, dann aber bekam ich auf Grund des heißen Wetters ein Fieber, das mich zwang, nach Hause zurückzukehren; selbst das schaffte ich nur mit äußerster Mühe, nachdem ich mich vier Tage lang bei Beatus Rhenanus erholt hatte. Ich tat indessen meine Arbeit, so gut ich konnte. Leicht konnte ich erraten, dass Caracciolo und Aleandro,[4] die durch die Lügen von Speichelleckern und Denunzianten gegen mich aufgebracht worden waren, am Kaiserhof etwas gegen mich in Bewegung setzten. Jemand an diesem Hof, ich weiß nicht wer, war mein erbitterter Feind. Ich konnte nicht wittern, wer es war; ich vermute, dass es ein Spanier ist, und sie sagen, dass er großen Einfluss beim Kaiser besitzt. Aber die Paraphrase über Matthäus hat mich beim Kaiser wieder in Gunst gesetzt,[5] und das mit der dienlichen Hilfe von Glapion, dem Bischof von Palencia[6] und anderen Gönnern. Denn als der Kaiser in England war[7] und

3 Karl V. eilt im Winter 1521 nach Kastilien, um das Nachspiel des sogenannten Comuneros-Aufstandes zu ordnen.

4 Marino Caracciolo und Girolamo Aleandro, mit dem Erasmus gerade noch „bis Mitternacht“ über Literatur geplaudert hat, sind beide Sondergesandte des Papstes, die am Kaiserhof gegen alles Lutherische arbeiten. Caracciolo begleitet den Kaiser nach Spanien und wird dort durch Adrian Boeyens als Nuntius bestätigt, als dieser zum Papst gewählt wird.

5 Die Paraphrase des Matthäus-Evangelium schreibt Erasmus nach seiner Rückkehr nach Basel im Herbst 1521 im Laufe von ein oder zwei Monaten rasch nieder; im März 1522 druckt Froben Ausgaben im Folio- und im Oktav-Format. Die Matthäus-Paraphrase wird von einem Widmungsbrief an Karl V. eröffnet; zusätzlich aber richtet Erasmus als Eröffnung einen Brief an die Leser, in dem er mit Nachdruck das Ziel seiner Paraphrasen formuliert, nämlich die Erweiterung der Leserschaft, wofür er auch zur Übersetzung seiner lateinischen Paraphrasen in die Volkssprache aufruft: „Was ich geschrieben habe, soll der Bauer lesen, soll der Handwerker lesen, soll der Steinmetz lesen, soll der Weber lesen, sollen Huren und Zuhälter lesen, sollen schließlich auch die Türken lesen.“

6 Pedro Ruiz de la Mota, bereits unter Maximilian I. eine der einflussreichsten Figuren am Kaiserhof und Kaplan des heranwachsenden Karl; Diplomat in Frankreich und England. Er ist seit der Jahrhundertwende in Kontakt mit den Humanisten um Jakob Wimpfeling in Straßburg und Schlettstadt und stirbt im September 1522.

7 Karl bereist vom 26. Mai bis zum 6. Juli 1522 England.

mit dem König speiste und zufällig der Name des Erasmus aufkam, da sprach er ehrend von mir und bezeugte eine große Wertschätzung für meine Arbeit. Und ich habe sichere Beweise dafür, dass der König von England es gut mit mir meint. Darüber hinaus hat das Kardinalskollegium seine Unterstützung für mich sehr deutlich gemacht, indem es den Druck von Zúñigas Büchlein mit dem so überaus treffenden Titel *Blasphemiae* verbot, und anschließend, als es heimlich doch gedruckt worden war, seinen Verkauf.[8] Der Kardinal von Sion hat mir wieder und wieder eine jährliche Pension von fünfhundert Dukaten angeboten sowie, sowie die Erstattung aller Reisekosten, was eine weitere Ehre ist. Der Kardinal von Mainz schreibt mir oft und zwar aufs Liebenswürdigste und Ehrbarste. So sehe ich insgesamt für mich nirgends eine Gefahr, abgesehen von jener durch irgendwelche Pseudomönche.

Was Baechem angeht,[9] so konnte ich leicht vorhersehen, was geschehen würde, und dass er nach dem Aufbruch des Kaisers seine übliche Schreckensherrschaft wieder aufnehmen würde. Sofort begann er, gegen mich loszubrüllen und in einer öffentlichen Predigt in Mechelen das Volk zu ermahnen, vor den Ketzereien von Luther und Erasmus auf der Hut zu sein. Bei Trinkgelagen allerorten behauptete er, dass Erasmus ein noch schlimmerer Ketzer sei als

---

8 Diego López de Zúñiga, ein spanischer Theologe und Gelehrter, der sich mit einer mehrsprachigen Bibelausgabe (der sogenannten *Complutensischen Polyglotte*) einen Namen macht, geht polemisch gegen andere europäische Bibelübersetzer und -humanisten vor, die ihm der Nähe zur Reformation verdächtig scheinen, so Jacques Lefèvre d'Étaples (→ S. 121) und natürlich Erasmus, gegen den er 1522 das Pamphlet *Erasmi Roterodami blasphemiae et impietates* schleudert. Das Pamphlet erscheint auf Anweisung von Papst Leo X. in einer gekürzten Form; für die Behauptung, die Kardinäle hätten den Verkauf des Büchleins verboten, die sowohl Erasmus als auch Zúñiga vorbringen, gibt es indes keine Belege.

9 Der Karmeliter Nicolaas Baechem wirkt in Mechelen, Löwen und Brüssel; er wettert seit dem Erscheinen des *Neuen Testaments* 1516 heftig gegen Erasmus, allerdings (wie Erasmus im Gespräch mit ihm in Löwen herausfindet), ohne das Werk gelesen zu haben. Auch gegen Luther, den er stets in einen Topf mit Erasmus wirft, zieht er vorschnell und haltlos zu Felde. 1520 wird er von Karl V. zum stellvertretenden Inquisitor der Niederlande ernannt. In den Jahren bis zu Baechems Tod 1526 und auch darüber hinaus wird der Ton schärfer, schlägt auch in handfeste Gewalt um, die Baechem gegen „Ketzer" mobilisiert. Ein ziemlich rabiates Epitaph („Hier ruht Baechem, eine nutzlose Last für die Erde. / Wut war all seine Lust, Ruhe finde er nicht.") wird Erasmus zugeschrieben. Konsequenterweise werden Baechems Grab und Nachlass in den Religionskriegen des 16. Jahrhunderts zerstört.

Luther; er stieß wilde Drohungen aus, was geschehen würde, wenn ich zugegen wäre. Da ist noch ein anderer, der mich eher im Geheimen angreift, aber mehr Schaden anrichtet.[10] Du, mein lieber Barbier, beurteilst ihn nach den Sitten, die er früher an den Tag legte; damals, als er noch eine bescheidenere Stellung besaß, gefiel er mir eigentlich auch. Als aber der Wind der Fortuna ihm die Segel zu blähen begann, hat er sich derart aufgeblasen, dass selbst einige Theologen ihn nun nicht mehr ertragen können, von allen aufrichtigen Leuten ganz zu schweigen. Die Frömmigkeit unseres Fürsten lobe ich mit Nachdruck; wenn man ihn aber über diese Vorgänge ausreichend in Kenntnis gesetzt hätte, dann hätte er für eine derart wichtige Angelegenheit nicht so blödsinnige und jähzornige Menschen wie Baechem und seinen ihm ganz ähnlichen Kollegen[11] eingesetzt; beide hassen die alten Sprachen und Literaturen ärger als Schlangen.[12] Der Karmeliter Baechem wettert gegen niemanden so sehr wie gegen meine Freunde, auch gegen die Liebhaber der guten Literatur und gegen die, die ihn bereits verletzt haben. Er brüstet sich damit, für das Diesseits tot zu sein. Aber niemand ist rachelüsterner als er.

Gegen N.,[13] einen anständigen und gebildeten jungen Mann, ist er vorgegangen wie ein Phalaris,[14] weil dieser ihn einmal einen Dummkopf genannt hat. Darüber konnte der tollwütige Mann nicht hinwegsehen, obwohl man

---

10 Wen genau Erasmus meint, ist nicht bekannt, vielleicht ist es Jacobus Latomus, ein angesehener Theologe an der Universität Löwen, der im ausdrücklichen Gegensatz zu Erasmus an scholastischen Prinzipien festhielt und sich in mehreren Schriften an und gegen Luther abarbeitete.

11 Vincentius Theoderici, ein Dominikaner aus der Nähe von Haarlem, der erst in Paris, dann auch in Löwen lehrt und dort sogleich, gemeinsam mit Baechem, seinen Kollegen Erasmus wegen vermeintlicher Nähe zu Luthers Positionen angreift.

12 Case in point: „ärger hassen als eine Schlange oder einen Hund", ist ein Zitat aus den Briefen des Horaz (I.17, V.30).

13 Cornelis Schrijver, ein Freund und Kollege von Pieter Gillis (→ S. 79) in Antwerpen, der einen guten Ruf als Dichter und einen schlechten Ruf als Sympathisant Luthers genießt. Im Februar 1522 wird er von Baechem in den Kerker geworfen und dort, obwohl er schriftlich widerruft, für gut eineinhalb Jahre festgehalten. Erasmus nutzt die Chiffre offenbar, um Schrijver zu schützen.

14 Tyrann des sizilianischen Agrigent im 6. Jahrhundert v. u. Z., dessen Brutalität sprichwörtlich ist.

öffentlich das ganze Widerrufstheater aufführte. Einen anderen,[15] den er schon einmal freigelassen hatte, ließ er wieder einfangen und ihn in den Kerker werfen, obwohl dieser einer der tugendhaftesten Männer von ganz Antwerpen war; ich glaube, dass du ihn kennst. Was sie von Luther halten, weiß ich nicht; mir gegenüber haben sie gewiss nie etwas in dieser Richtung geäußert – tüchtig allerdings ist ihr Hass auf gewisse Karmeliter und Dominikaner, die sich in der Tat so verhalten, dass kein anständiger Mensch sie nicht verachten kann. Wenn du hier wärst, würdest auch du zustimmen, dass wahr ist, was ich sage. Für den Karmeliter gilt es als ausgemacht, dass die Sache durch Härte erledigt werden muss. Nun mag das vielleicht für diejenigen gelten, die Luther öffentlich verteidigen; bei uns aber gibt es da niemanden. Hass auf die Mönche und den Römischen Stuhl hat ihm hier die Gunst des gesamten einfachen Volks und auch etlicher Herren eingebracht. Sollte diese Stimmung schon eine harte Strafe verdient haben? Denn man muss sagen, dass dort und in meinem Land wohl zwanzig Millionen Leute derart gestimmt sind, und das einzige, was sie noch brauchen, wäre ein Anführer. In diese Angelegenheit mischt sich aber hinter den ehrbaren Vorwänden entschieden die Lust, das Hab und Gut anderer zu rauben, sowie Rachedurst aus persönlicher Kränkung.

15 Nicolaas van Broeckhoven aus ’s-Hertogenbosch studiert in Löwen und ist ein Mitarbeiter des Druckers Dirk Martens (→ S. 147), bevor er die Leitung einer Schule in Antwerpen übernimmt. Er ist vermutlich bereits seit den 1480er-Jahren mit Erasmus bekannt. Im Februar 1522 wird er gemeinsam mit Cornelis Schrijver verhaftet und nach dem Widerruf wieder freigelassen. Nach kurzen Stationen in Basel und erneut Antwerpen schließt er sich 1528 offen der Reformation an und geht nach Bremen.

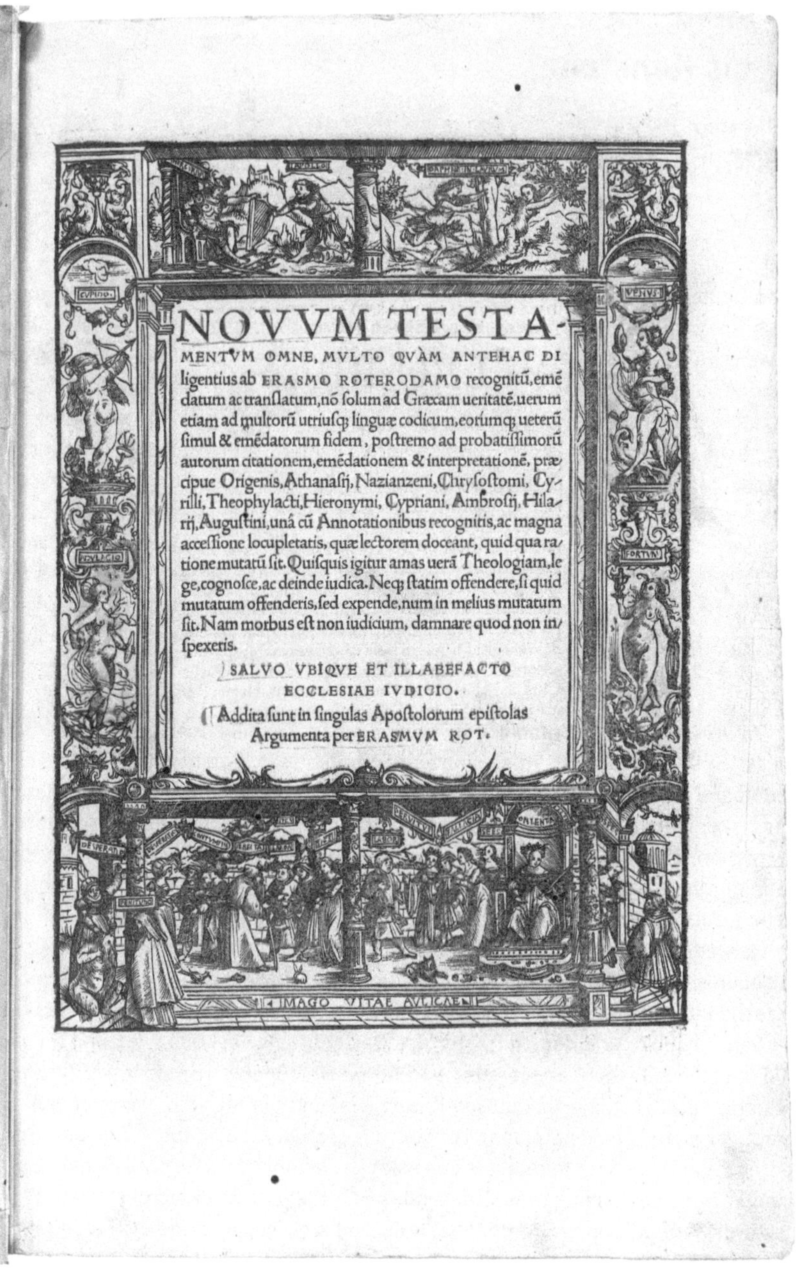

NOVVM TESTA-
MENTVM OMNE, MVLTO QVÀM ANTEHAC DI
ligentius ab ERASMO ROTERODAMO recognitū, emē
datum ac tranſlatum, nō ſolum ad Græcam ueritatē, uerum
etiam ad multorū utriuſq; linguæ codicum, eorumq; ueterū
ſimul & emēdatorum fidem, poſtremo ad probatiſſimorū
autorum citationem, emēdationem & interpretationē, præ-
cipue Origenis, Athanaſij, Nazianzeni, Chryſoſtomi, Cy-
rilli, Theophylacti, Hieronymi, Cypriani, Ambroſij, Hila-
rij, Auguſtini, uná cū Annotationibus recognitis, ac magna
acceſſione locupletatis, quæ lectorem doceant, quid qua ratione mutatū ſit. Quiſquis igitur amas uerā Theologiam, le
ge, cognoſce, ac deinde iudica. Neq; ſtatim offendere, ſi quid
mutatum offenderis, ſed expende, num in melius mutatum
ſit. Nam morbus eſt non iudicium, damnare quod non in-
ſpexeris.

SALVO VBIQVE ET ILLABEFACTO
ECCLESIAE IVDICIO.

¶ Addita ſunt in ſingulas Apoſtolorum epiſtolas
Argumenta per ERASMVM ROT.

IMAGO VITAE AVLICAE

Titelblatt des *Novum Testamentum omne*, der zweiten Ausgabe von Erasmus' Bibelneuübersetzung, gedruckt von Johannes Froben 1519 (→ S. 127). Universitätsbibliothek Basel, UBH FG V 40–41.

Nur bis Konstanz

18. Oktober 1522
(Brief Nr. 1316)

Anfang September 1522 bricht Erasmus, in Begleitung seines langjährigen Freundes Beatus Rhenanus (→ S. 87) und des jüngeren Heinrich Eppendorf von Basel auf, um eine weite Reise anzutreten. Grund dafür ist einmal mehr seine Gesundheit und das mit ihr in Zusammenhang stehende Angebot an Wein. Wein bestimmt die Selbstmedikation des Erasmus gegen seine Nierensteine. In Basel, wo der zweite wichtige Faktor für Erasmus' Wohlergehen, das Wetter, eigentlich erträglich ist, funktioniert die Versorgung mit dem richtigen Wein nicht mehr. Diese Reise nun wird, unerwartet, die Wende bringen. Eigentlich heißt das Ziel Rom. Nach Rom ist er immer wieder von vielen Seiten eingeladen worden, und da mit Hadrian VI. gerade (zum ersten und bis heute letzten Mal) ein Niederländer auf dem Stuhl Petri sitzt, hätte er dort gewiss beste Arbeitsbedingungen vorgefunden. Aber nicht nur die Gerüchte über einen aufgrund von Seuchen und durchziehenden Heeren äusserst unsicheren Weg schrecken ihn ab, sondern auch eine Nierensteinkolik macht die Reise unmöglich. Erasmus kommt nur bis Konstanz, dort liegt er darnieder.

Dafür wird er von Johann von Botzheim, einem Humanisten aus adligem Hause (eine seltene Kombination), umso glänzender empfangen. Botzheim hat in Heidelberg und Bologna studiert und bekleidet derzeit die Stelle eines Domherren in Konstanz; zu Luther ist er, nach anfänglicher Nähe, auf Distanz gegangen. Als 1526 in Konstanz die Reformation triumphiert, wird er ins Exil nach Überlingen gehen müssen. Im Hause Botzheim macht Erasmus, geehrt und beschenkt von vielen Bewunderern, eine Entdeckung, die seine Selbstmedikation und sein Stimmungsbild nachhaltig beeinflussen wird: Rotwein aus Montbéliard in Burgund. Burgunder ist von nun an sein Lieblingswein und Lebenselixier: Die Überzeugung, dass nur roter Burgunder hilft oder zumindest nicht schadet, gibt er nicht mehr auf. Aber nicht nur der Wein, auch das reich freskierte Haus von Botzheim und der Charakter des Gastgebers selbst scheinen es ihm nachhaltig angetan zu haben; an Marcus Laurinus (→ S. 130) etwa (Brief Nr. 1342) schreibt er Anfang Februar 1523 rückblickend: Botzheim „ist ein Mensch, wie er netter und freimütiger nicht sein könnte, man könnte sagen, er ist für die Musen und die Grazien geboren. Sein Haus könnte man als den wahren Wohnort der Musen ansehen: Es gibt keinen Winkel, der nicht etwas Glänzendes und Elegantes an sich hat, kein Winkel ist schweigsam und ohne Stimme, denn überall sind gesprächige Gemälde, die das menschliche Auge anlocken und zum Verweilen einladen. [...] Aber in diesem ganzen so äußerst ausgeschmückten Haus findet sich kein schönerer Schmuck als der Gastgeber selbst. Er hat mehr von den Musen und Grazien in seiner Brust als auf seinen Gemälden, er hat mehr von ihnen in seinem Verhalten als auf seinen Wänden."

Erasmus bleibt drei Wochen lang in Konstanz, länger als geplant, weil die Nierensteine ihn (dem neuentdeckten Burgunder zum Trotz) so plagen; an eine Weiterreise Richtung Italien ist nicht zu denken. Schließlich ist es der Zorn auf die säumigen Schiffsleute, der ihm die Kraft gibt, den Ritt nach Schaffhausen zu unternehmen, und von dort auf dem Rhein zurück nach Basel zu reisen.

Konrad Heresbach, der Adressat des kurz nach der Rückkehr verfassten Briefes vom 18. Oktober 1522, ist einer der vielen jungen Humanisten, die von Erasmus gefördert und in ihrer Karriere unterstützt werden. Er studiert in Köln, Paris und wieder Köln, wo er Erasmus 1520 kennenlernt; dann folgt er ihm nach Basel, arbeitet als Korrektor bei Froben und geht als Professor für Griechisch nach Freiburg, wo er nicht zuletzt der Erzieher und Lehrer von Johannes Frobens jüngstem Sohn Erasmus (!) wird. Der Einladung seines Schützlings nach Freiburg, die Erasmus mit diesem Brief noch aufschiebt, wird er schließlich im März 1523 nachkommen. Im Herbst 1522 allerdings, während Erasmus ihm schreibt, hält Heresbach sich für Studien in Norditalien auf, wo er am 22. Oktober in Ferrara zum Doktor der Rechtswissenschaften promoviert wird.

An Konrad Heresbach

Erasmus von Rotterdam grüßt Konrad Heresbach. Wahrlich, mein höchst gelehrter Konrad, du musst nicht weit zur Seligkeit gehen, wenn solch eine Kleinigkeit schon selig machen kann. Schlagartig selig nämlich wärst du, schreibst du mir, wenn das Geschick dir Erasmus als Gast schicken würde. Wunderlich große Glückseligkeit neidest du Konstanz und anderen Städtchen, die ich mit meiner Anwesenheit, wie du schreibst, beehre. Ich hingegen beweine mein eigenes Unglück: Mit so vielen Übeln bin ich überlastet, dass ich, wohin auch immer ich mich begebe, nicht nur mir selbst ob unbarmherziger Krankheit und gebrechlicher Gesundheit lästig falle, sondern in der Tat gezwungen bin, all jenen lästig zu fallen, denen ich eigentlich größte Freude zu bringen begehre.

In Konstanz war ich die ganze Zeit über krank, die ich bei meinem Gastgeber Johann von Botzheim verbrachte, ein Mensch, der nicht nur mit Bildung und Aufrichtigkeit beschenkt ist, sondern auch derart witzig, dass er eine Leiche aufheitern könnte. Der Bischof von Konstanz selbst,[1] ein sehr milder,

1 Hugo von Hohenlandenberg, seit 1496 Bischof von Konstanz; er residiert zumeist außerhalb der Stadt in Meersburg am Bodensee und kann der wachsenden Bedrohung durch Reformation und Bauernkrieg schlussendlich nichts entgegensetzen. Nachdem er 1526 endgültig nach Meersburg übersiedelt, kommt es in Konstanz zum Bildersturm.

rechtschaffener und aufrechter Mann, ließ es an keiner Menschlichkeit mir gegenüber mangeln. Ebenso freundlich wurde ich von Ennio,[2] dem Bischof von Veroli und päpstlichen Nuntius, empfangen. Auch Hummelsberg[3] kam sofort gelaufen, ein wunderbar freimütiger Mensch, und noch viele andere. Und wäre von all jenen niemand da gewesen, so hätte ich doch die Gesellschaft meines von allen geistreichsten und liebsten Freundes Beatus Rhenanus gehabt. Wann lächelt Beatus nicht? Ich will zugrunde gehen, wenn ich je einem umgänglicheren und schlagfertigeren Verstand als seinem begegnet bin. Ihnen allen habe ich nichts außer Beschwerlichkeit gebracht. Aus diesem Grund war mir die Krankheit, die in sich selbst die beschwerlichste war, noch beschwerlicher. Wenn ich nur mit diesen Öfen und diesen Weinen so gut zurechtkommen würde, wie ich mit dem Wetter und den Charakteren zurechtkomme![4] Als ich schon kaum mehr Hoffnung hatte, bekam ich Rotwein aus Burgund in die Finger, und daraus lernte ich, dass all mein bisheriges Übel auf den schäbigen Wein der hiesigen Gegend zurückzuführen war. Sofern mir also Burgund nicht Wein hierherschickt, so ist es eine ausgemachte Sache, dass ich nach Burgund übersiedeln werde. Der Graf Arnold[5] ist in der Tat so, wie du ihn geschildert hast, er hat mich einmal zum Abendessen beehrt.

---

2 Ennio Filonardi, seit 1503 Bischof von Veroli und ein Bewunderer des Humanismus, dient mehreren Päpsten als Diplomat in der Schweiz. Nach dem Zusammentreffen in Konstanz steht er in freundlichem Briefwechsel mit Erasmus und unterstützt die Pläne, ihn zum Kardinal zu erheben. Auch für die Erhebung Pietro Bembos (→ S. 193) zum Kardinal übt er entscheidenden Einfluss aus. Mit Ennio Filonardi, der ebenfalls an Nierensteinen leidet, kann sich Erasmus zudem über Weine und andere Medikamente austauschen; Ennios Einladung, ihn direkt von Konstanz nach Trento zu begleiten, kann er aber nicht Folge leisten.

3 Michael Hummelsberg aus Ravensburg hat in Heidelberg und Paris studiert, ist seit langem mit Beatus Rhenanus befreundet und arbeitet einige Jahre als Jurist in Rom. In Ravensburg und Konstanz ist er als Griechischlehrer aktiv. Vergleichbar mit Erasmus, pflegt er gute Kontakte zu mehreren Reformatoren, steht der Reformation aber distanziert gegenüber.

4 Auch an Marcus Laurinus (Brief Nr. 1342) kontrastiert Erasmus mit ganz ähnlichen Worten Menschen und Öfen in Deutschland: „Wieder fühlte ich, wie meine Gesundheit angegriffen wurde, diesmal eher durch den Gestank als durch die Hitze. So wenig komme ich mit den deutschen Öfen zurecht, obwohl ich mit den deutschen Menschen ansonsten bestens zurechtkomme."

5 Graf Arnold ist nicht zu identifizieren.

Ich werde dich nicht darum bitten, dass du unseren kleinen Erasmus so erziehst, dass er seinen hervorragenden Eltern und dir als Lehrer alle Ehre machen wird, noch werde ich dir den Weg vorschreiben, auf dem man das erreichen kann, weil ich nicht den Anschein geben möchte, von deiner Treue und deiner Klugheit nicht die allerbeste Meinung zu haben. Nur so viel will ich sagen, dass ich dir diesen Dienst nicht weniger danke als seine Eltern selbst es tun, obwohl sie für den Knaben, wie es nur gerecht ist, eine einzigartige Liebe hegen; und ganz abgesehen von der Zuneigung, die die beiden für dich empfinden, solltest du wissen, dass sie weder gemein noch geizig sind.

Einem Besuch in Freiburg, bevor es tiefer Winter wird, wäre ich gar nicht abgeneigt, aber die Öfen und der Wein schrecken mich. Neulich bin ich in ein neues Haus gezogen[6] und beginne nun, den Hausvater zu spielen. Heinrich Glarean hat eine Ehefrau ganz nach Herzenswunsch gefunden, möge er glücklich und zufrieden mit ihr sein. Die Hochzeit mit Tanz und Gesang wird in Kürze stattfinden; du kannst den Menschen also beglückwünschen. Meiner Meinung nach ist er ein Mann, wie du so ehrlich kaum einen anderen finden wirst, und er hat es völlig verdient, dass nicht nur diese Heirat, sondern einfach alles für ihn bestens ausfällt.[7]

Leb wohl, bester Lehrer der besten Literatur, und grüße dort drüben alle von mir, die dem Erasmus Gutes wünschen.

Basel, den 18. Oktober 1522

---

6 Erasmus ist in das *Haus zur alten Treu* gezogen, das Johannes Froben Ende 1521 erworben hat, vermutlich in der Absicht, Erasmus dort unterzubringen. Es verfügt über eine offene Feuerstelle anstelle eines Ofens. Erasmus lebt hier bis 1529.

7 Die Hochzeit des Gelehrten Heinrich Glarean mit einer Baslerin (nachdem die Hochzeit mit einer etwas höherstehenden Zürcherin geplatzt ist) findet am 28. November statt; Erasmus kann aufgrund seiner Ofenaversion nicht persönlich teilnehmen und schickt zwei antike Münzen als Geschenk. Heinrich Glarean, gebürtig aus dem namensgebenden Kanton Glarus, hat in Wien und Köln studiert, wird bereits früh zum Dichter gekrönt und sucht Streit mit den Dominikanern. 1514 siedelt er nach Basel über und ist dort ein wichtiger Teil des humanistischen Biotops. Wie Erasmus flüchtet er 1529 vor der Reformation nach Freiburg, bleibt aber und unterrichtet dort bis zu seinem Tod 1563. Sein Spezialgebiet ist die Musik.

Unsicherheiten des Briefverkehrs

24. Februar 1525
(Brief Nr. 1553)

Wo befindet sich der Adressat? Welchen Weg nimmt der Bote? Wer liest mit? Wer oder was funkt dazwischen? Die Welt ist nicht nur für Reisende unsicher, sondern natürlich auch für die Briefe, die nicht anders als mit Personen reisen. Entsprechende Sorgen und Nöte ziehen sich durch die Korrespondenz des Erasmus. Verstärkt werden sie durch die immer wieder dringende Problematik, wie man denn anders als per Brief Netzwerke erhalten, Dinge bei Hof durchsetzen und Verleumdungen begegnen soll. Der alternde Gelehrte kann immer seltener selbst reisen und persönlich zugegen sein. Bei aller Schwierigkeit und Fragilität des Briefverkehrs gilt: Keine Korrespondenz ist auch keine Lösung.

Diese verschiedenen Problematiken verschränken sich in diesem Brief, den der inzwischen in Basel sesshaft gewordene Erasmus an Maximilianus Transsilvanus im Februar 1525 schreibt. Transsilvanus ist ein Sekretär des Kaisers und als solcher ein guter Ansprechpartner für ein Lebensthema des Erasmus: Wie sorgt man dafür, dass die mühsam eingeworbenen Zuwendungen der Mäzene auch tatsächlich ausgezahlt werden? Transsilvanus, dessen Herkunft nicht ganz klar ist, spielt zudem eine gewisse Rolle beim Reichstag von Worms 1521 und verfasst nicht zuletzt den ersten Bericht über Ferdinand Magellans Weltumseglung, die 1522 zu Ende gegangen ist. Das Gewebe der Wege ist genauso abenteuerlich und fragil wie das Gewebe der Zusagen. Zudem merkt man, dass der inzwischen gut sechzigjährige Erasmus keine Lust mehr hat zu reisen. (Und erst die Öfen!)

Deutlich wird im Schreiben an Transsilvanus aber auch das im Verlauf der 1520er-Jahre immer bitterer werdende Thema der Polemik im Konfessionsstreit. Den einen ist Erasmus zu reformorientiert und der Sympathie für Luther verdächtig; den anderen ist er zu katholisch und der Sympathie für den Papst verdächtig; beiden Fronten aber ist es unerträglich, dass Erasmus als Humanist in diesem Schwarz-Weiß nicht zu fassen ist und ausdrücklich zu keinem Lager gehören will. Er wird also von mehreren Seiten angegriffen. Und er analysiert den Mechanismus der medialen Verleumdung in einem Brief an Thomas Morus aus dem März 1527 (Brief Nr. 1804) mit einer Hellsichtigkeit und Drastik, die geradezu an unsere Gegenwart denken lässt: „Je ungeheuerlicher die verbrecherischen Verleumdungen sind, desto leichter werden sie geglaubt. Denn die Leute halten es für unmöglich, dass jemand so dreist sein sollte, derart frei erfundene Gerüchte gegen einen Unschuldigen zu schleudern. [...] Was habe ich für ein Schicksal! Von den höchsten Klerikern der Welt werde ich gefürchtet, aber vom niedrigsten Gesindel werde ich angespuckt, angeschissen, angepisst."

Erasmus lässt sich auf diesem Terrain auf unzählige Scharmützel ein, er empört und verteidigt sich, er reagiert auf jede Provokation und wittert, je älter er wird, desto öfter leider auch grundlos, überall Verrat und Feindschaft. Im Schreiben an Transsilvanus erwähnt Erasmus gleich zwei seiner Erz- und Lieblingsfeinde: Girolamo Aleandro (→ S. 73) sowie den Karmelitermönch und Theologen Nicolaas Baechem (→ S. 160), mit dem Erasmus vor allem während seiner Zeit in Löwen aneinandergeraten ist. Vielleicht lässt sich die polemische Eskalation der 1520er-Jahre bündig mit zwei Momentaufnahmen umreißen: 1520 berichtet Erasmus seinem Freund Thomas Morus von einem halböffentlichen Streitgespräch mit Baechem (Brief Nr. 1162). Man bezichtigt sich gegenseitig der Lüge, der Verleumdung und ganz allgemein des Lasters, während der Rektor der Universität Löwen danebensitzt und darüber wacht, dass die Flammen nicht zu hoch lodern; der berichtende Brief an Morus ist süffisant bis spöttisch und liest sich wie eine heitere Hochschulsatire. 1529 schließlich ist die Polemik mit katholischen Geistlichen so weit eskaliert, dass Bücher an Galgen oder Pranger genagelt oder, während sie in Bibliotheksregalen stehen, innen und außen mit Scheiße beschmiert werden (so Erasmus im Briefwechsel mit Alfonso de Valdés, Nr. 2126 und 2163).

An Maximilianus Transsilvanus

Erasmus von Rotterdam grüßt seinen Maximilianus Transsilvanus. Die Briefe, die unser Freund Beatus[1] aus Spanien gebracht hat, haben mich erst sehr spät erreicht. Der Grund dafür war, dass jener der Seefahrt derart überdrüssig geworden ist, dass er den Landweg wählte und dabei nicht aus seinem Gepäck entfernte, was für mich bestimmt war. Deshalb wurden die Briefe nach Brabant gebracht; mit vielen Umwegen kamen sie schließlich nach Schlettstadt. Nichtsdestotrotz antwortete ich jedem, dem zu schreiben mir meine Freunde rieten. Ich habe Briefe nach Nürnberg geschickt, damit Michiel Gillis,[2] den du auch kennst, sie mit nach Spanien nimmt. Aber es war mir bisher nicht möglich, in Erfahrung zu bringen, was mit diesen Briefen geschehen ist. Die Entfernung ist gewaltig und es herrscht, gerade in diesen Zeiten, eine erstaunliche Niedertracht, Briefe einfach abzufangen, zu öffnen oder zu unterdrücken. Ich glaube,

1 Beatus Arnold aus Schlettstadt, ein Verwandter von Beatus Rhenanus, arbeitet nach Stationen im Buchdruck als Sekretär und Kurier für die Kaiser Maximilian I. und Karl V.; er lernt Erasmus 1516 in Basel kennen.

2 Ein Bürger von Antwerpen, der den Kaisern Maximilian I. und Karl V. als Sekretär dient; vielleicht war er mit Erasmus' Freund Pieter Gillis verwandt.

wir haben noch keine Gelegenheit gehabt, uns kennenzulernen; allerdings haben mir viele Leutenur Gutes über deine einzigartige Menschlichkeit und deine ungekünstelte Art erzählt, als ich in Brüssel war, das dürfte nun vier Jahre her sein. In der Tat aber hat mir dein Brief ein schneeweißes Herz, eine wahrhafte Wohnstätte der Grazien und Musen gezeigt und mir enthüllt, dass ich seit vielen Jahren nichts lieber gelesen habe. Denn der Stil war derart geglückt, dass ich mich fast nicht getraut hätte, zu antworten. Dennoch habe ich mir das Gesicht gerieben und einfach so drauflos geschrieben. Soweit ich das aus Bemerkungen von Beatus schließe, ist jenes Schreiben nie bei dir angekommen.

Was nun noch zu sagen ist, werde ich in gebotener Kürze abhandeln. Der Kaiser hat befohlen, dass mir eine außerordentliche Pension ausgezahlt wird. Die erlauchteste Dame Margarete[3] antwortete, dass sie mir bei meiner Rückkehr nicht nur die Pension auszahlen werde, sondern ich noch Größeres zu erwarten hätte. Allerdings fürchte ich, dass ich, wenn ich jetzt zurückkehren würde, bald zu hören bekäme: „Komm morgen wieder. Wo bist du gestern gewesen?“ Der König von Frankreich ist mir unglaublich zugetan und hat mir großzügig Ämter angetragen, zuletzt das des Kämmerers von Tours, das sechshundert Kronen im Jahr einbringt. Ich habe alles abgelehnt, nicht ohne dabei viele Freunde vor den Kopf zu stoßen. Papst Clemens, der mir ebenfalls sehr zugetan ist, wie ich aus eigener Erfahrung weiß, bietet mir alles möglich an. Du wirst fragen: „Warum kehrst du denn dann nicht hierher zurück?“ Meine Studien lassen es nicht zu; und sollten sie es doch zulassen, so gibt mir meine Gesundheit kein freies Geleit. Der Nierenstein setzt mir derzeit zwar seltener zu, aber dafür umso gefährlicher, sodass ich durch ihn nicht so sehr krank bin, als vielmehr wieder und wieder daran sterbe. Die Öfen der Deutschen brennen und heizen das ganze Jahr über, kaum sind Juni und Juli davon ausgenommen. So müsste ich also entweder ihren Gestank, der mir allen Atem raubt, oder aber die Hitze des Junis, Julis oder sogar des Augusts ertragen. Ich habe große Sehnsucht nach Italien, weil es dort Ärzte und Apotheker in Fülle gibt, aber meine Gesundheit verwehrt mir den Weg dorthin. Dennoch liegen die Dinge hier so, dass ich eigentlich umziehen muss.

3 Margarete von Österreich, die Tochter Kaiser Maximilians I. und Tante Kaiser Karls V., regiert (mit kurzer Unterbrechung) als Statthalterin der Niederlande von 1507 bis 1530 und wirkt dabei als wichtige Mäzenin.

Es ist dir gewiss nicht unbekannt, was für einen unheilbaren Hass gewisse Mönche und Theologen gegen mich hegen, deren Häuptling der Karmeliter Nicolaas Baechem ist. Hadrian[4] gebot ihm mit einem Schreiben Schweigen; aber er schwieg kaum. Nach Hadrians Tod glich der das Schweigen durch umso schlimmere üble Nachrede aus. Wenn es mit Luther so weitergeht, wie jene es sich wünschen, dann werden sie sich als Sieger für jedermann unerträglich gebärden. Wenn der Kaiser hier wäre, gäbe es keine Gefahr. Welche Hilfe ich jetzt bei Hof erwarten kann, weiß ich nicht, vor allem da ich ein Mensch bin, der mit dem Treiben bei Hof nicht vertraut ist. Wenn jener große Erzbischof[5] nur so zuvorkommend in seiner Hilfe wäre wie er großzügig mit seinem Lob ist! Was den erlauchten Grafen von Hoogstraten angeht,[6] so habe ich nie viel Umgang mit ihm gepflegt. Auch scheint mir, dass seine Gattin so religiös ist, dass es schon an Aberglauben grenzt. Bei solchen Leuten gelten Frömmigkeitsschausteller für gewöhnlich viel. Mir wird gesagt, dass der Bischof von Lüttich[7] ein zweifelhafter Freund ist, was an Aleandro liegt; er sagt dir Schmeicheleien ins Gesicht, aber redet, wie ich höre, ganz anders, sobald du weg bist. Er hat einen Bruder in Leiden,[8] der noch deutlich gefährlicher ist, vor allem, weil er die Fähigkeit besitzt, sich zu verstellen; dazu ist Aleandro nicht imstande.

4 Adrian Boeyens aus Utrecht hat in den 1490er-Jahren selbst als Professor in Löwen unterrichtet (Erasmus zählt zu seinen Hörern), bevor er von Januar 1522 bis September 1523 als Hadrian VI. das Amt des Papstes bekleidet, also zwischen den beiden Medici-Päpsten Leo X. und Clemens VII.

5 Jean de Carondelet, Erzbischof von Palermo und ein einflussreicher Ratgeber Margaretes und Karls, ist ein wichtiger Unterstützer von Erasmus; allerdings drängt er wie Margarete darauf, dass Erasmus nach Brabant zurückkehren soll.

6 Antoine de Lalaing ist der einflussreichste Ratgeber Margaretes und macht eine beachtliche Karriere; 1516 wird er in den Orden vom Goldenen Vlies aufgenommen, 1518 wird er (durch Heirat) zum Graf von Hoogstraten und ab 1522 amtiert er als Statthalter von Holland und Seeland. Seine Gattin Elisabeth van Culemborg ist Margaretes erste Hofdame.

7 Erhard von der Mark häuft diverse Ämter an, die er gleichzeitig versieht: Seit 1505 ist er Fürstbischof von Lüttich, seit 1507 Bischof von Chartres, seit 1520 Erzbischof von Valencia und seit 1521 Kardinal. Er geht als einer der ersten deutschen Fürsten entschlossen gegen Luther vor. Was ihn allerdings für Erasmus verdächtig macht, ist, dass Girolamo Aleandro ihm von 1514 bis 1516 als Sekretär dient.

8 Robert II. von der Mark, Erhards älterer Bruder, regiert die Herrschaften Bouillon und Sedan, zwischen Frankreich und den Spanischen Niederlanden, und schwankt auch in seinen Loyalitäten zeittypisch zwischen Frankreich und Habsburg.

Der Überbringer dieses Schreibens ist ein junger Kanoniker aus Antwerpen, er heißt Frans van der Dilft;[9] er kehrt unmittelbar zu mir zurück, sodass du bedenkenlos schreiben kannst, was du willst. Wie es um die Hoffnung auf meine Pension steht, weiß ich nicht; ich habe die Führung dieses Geschäfts in die Hände des Erzbischofs von Palermo und von Cranevelt[10] gegeben, es gibt unter unseren Landsleuten niemanden, der liebenswürdiger ist. Ich möchte dich nicht mit meinen Angelegenheiten belasten, aber wenn sich die Gelegenheit bietet, wirst du mir gewiss in dieser Sache helfen. Ferdinand[11] schreibt mir häufig und aufs Liebreichste. Jüngst hat er der erlauchtesten Dame Margarete geschrieben, dass sie dem Karmeliter, der derart gegen meinen Namen wütet und rast, Schweigen auferlegen soll; denn dieser Kerl schämt sich wirklich für gar nichts. Wenn Frans zurückgekehrt ist, werde ich anhand deines Briefes entscheiden, was zu tun ist. Leb wohl.

Basel, den 24. Februar 1525

9 Frans van der Dilft (→ S. 217) arbeitet nach Studien am Collegium Trilingue in Löwen seit 1524 für Erasmus in Basel.

10 Frans van Cranevelt aus Nijmegen, ein Jurist und Ratsherr im Dienst der Habsburger, ist seit etwa 1517 mit Erasmus bekannt; er nimmt regen Anteil am Geistesleben, korrespondiert mit mehreren Humanisten und bewahrt diese Korrespondenzen sorgsam auf. Er betätigt sich auch als Übersetzer aus dem Griechischen ins Lateinische.

11 Der jüngere Bruder Karls V., seit 1521 Erzherzog von Österreich, fordert seine Tante Margarete mehrfach dazu auf, gegen die Feinde des Erasmus vorzugehen, besonders gegen Nicolaas Baechem.

Buchgeschäfte und Blockaden

2. Juli 1525
(Brief Nr. 1586)

Trägt sich Erasmus wirklich immer noch mit der Idee, nach Rom zu ziehen, wie er es in zahlreichen, vor allem nach Italien adressierten Briefen dieser Jahre bekundet? Oder ist das eine an den Bischof Jacopo Sadoleto gerichtete Schmeichelei? Sadoleto, der Sohn eines Juristen, hat sich wie so viele Humanisten seiner Generation buchstäblich nach oben geschrieben: 1498 kommt er als Sekretär eines Kardinals nach Rom, seinen Durchbruch erlebt er mit einem Gedicht über den spektakulären Fund der Laokoon-Gruppe Anfang 1506. Die mitreißende Hexameterdichtung wird zum Beleg seiner Fähigkeiten, und so macht ihn der erste Medici-Papst Leo X. zu seinem Sekretär; damit ist er ein Kollege Pietro Bembos (→ S. 193), auch dieser ein Dichter, der es bis zum Kardinal bringen wird. Sadoleto selbst wird 1536 zum Kardinal erhoben. Er gehört zu jenem Flügel des Klerus, der Reformen gegenüber offen sind, um die Reformation zu verhindern. Zugleich besitzt er als Dichter und Sekretär auch des zweiten Medici-Papstes Clemens VII., und darum geht es Erasmus 1525, Einfluss auf den Buchmarkt und die Vergabe von Druckprivilegien: Sadoletos römischer Verleger Calvo besitzt ein zehnjähriges Privileg, also eine Früh- und Vorform des Copyrights, an dem Erasmus zu kratzen versucht. Er betreibt hier also gleichsam Lobbyarbeit für die nordalpinen Drucker. Zugleich kann er nicht verhehlen, dass ihm der literarische Stil des italienischen, ganz an der heidnischen Antike orientierten Humanismus nicht sonderlich behagt. Auch benennt er, warum er selbst nicht reisen kann: Die ringsum tobenden Bauernkriege, zu denen sich Erasmus brieflich ansonsten kaum äußert, versperren ihm den Weg.

An Jacopo Sadoleto

Sei gegrüßt, ehrwürdigster Vater. Noch habe ich es nicht geschafft, deinen Kommentar zum 50. Psalm *Miserere mei* ganz durchzulesen, sondern habe nur stückweise davon gekostet; mehr konnte ich neben meinen Beschäftigungen bisher nicht tun.[1] Bald aber werde ich die Schrift aufs Gierigste verschlingen.

---

1 Erasmus übertreibt hier die zu tuende Arbeit ein wenig: Sadoletos Exegese füllt nur etwa fünfzig Oktavseiten.

Schon beim ersten Bissen staunte ich über die Klarheit, Einfachheit und Geradlinigkeit des Stils, verbunden mit höchster Frömmigkeit. Nichts wird übergangen, was zum Verständnis und zur Erläuterung der Aussage des Propheten gehört, und auch griechische, ja selbst hebräische Quellen hast du herangezogen. Wenn es mehr und mehr solche Bücher wären, die aus Rom zu uns kämen, dann, da bin ich mir sicher, würden die Leute bald eine höhere Meinung von eurer Stadt haben; denn sie könnten erkennen, dass es dort Männer gibt, die über die verborgenen Mysterien der Schrift nicht nur sehr eloquent, sondern auch andächtig und fromm zu schreiben vermögen. Denn bis zum heutigen Tag haben diejenigen, die sich zur guten Literatur bekennen, zwar in ihren Wissenschaften und Gebieten Hervorragendes geleistet, aber zu unserem Verständnis theologischer Angelegenheiten nicht besonders viel beigetragen.

Ich bin voll freudigen Eifers, das Werk auch von den hiesigen Typographen drucken zu lassen, damit es sich weiter über den Erdkreis verbreitet und noch mehr Menschen zur Erforschung der Frömmigkeit anspornt. Aber die Androhung der Exkommunikation, die dem Werk als Anhang beigegeben ist, hat mich zurückschrecken lassen, obwohl sie meiner Meinung nach keine andere Absicht zu verfolgen scheint, als Calvo vor Verlust zu bewahren.[2] Da nun aber Calvos Offizin nicht alle Gegenden dieser Welt zu versorgen vermag, so erscheint es mir als ein schwerer Schlag gegen die zukünftige Wissenschaft, wenn ein Buch von so großer Nützlichkeit bei nur einer römischen Druckerei bezogen werden kann.

---

2 Francesco Giulio Calvo aus Menaggio ist ein überaus umtriebiger Buchdrucker, glänzend auch nach Norden vernetzt: Er korrespondiert beispielsweise mit Johannes Froben und Erasmus selbst, den er 1518 in Löwen persönlich kennenlernt, und ist ein guter Freund des Juristen und Emblematikers Andrea Alciato. Er veröffentlicht neben seinem humanistischen Programm auch kontroverse Texte, etwa mehrere Werke Martin Luthers, ab 1521 aber auch antilutherische Schriften. Ab 1524 ist er der offizielle Drucker des Heiligen Stuhls und druckt die Bullen und Amtsschriften des Papstes. Seine letzten Bücher erscheinen 1542 in Mailand. Auf der letzten Seite von Sadoletos Schrift findet sich das Privileg, das Calvo von Papst Clemens VII. auf zehn Jahre erhalten hat, mit einer scharfen Warnung: „Wer auch immer du bist, ob Drucker oder Buchhändler, hüte dich wohl davor, dieses Buch oder jedes andere Buch, das in der Offizin des Francesco Giulio Calvo gedruckt worden ist oder gedruckt werden wird, (…) nachzudrucken oder aber zu verkaufen, was andere nachgedruckt haben.“

Ich vermute, dass mein Bote Karl[3] meinen Auftrag glücklich ausgeführt hat und sich zur Rückreise anschickt. Hier wird ein elendes und blutiges Schauspiel aufgeführt; der Herr möge ihm eine glückliche Schlusswendung geben! Ich bin von diesem plötzlichen Gewitter überfallen worden, und finde mich, wie man sagt, zwischen Messer und Altar, in einer durchaus gefährlichen Lage. Wenn es mir nur vergönnt wäre, jetzt das Wasser des Tibers zu trinken! Einige Mönchsnarren können nicht aufhören, mit tollwütigen Büchlein gegen mich zu toben, und manche sogar anonym. Bezüglich der Pension, die der Kaiser mir ausgelobt hat, besteht keine Hoffnung, wenn ich mich nicht selbst nach Brabant begebe. Wie der Wind also steht, kann ich weder die Segel hissen noch den Anker werfen. Meine ganze Hoffnung ruht in der Güte seiner Heiligkeit Papst Clemens. Die besten Wünsche für Hochwürden.

Basel, den 2. Juli 1525

Bonifacius Amerbach lehrt hier jetzt öffentlich Rechtswissenschaften und wird von allen seinen Freunden hoch geschätzt. Er schickt seine allerbesten Grüße.

---

3 Karl Harst aus dem Elsass studiert in Köln, Orléans und Löwen, wo er auch Erasmus kennenlernt und bereits für ihn als Bote arbeitet. 1524 kommt er zu Erasmus nach Basel und dient ihm als *famulus*. Im Mai 1525 bricht er zu einem Botengang durch Italien auf; Harst kommt dabei auch zu Giovanni Battista Egnazio nach Venedig, was Erasmus Anlass zu freundschaftlichem Spott gibt (→ S. 185). Aus Italien, mit dem südlichsten Punkt Rom, geht Harst dann via Basel und den Niederlanden nach England und wieder zurück nach Basel, wo er im April 1526 ankommt. Anfang 1527 scheidet er, in gutem Verhältnis, von Erasmus, um zu heiraten; schließlich wird er ein wichtiger Diplomat des Herzogtums Kleve.

Ausflug nach Besançon

September 1525
(Brief Nr. 1610)

Die Korrespondenz des Erasmus ist voll lebendiger Beispiele für das große Gewicht, das eine persönliche Empfehlung und ein tadelloser, ehrbarer Ruf in vormoderner Zeit besitzen: Ohne Verlässlichkeit und guten Leumund kann die langsame Fernkommunikation nicht funktionieren, noch weniger die gezielte Bewegung von Waren, Geldern, Menschen. Im Gegenzug macht das aber auch verständlich, welches Gewicht, welche Schlagkraft Gerücht und Verleumdung haben können: Eine Falschinformation, ob absichtsvoll geäußert oder nicht, wieder aus der Welt zu schaffen, beansprucht unheimlich viel Zeit und Energie. Beide Seiten der Medaille sind der Beweis für die ungeheure Macht des schriftlich oder mündlich gegebenen Wortes, das noch nicht der Inflation tausendfacher Kommunikationsmöglichkeiten erlegen ist. Dass diese Macht im eskalierenden Meinungs- und Konfessionsstreit auch destruktiv eingesetzt werden kann, erfährt Erasmus immer wieder.

Im Frühling 1524 besucht Erasmus von Basel aus Besançon, das in etwa so weit entfernt ist wie Straßburg und ebenso eine freie Reichsstadt. Er will dort seinen Freund Ferry de Carondelet besuchen, Erzdiakon von Besançon und Abt des Klosters Montbenoît, zudem ein hoher habsburgischer Diplomat und Ratgeber, sowie der Bruder des Erzbischofs von Palermo, Jean de Carondelet (→ S. 171). Aber ausgerechnet Ferry de Carondelet ist gerade nicht in der Stadt. Stattdessen findet Erasmus Verleumder, deren Behauptungen er über ein Jahr später, 1525, vermutlich im September, in einem Brief an Noël Béda, einen konservativen Theologen an der Sorbonne, richtigstellen muss; des Weiteren findet er viel zu viele Bewunderer, was fast ebenso unangenehm ist. Erasmus klagt, bei aller Menschenliebe, nicht wenig über die Zudringlichkeit der Welt, die sich auf den berühmten Literaten stürzt, den seine Schriften zu einer internationalen Persönlichkeit gemacht haben. Die eine Hälfte der Welt will ihm also gefallen und ihm zu Diensten sein, die andere Hälfte verfolgt ihn mit übler Nachrede: Nur den großen Erasmus in Ruhe zu lassen, dazu scheint keiner bereit.

An Noël Béda

Erasmus von Rotterdam grüßt Noël Béda. Ein Brief, den Pierre Richard an Ludwig Baer geschrieben hat, gibt mir zu verstehen, dass ich weiß nicht was für seltsame Gerüchte über meine Abreise aus Besançon im Umlauf sind, und dass man sie auch zu glauben scheint. Dergleichen ist keine Neuigkeit für mich und dürfte auch für dich keine sein. Dennoch kann ich es nicht dulden, dass der, den ich für einen Mann halte anständigen, der schlicht einem Irrtum erlegenen ist, länger diesem Irrtum aufsitzt.

Das Folgende ist also die Geschichte meiner Abreise aus Besançon; ich füge der Wahrheit nichts hinzu und ich ziehe nichts von ihr ab. Ferry de Carondelet, der Bruder des Erzbischofs von Palermo und selbst Erzdiakon von Besançon, hatte mich zum wiederholten Male brieflich eingeladen, ihn zu besuchen, ja sogar, wenn es mir recht wäre, ganz bei ihm einzuziehen. Als nun die Lieblichkeit des Wetters und das frühlingshafte Ansehen aller Dinge dazu einlud, bestieg ich also das Pferd und kam nach Porrentruy mit dem Vorsatz, dem ehrwürdigen Greisen und Muster aller Tugend Christoph von Utenheim, dem Bischof von Basel, meine Aufwartung zu machen.[1] Obwohl er mich herzlich aufnahm, konnte ich ihm nur einen Tag geben; er ließ mich allerdings nur aufbrechen, nachdem ich versprochen hatte, auf der Rückreise länger bei ihm zu verweilen. Ich versprach es ihm, und dann brach ich auf, und zwar begleitet von meinen Dienern, von Thiébaut Biétry,[2] einem Vikar in Porrentruy, von Richard, einem Kaplan des ehrwürdigen Herrn Nikolaus von Diesbach und Koadjutor des Bischofs, sowie von Georges Ferriot, ebenfalls Pfarrer in Porrentruy. Nachdem wir durch Clerval gekommen waren, begleitete uns auch noch jemand, den wir im örtlichen Wirtshaus kennengelernt hatten.

Als wir nicht mehr weit von Besançon entfernt waren, begegneten wir noch einem Pfarrer, der eine Dame begleitet hatte und sich nun zu uns gesellte. Als ich sah, dass er uns auf einmal vorauseilen wollte, verdächtigte ich gleich Thiébaut, dass er ihm meinen Namen verraten hatte. Ich hieß ihn zurückkehren und befahl ihm, nicht das Gerücht meiner Anwesenheit zu streuen, bevor nicht ich selbst guthieß, dass es bekannt würde. Wir hatten an diesem Tag nämlich schon viele Stunden auf dem Pferd gesessen, das Wetter war drückend heiß

1 Das Örtchen Porrentruy (deutsch Pruntrut), zwischenzeitlich ebenfalls freie Reichsstadt und etwa auf halbem Weg nach Besançon, war seit etwa 1519 der vorrangige Wohnsitz des Bischofs von Basel; als Folge der Reformation wurde auch der offizielle Sitz des Basler Bischofs nach Porrentruy verlegt.

2 Ein Geistlicher und Notar in Besançon und Porrentruy, mit dem Erasmus schon länger bekannt ist; auf Anregung Thiébauts schreibt Erasmus eine Messe und Predigt zu Ehren der Maria von Loreto, die 1523 als Buch bei Froben erscheint.

gewesen und ich wusste, wie beschwerlich ein Auflauf von Leuten sein kann, die ihre Aufwartung machen wollen. Es war mein Wunsch, diese Nacht ganz der Wiederbelebung meines Körperchens zu widmen. Vor dem Abendessen machte ich ein kleines Nickerchen. Als es dunkel wurde, wurde das Abendessen aufgetragen. Während des Abendessens erschien plötzlich der Offizial des Erzdiakons[3] mit noch jemand anderem aus dem Haushalt des Erzdiakons. Sie waren voller Freude über mein Kommen und teilten mir mit, dass der Erzdiakon sich in seinem Kloster in Montbenoît befinde. Er habe indessen den Seinen Weisung hinterlassen, dass sein Haus, falls ich käme und er fort wäre, ganz das meine sein sollte, bis er selbst zurückgeeilt käme. Sogleich wurden Boten geschickt, die den Erzdiakon von meiner Ankunft unterrichteten. Außerdem wurden ohne mein Wissen Boten geschickt, um den Offizial des Erzbischofs von Besançon von meiner Ankunft zu unterrichten, denn auch der Erzbischof war nicht in der Stadt.

Am folgenden Tag kamen zwei Männer, der eine war ein Doktor der Rechte, den ich einst am Hof des Kaisers kennengelernt hatte, der andere war ein Magistrat der Stadt, zudem ein Verwandter des Erzdiakons. Sie klebten lange vor der Tür fest. Ich fragte sie, wer sie seien und was sie wollten. Die Antwort war, sie seien gekommen, um mir ihre Aufwartung zu machen, wagten es aber nicht, mich anzusprechen, um mir nicht lästig zu fallen. Ich ließ sie also hereinbitten und wir tauschten Höflichkeiten aus. Bald darauf hörte ich eine Messe und ging zum Haus des Offizials des Erzdiakons, um mich dort bis zur Ankunft des Erzdiakons zu verstecken. Dort allerdings bekam ich sofort Besuch von François Bonvalot, dem Schatzmeister der dortigen Kirche, ein junger Adliger von herausragendem Talent.[4] Er grüßte mich ausgesprochen menschlich, freudige Erregung war ihm deutlich ins Gesicht geschrieben. Bei dieser Gelegenheit ließ ich einen kleinen Imbiss bereiten, mit der ausdrücklichen Anordnung, dass nur junges Hühnchen serviert und niemand sonst hereingelassen werden sollte. Dies tat ich aus Rücksicht auf meine Gesundheit.

3 Der Kanoniker Guillaume Guérard; er wird auch 1529 der Ansprechpartner des Erasmus sein, als dieser auf Grund der Reformation Basel verlassen muss und den Umzug nach Besançon erwägt.

4 Der Jurist und sture Katholik François Bonvalot, der als Kleriker in seiner Heimatstadt Besançon, aber in den 1530er-Jahren auch als Diplomat am Habsburger Hof Karriere macht; er amtiert unter anderem als Botschafter Karls V. in Frankreich.

Niemand kam, außer meinem Reisegefährten Thiébaut sowie Désiré Morel, ein Kanoniker der dortigen Kirche, ein frommer und gebildeter Mann. Zu Abend aßen wir beim Schatzmeister, nur der Offizial und Thiébaut waren dabei. Während des Essens kam plötzlich der Schulmeister herein; nach dem Essen noch der Kantor der dortigen Kirche.

Am folgenden Tag besichtigten wir einen Teil der Stadt und waren zu Mittag bei Antoine, dem Prokurator des Erzdiakons. Anwesend waren der Schatzmeister, der Offizial und Thiébaut, und ein gewisser Priester, den ich kaum kannte, aber der überaus bemüht um mich war. In der Zwischenzeit waren der Erzdiakon und der Offizial des Erzbischofs zurückgekommen. Der Erzdiakon gab sich große Mühe, mich zu einem Abendessen beim zurückgekehrten Offizial zu ziehen. Ich entschuldigte mich mit meiner Müdigkeit und brachte den Erzdiakon dazu, mit mir im Haus seines eigenen Offizials zu Abend zu essen.

Schon war das Gerücht zu allen vorgedrungen, Erasmus sei in der Stadt. Der Magistrat schickte eine große Fülle Wein und Hafer, um mir die Ehre zu geben. Wir frühstückten im Haus des Erzdiakons, aber diesmal mit einer zahlreicheren Tischgesellschaft; anwesend waren beide Offizialen, Désiré, ein oder zwei Kanoniker sowie der Magistrat, der mich als erster begrüßte. Mir wurden erlesene Fische und Hypocras[5] geschenkt, von hier kam etwas und von dort kam etwas; für mich nutzlose Gastgeschenke. So ging es nun zwei oder drei Tage lang, die Gastmähler fanden nur im Haus des Erzdiakons oder im Haus des Offizials des Erzbischofs statt, der ganz in der Nähe wohnte. Obwohl ich nach Kräften klagte, dass ich es nicht überleben würde, wenn diese Gastmähler nicht kürzer und schlanker ausfielen, so gab ich doch immer ihren Wünschen nach, bis ich spürte, dass ich einen Schnupfen bekam, ein mir nur allzu bekanntes Übel.

Der Magistrat wollte zu meinen Ehren unbedingt ein großartiges Gastmahl veranstalten, und er hätte es auch getan, wenn ich nicht geschrien hätte, ernstlich und gefährlich krank zu sein. Die Kanoniker erwiesen mir währenddessen so viel Ehre, wie sie nur konnten. Sie versprachen mir eine immerwährende doppelte Pfründe und leiteten alles dazu in die Wege; und dazu noch ein Haus und nicht wenig Geld. Der Magistrat bot mir eine jährliche Zahlung von hundert Goldkronen an. Ich antwortete, dass ich jetzt nicht weniger in ihrer Schuld stünde, als wenn ich ihre Geschenke annehmen würde. Schließlich war

5 Ein geklärter und stark süß gewürzter Wein.

ich doch aus keinem anderen Grund nach Besançon gekommen, als um meinen alten Freund, den Erzdiakon, zu besuchen; hätte ich rechtzeitig gewusst, dass er in seinem Kloster sein würde, wäre ich gar nicht erst nach Besançon gereist. Hätte ich je in Besançon leben müssen, hätte ich vor allem ihre Zuneigung ihren Geschenken vorgezogen, denn zum einen bin ich mit meinem kleinen Vermögen zufrieden, zum anderen ist mir meine Freiheit mehr wert als Geld. Ein ums andere Mal ließen sie den Knabenchor und die übrigen Sänger auftreten, um mir eine Freude zu machen.

Inzwischen aber war die Krankheit nach und nach so weit fortgeschritten, dass ich mich von allen Gastmählern fernhalten musste, wenn ich mit dem Leben davonkommen wollte. Während drei oder vier Tagen aß ich in meinem Schlafzimmer. Zum Frühstück gab es ein Ei oder ein wenig feingeschnittenes Hühnchen, statt des Weines mit Zucker verkochtes Wasser. Selbst mit dem Erzdiakon pflegte ich keine Unterhaltung; das forderte meine Gesundheit. Als schließlich der Fieberanfall (denn auch der gesellte sich dazu) langsam zurückging, traf ich Vorbereitungen zur Abreise, denn ich wollte nicht liegenbleiben und dabei anderen zur Last fallen; ich wusste, dass die Krankheit wie üblich nur langsam vergehen würde. Als ich also wieder eine Unterhaltung führen konnte, ließ ich meine besten Freunde kommen und bedankte mich bei ihnen. Der Erzdiakon war geschäftlich fortgerufen worden, hatte beim Aufbruch aber sorgfältige Weisung hinterlassen, dass mir sein Haus ganz zur Verfügung stehe.

Am nächsten Morgen ließ ich die Pferde bereitmachen und verbat mir jede größere Begleitung. Als ich mein Schlafzimmer verließ, standen da schon drei oder vier Leute, um mir ihre Aufwartung zu machen, einer davon ein Franziskaner und Theologe. Ich stieg aufs Pferd. Als ich aus dem Haustor kam, stand da Herr Antoine Montrivel, Dekan von Montbéliard und Kanoniker in Besançon, und grüßte mich ausgesprochen liebenswürdig. Als ich am Haus des Offizials des Erzbischofs vorbeikam, traf ich ihn selbst auf einem Maultier an, auch der Schatzmeister war dabei. Ich protestierte vergebens, sie bestanden darauf, mich mitten durch die Stadt und zweitausend Schritte weit zu begleiten. Das Pferd, auf dem ich saß, war wenig prachtvoll, aber für mich doch bequem. Der Offizial drang beflissen in mich, ich solle doch sein Maultier besteigen, er würde einen seiner Diener mit nach Basel schicken, der das Maultier zurückbringen könne. Ich schaffte es kaum, mich zu erwehren. So kam ich wieder nach Basel, ohne jemanden vor den Kopf zu stoßen oder selbst vor den Kopf gestoßen zu werden, abgesehen davon, dass ich auf Grund meiner Krankheit den Freunden eine Last gewesen war, denen ich eine Lust hätte sein wollen, und dass ich nicht die Gesellschaft jener genießen konnte, um derentwillen ich die Reise unternommen hatte.

Damit hast du die ganze Geschichte vor dir, wie sie vorgefallen ist, ich habe keine Silbe hinzugedichtet. Aber damit es nicht so scheint, ich würde etwas unterschlagen, erzähle ich dir auch von den Gerüchten, die nach meiner Abreise die Runde machten. Jemand schrieb aus Montbéliard an Thiébaut, dass ich weiß nicht wer das Gerücht streuen würde, ich hätte Besançon im Streit mit jedermann verlassen. Ich wunderte mich über diese Ungeheuerlichkeit und schickte Thiébaut, um Nachforschungen anzustellen. Er stellte sie an und fand, dass gleichzeitig mit mir einige lutherische Landstreicher, wie sie sich überall herumtreiben, in Besançon gewesen seien. Diese fühlten sich von mir und meiner jüngst erschienen *Spongia* vor den Kopf gestoßen, weil ich darin Hutten, den Beschützer des Evangeliums, angegriffen hatte,[6] und fingen also an, gegen mich zu schwafeln und zu plappern (es waren Deutsche). Entsprechend hatten sie das völlig hinfällige und unbegründete Gerücht verbreitet. Schließlich kam Thiébaut nach Basel. Ich forschte nach, was geschehen sei: Nichts war geschehen, war seine Antwort, als die Schwafeleien irgendwelcher hirnverbrannter Leute, die sich unter Dummköpfen verbreitet hatten. Kurz darauf ging Thiébaut wieder nach Besançon und erhielt vom Erzbischof ohne jede Schwierigkeit auf meine Empfehlung hin eine Anstellung. Als er zurück war, fragte ich ihn, was denn nun vorgefallen war; er antwortete, es wäre nichts gewesen als das dumme Geschwätz des einen oder anderen Lutheraners. Ich befragte meine Diener und Reisebegleiter, ob sie vielleicht mir irgendjemandem Streit gehabt hatten; sie verneinten, außer mit diesen dummen lutherischen Landstreichern mit irgendjemandem gesprochen zu haben. Wie die Angelegenheiten der Menschen im Augenblick stehen, kann ich weder irgendwohin reisen, ohne dass ein Gerücht hohe Wellen schlägt, noch kann ich abreisen, ohne dass eine Menschenmenge zusammenläuft: was für mich so lästig ist

---

6 In seiner *Spongia Erasmi Adversus aspergines Hutteni* (wörtlich: Der Schwamm des Erasmus gegen die Verleumdungen bzw. Besudelungen Huttens), die 1523 erscheint, verteidigt sich Erasmus gegen die vom polternden lutherischen Hutten ebenfalls 1523 erhobenen Vorwürfe, er sei ein feiger Papist. Der Bruch zwischen den Humanisten Hutten und Erasmus ist symptomatisch für die Spaltung des Geisteslebens, die im Gefolge und im Zeichen Luthers Mitteleuropa heimsucht.

wie nichts sonst. Inmitten all dieser widerstreitenden Meinungen wird es unausweichlich Leute geben, die hinterhältige Gerüchte über mich in Umlauf bringen. Gewiss ist es so, dass solche Gerüchte, die aus dem Nichts entstehen, bald wieder verschwinden. Was könnte dennoch mehr Schaden anrichten als üble Nachrede? In keinem Jahrhundert hat diese Seuche souveräner regiert als heutzutage. Wer ihrem Biss entgehen kann, darf sich glücklich schätzen. Heute aber kann das niemand, der einen Ruf und etwas Berühmtheit besitzt.

Da das nun die volle Wahrheit ist, die ich durch zahlreichen Zeugen belegen kann, verstehe ich nicht, was diejenigen wollen, die von „den Vorfällen in Besançon" sprechen. Es ist nichts weiter vorgefallen als das, was ich gesagt habe. Deine Worte zeigen deutlich, dass ein Mensch mit verbrecherischer Zunge jenes ungeheuerliche und verlogene Gerücht zu dir getragen hat. Das ist weder überraschend noch verwunderlich. Gewiss aber steht es einem Theologen schlecht an, dergleichen zur Kenntnis zu nehmen, oder, wenn man es schon zur Kenntnis genommen hat, es in einem Brief als überzeugende Tatsache hinzustellen.

Basel, September 1525

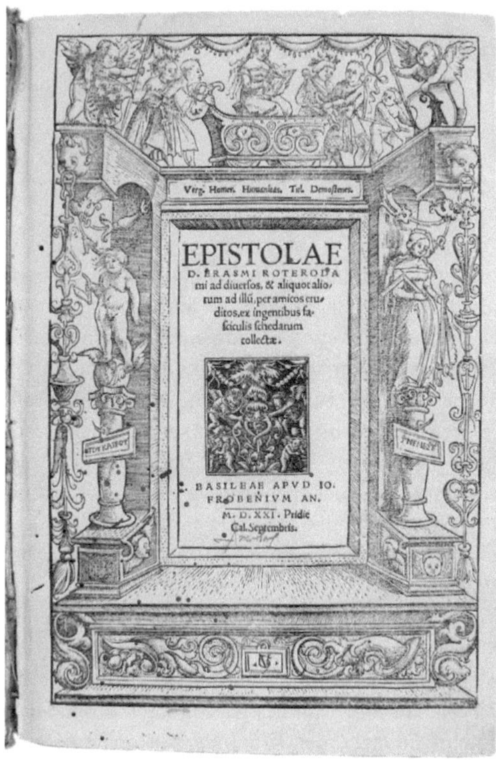

EPISTOLAE
D. ERASMI ROTERODA
mi ad diuersos, & aliquot alio
rum ad illũ, per amicos eru
ditos, ex ingentibus fa
sciculis schedarum
collectæ.

BASILEAE APVD IO.
FROBENIVM AN.
M. D. XXI. Pridie
Cal. Septembris.

Titelblatt der Briefsammlung *Epistolae D. Erasmi Roterodami ad diversos, & aliquot aliorum ad illum*, gedruckt von Johannes Froben in Basel Ende August 1521. Diese Sammlung hat sowohl für die Dokumentation des Briefwerks, als auch für die Wirkung des Briefautors Erasmus bei seinen Zeitgenossen größte Bedeutung. Die Rahmung des Titelblattes wurde unter anderem bereits für Frobens Ausgabe der *Adagia* von 1513 verwendet (→ S. 84). Sie stammt von dem bedeutenden Solothurner Künstler und Abenteurer Urs Graf: Oben in der Mitte sitzt in einem Triumphwagen und flankiert von vier Autoren der Antike die *Humanitas* (Menschlichkeit) und liest in einem Buch. Zentral im Titelschild prangt hier in üppiger Version die Druckermarke Frobens: der von zwei Schlangen umschlungene Stab Merkurs. Urs Grafs Monogramm findet sich selbstbewusst in der Mitte der unteren Zierleiste. Abgebildet ist hier ein Exemplar mit Besitzvermerkt der Familie Amerbach. Universitätsbibliothek Basel, UBH Falk 772.

Verbindungen nach Venedig

6. Mai 1526
(Brief Nr. 1707)

Wie für wenig sonst, reisen Humanisten für Bücher: für neue Bücher, indem sie Verlagsstandorte aufsuchen oder Orte, an denen Finanzierung und Muße locken, oder aber für alte Bücher. Sie durchkämmen Europa auf der Suche nach alten Codices, die bis dato unbekannte Werke der Antike oder zumindest bis dato unbekannte Varianten enthalten. Dieses Suchen und Forschen lässt sich bestens aufteilen beziehungsweise delegieren, und das tut natürlich auch der in Basel inzwischen sesshafte Erasmus: Im Sommer 1526 reist Hieronymus Froben, der Sohn von Erasmus' Verleger, durch Oberitalien, um nach Büchern zu suchen, und er wird Einiges vom spätantiken Kirchenlehrer Johannes Chrysostomus finden, das in Erasmus' ab 1530 erscheinende Edition eingehen wird – da leitet Hieronymus Froben bereits den Verlag, nachdem sein Vater Johannes 1527 gestorben ist.

Eine wichtige Anlaufstelle für Hieronymus ist natürlich Venedig, das nicht nur die mit Abstand größte Verlagsstadt der Welt, sondern dank der geographischen Lage und der grandiosen Schenkung des Kardinals Bessarion 1468 Heimat einer der wichtigsten Sammlungen griechischer Literatur ist. Anlaufstelle ist der Humanist Giovanni Battista Cipelli, genannt Egnazio, den Erasmus seit seinem Aufenthalt in Venedig 1507/1508 kennt. Egnazio, aus einer bescheidenen Venezianer Familie stammend, ist einer der produktivsten und fähigsten Herausgeber des Aldo Manuzio, für den er seit 1502 tätig ist, auch als Mitglied der verlagsbegleitenden *Accademia Aldina*. Unzählige antike Werke hat Egnazio ediert, kommentiert und mit Apparaten versehen, auf die auch Erasmus immer wieder zurückgreift. Ab 1520 unterrichtet Egnazio zudem an der Scuola di San Marco.

Zumindest der Beginn des Briefes, mit dem der junge Basler Bücherjäger dem großen Gelehrten empfohlen wird, strahlt jene emsige Literatenbehaglichkeit aus, die Erasmus an Venedig stets gepriesen hat: Man unterhält sich über Lesarten und Wortbedeutungen (in diesem Fall über rätselhafte Worte aus dem Hesekiel-Vorwort des Kirchenvaters Hieronymus), man macht milde Scherze über gemeinsame Bekannte und fädelt neue Bekanntschaften ein, man organisiert die weitere Erschließung der Antike. Demgegenüber, das kann nicht ganz ausbleiben und kommt am Ende des Briefes zur Sprache, fühlt sich Erasmus in seiner Zeit und an seinem Wohnort mehr und mehr zum Kampf verpflichtet: statt der humanistischen Lyra wird ihm die Waffe des Gladiatoren aufgezwungen.

An Giovanni Battista Egnazio

Was die Begriffe *loedorophagoi* und *seneciae* angeht, bin ich deiner Autorität gefolgt, Battista, denn du bist nicht nur der Beste, sondern auch der Gelehrteste. Ich habe einige der ersten Seiten des Galen ins Lateinische übersetzt.[1] Mir ist noch nichts Fehlerhafteres untergekommen. Das martert meinen Geist gleich in dreifacher Hinsicht: Es schmerzt mich für die Studenten, für den gewichtigen Autor[2] und für Asulanus selbst;[3] er handelt hier gegen sein Interesse, wenn er seinem guten Ruf nicht gerecht wird. Wer für die Korrektur des Bandes zuständig gewesen ist, scheint keine Kenntnis auch nur der Grundlagen der griechischen Sprache gehabt zu haben. Ich danke dir sehr für die Menschlichkeit, die du dem polnischen Baron und meinem Karl bezeigt hast;[4] allerdings glaube ich, dass du dich in der Person geirrt hast, wenn du in deinem Brief so sehr Karls große Eleganz lobst. Der Pole ist ein sehr feinsinniger Mann, aber in Karls Redeweise habe ich besondere Eleganz noch nie bemerkt.

Der Überbringer dieses Briefes ist Hieronymus Froben, der Sohn des Johannes Froben. Abgesehen von anderen Geschäften würde er auch sehr

---

1 Der Erstdruck des griechischen Originals ist 1525 bei Aldo Manuzios Geschäftspartner, Schwiegervater und Nachfolger Andrea Torresano aus Asola (deshalb *Asolanus*) erschienen.

2 Es ist unklar, ob Erasmus hier Galen selbst meint, oder den leitenden Herausgeber der Aldine, den von ihm geschätzten Arzt Giambattista Oppizoni.

3 Erasmus fühlt sich dem Verlag immer noch verbunden, auch nachdem Aldo Manuzio (→ S. 71) selbst, der intellektuelle Kopf des Unternehmens, bereits 1515 verstorben ist und obwohl sein Nachfolger Torresano eher als Geschäftsmann gilt, nicht so sehr als Gelehrter. Zudem ist eine kleine Querele um Erasmus' humanistisches Hauptwerk, die *Adagia*, vorausgegangen. Das Werk ist in seiner erweiterten Gestalt bei Aldo 1508 zum ersten Mal erschienen; der Raubdruck durch Froben 1513 begeistert Erasmus für Froben und Basel gleichermaßen, dort entstehen auch die folgenden Ausgaben 1515, 1517/18, 1520 und 1523. 1520 ist in Venedig indes durch Torresano wiederum eine Basler Ausgabe als Raubdruck nachgedruckt worden, ohne den erhofften Erfolg; auf die entsprechende venezianische Klage hin verspricht Erasmus in alter Verbundenheit, die nächste reguläre Ausgabe der *Adagia* in Venedig zu veröffentlichen, wenn es nur schnell genug geht. Das allerdings scheitert, da Torresano nicht schnell genug drucken kann, eben weil der Verlag gerade mit der *editio princeps* des griechischen Galen beschäftigt war.

4 Der bestens vernetzte und weitgereiste polnische Baron Jan Laski geht mit Erasmus' Boten Karl Harst (→ S. 175) nach Italien.

gerne alte Codices, sofern welche verfügbar sind, mit sich nehmen, deren Veröffentlichung für Studenten nützlich sein könnte. Ich möchte dich nicht mit Pflichten belasten; aber gewiss wirst du mit deinem Rat diesem weder unmenschlichen noch undankbaren Jüngling bedeutend weiterhelfen können. Es schmerzt mich, dass Longueil der Gemeinschaft der Studierenden entrissen worden ist;[5] obwohl er ich weiß nicht was für einen Zorn auf mich gehabt hat, den zu verdienen ich nichts getan habe, denn ich habe von ihm immer nur das Beste gedacht und gesprochen.

Es erscheint mir klar, dass es keine Altweiberfabel ist, was Homer über Atê und die Litai geschrieben hat.[6] Mit welcher Geschwindigkeit rast Atê durch die Köpfe der Fürsten und Völker, und stürzt fast ganz Europa in den Wahnsinn des Krieges! Wie wahrlich langsam schreiten und handeln dagegen die Litai! Wie lange wird schon über die Bedingungen eines Vertrags verhandelt! Und dennoch ist noch alles in der Schwebe. Wir hören von Frieden, aber wir sehen nichts dergleichen. Der Anfall des lutherischen Fiebers ist zurückgegangen, auf der anderen Seite aber droht wieder ein Aufflammen. Eine Partei ist in fünf oder sechs Parteien zersplittert. Wenn es mir nur erlaubt wäre, auf den grünen Wiesen der Musen alt zu werden! Jetzt bin ich sechzig Jahre alt, werde hinaus auf den Sand der Gladiatoren gestoßen, und statt einer Lyra habe ich ein Netz[7] in der Hand. Leb wohl.

Basel, den 6. Mai 1526

---

5 Christophe de Longueil, aus altem normannischem Adel, studiert in Paris und macht als Jurist schnell Karriere, bringt es 1510 bis zum Lehrer für den jungen König François I. und unterrichtet ab 1513 in Valence. Dann wendet er sich literarischen Studien zu, lernt Griechisch und wird durch eine Begegnung mit Pietro Bembo (→ S. 193) schlagartig zum Humanismus und zur Cicero-Verehrung „bekehrt“. Das Verhältnis zu Erasmus ist spannungsreich. Sein früher Tod 1522 mit nur 32 Jahren in Padua wird allgemein beklagt.

6 Erasmus vermischt hier ein Zitat aus den *Paulusbriefen* (1. Brief an Timotheus, „Die ungeistlichen Altweiberfabeln aber weise zurück; übe dich selbst aber in der Frömmigkeit!“) mit einer Anspielung auf den 9. Gesang der *Ilias*: Die geschwinde Atê, Tochter des Zeus, ist die Verblendung, die langsameren Litai, ebenfalls Töchter des Zeus, sind die reuigen Gebete.

7 Die Bewaffnung einer der typischen Gladiatoren-Klassen, der *retiarii*, bestand in einem Netz und einem Dreizack.

Blitzschlag, Pulverexplosion und anderes Getöse

26. September 1526 (Brief Nr. 1756)

Je älter Erasmus wird, desto weniger reist er. Das kann man ihm mit Blick auf seinen Gesundheitszustand und auf den friedlichen Garten in Basel, den sein Verleger Froben im Sommer 1526 für ihn gekauft hat, nicht verdenken. Im gleichen Zuge aber tauchen in Erasmus' Briefen immer wieder kleinere Erinnerungen oder Anekdoten aus früheren Zeiten auf: manchmal als Kontrast, manchmal als Bestärkung seiner Weltgewandtheit und Autorität. Denn immer stärker wird Erasmus von beiden Seiten in den Konfessionsstreit hineingesogen und glaubt, unzählige Bögen Papier mit kleinteiliger Selbstverteidigung füllen zu müssen. Zur Steigerung der humanistischen Autorität eignen sich Verweise auf Italien am besten, und Verweise auf Rom im Besonderen, um den Vorwurf zurückzuweisen, Erasmus sei ein Vordenker der Lutherischen. So eröffnet etwa der sehr lange apologetische Brief an Agostino Steuco vom 27. März 1531 (Nr. 2465) mit einem eigenartigen Erlebnis aus Rom, wo sich Erasmus 1509 im Februar, April und Juli für jeweils kurze Besuche aufgehalten hat: An einem Nachmittag will er den literatur- und kunstsinnigen Kardinal Domenico Grimani in seinem Palazzo auf dem Quirinal besuchen, kommt in den Hof und da ist – niemand. Er erklimmt die Freitreppe, betritt durch eine offene Türe eine Zimmerflucht, auch im zweiten, dritten, vierten Raum – niemand. Schließlich findet er jemandem, wird dem Kardinal vorgestellt, und der empfängt ihn glänzend, freundlich und auch verbindlich. Erasmus aber hat bereits zugesagt, so schnell wie möglich nach England zu reisen.

Auch im Brief an den Kollegen Nicolas Wary, der zu den Mitbegründern des Collegium Trilingue zählt und gerade Anfang 1526 zum zweiten Präsidenten dieser Schule aufgerückt ist, teilt Erasmus eine italienische Anekdote mit. Gegenüber dem alten Freund Wary muss sich Erasmus nicht verteidigen und kann frei plaudern. Der Gegenstand des Briefes selbst, die Explosion eines Vorrats Schießpulver in Basel, wäre schon spektakulär genug – aber die Szene, die er von seinem Aufenthalt in Florenz im Herbst 1506 einfließen lässt, hat es ebenfalls in sich.

An Nicolas Wary

Erasmus von Rotterdam grüßt seinen Nicolas Wary aus Marville. Viel Neues gebiert dieses unser Afrika hier an jedem Tag,[1] mein liebster Nicolas. Einiges davon aber ist so geartet, dass du, meiner Meinung nach, in Zukunft nicht gerne davon lesen wirst, und dass es für mich nicht sicher ist, darüber zu schreiben. Aber eines, was hier kürzlich passierte, werde ich dir erzählen. Am 20. September zog mich das liebliche Wetter hinaus in den ziemlich großen und einnehmend schönen Garten, den Johannes Froben auf meine Ermunterung hin gekauft hat. Dort nämlich pflege ich nachmittags mehrere Stunden zu verbringen, um den herannahenden Schlaf zu vertreiben oder um meinen Widerwillen gegen die dauernde Betriebsamkeit zu lindern, wenn das Wetter mild und einladend ist. Nach kurzem Herumschlendern hatte ich mich in das kleine Gartenhäuschen zurückgezogen und gerade begonnen, etwas aus dem Chrysostomos[2] zu übersetzen, als plötzlich ein Blitz vor dem Fensterglas zuckte, allerdings leise und sanft. Zuerst dachte ich noch, meine Augen hätten mich getäuscht. Als es aber nochmal und wieder blitzte, wunderte ich mich doch und blickte nach draußen, ob das Wetter sich geändert hatte, Wolken sich zusammenzogen, ein Regensturm drohte. Ich konnte keine Gefahr erkennen und wandte mich wieder meinem Buch zu. Bald hörte ich ein Grollen, aber ein dumpfes: in der Art Jupiters, wie die Dichter erzählen, wenn er gute Laune hat, und ganz anders als der Klang jener Blitze, mit denen er die Reihen der Giganten zerschmetterte oder Salmoneus und Ixion[3] in den Tartarus schleuderte. Wenig später erschien ein gleißenderer Blitz und ich hörte einen schrecklichen Schlag, dem Lärm vergleichbar, der für gewöhnlich entsteht, wenn ein Blitz mit Macht in etwas Festes einschlägt.

---

1 „Afrika“ ist sprichwörtlich für Unbekanntes und Wunderbares, vgl. entsprechend *Adagia* Nr. 2610. Erasmus bezieht sich vermutlich auf die konfessionellen und sozialen Unruhen in Süddeutschland und Basel.

2 Johannes Chrysostomos („Goldmund“), ein bedeutender Prediger und Bibelexeget des 4. Jahrhunderts; die lateinische Übersetzung des Erasmus erscheint schließlich 1530.

3 Zwei Gestalten der Mythologie, die ebenso wie die Giganten versuchten, die Ordnung der Olympischen Götter und Jupiter im Besonderen herauszufordern: Ixion versuchte, Jupiters Gattin Juno zu verführen, Salmoneus, ein Sohn des Windgottes Aeolus, der später im Brief nochmals auftaucht, versuchte mit theatralischen Tricks, Blitz und Donner nachzuahmen und ließ sich von den Bewohnern der von ihm gegründeten Stadt als Jupiter verehren.

Während ich mich in Florenz aufhielt, als Papst Julius, dieser irdische Jupiter, gegen Bologna donnerte und blitzte, da donnerte und blitzte es einmal fast den ganzen Tag lang, begleitet von schweren Regenfällen. Ich saß gerade auf dem stillen Örtchen, um meinen Darm zu entleeren, als plötzlich ein schreckenerregendes Krachen ertönte. Ich bekam es mit der Angst zu tun und flüchtete mich zu den anderen. „Wenn ich mich nicht völlig täusche", sagte ich, „dann werdet ihr nach diesem Lärm kaum eine fröhliche Nachricht hören." Und siehe da, wenig später kam ein Arzt und berichtete uns, dass drei Nonnen in ihrem Kloster vom Blitz getroffen worden waren; eine von ihnen starb kurz darauf, eine war dem Tod nah, und die dritte war so schwer verletzt, dass sie keine Hoffnung auf Leben mehr hatte.

Da dieses nun ein ähnliches Geräusch gewesen war, ging ich nachschauen, wie der Himmel aussah. Zur linken herrschte schönstes Wetter, zur Rechten aber sah ich eine eigentümliche, ungewöhnliche Wolke, die von der Erde aus in die Höhe stieg, nahezu aschefarben war und sich an ihrer Oberseite auseinanderbog. Man hätte meinen können, es sei eine Felsklippe, deren Gipfel im Meer versank. Je aufmerksamer ich das Gebilde beobachtete, desto weniger ähnelte es einer Wolke. Während ich starr vor Staunen das Spektakel beobachtete, kam einer meiner Diener, der im Haus geblieben war, atemlos angerannt und forderte mich auf, sofort zurück ins Haus zu gehen; die Bürgerschaft sei in Aufruhr und unter Waffen. So ist es nämlich in der hiesigen Republik üblich, dass unverzüglich Bewaffnete zusammenlaufen, um die Tore und Mauern zu schützen, sobald ein Feuer ausbricht. Es ist nicht ratsam, diesen Bewaffneten in die Quere zu kommen, denn ein Schwert in der Hand macht tollkühn, vor allem dann, wenn gar keine Gefahr droht. Der Garten, in dem ich arbeitete, lag genau an der Mauer. Ich rannte nach Hause und begegnete dabei mehreren Bewaffneten. Einige Zeit später erfuhren wir dann, wie die ganze Geschichte sich zugetragen hatte.

Einige Tage zuvor waren in einen der Türme,[4] die in regelmäßigen Abständen die Stadtmauer verstärken, einige Fässer Schießpulver eingelagert worden. Der Magistrat hatte befohlen, diese Fässer im obersten Stockwerk des Turms zu verstauen, aber durch ich weiß nicht wessen Sorglosigkeit wurden sie im Erdgeschoss des Turms verstaut. Hätte das Pulver ganz oben gestanden,

4 Der sogenannte Schniderturm war Teil des dritten, äußeren Mauerrings und stand in der Gegend des heutigen Baseler Aeschenplatzes.

dann hätte es nur das Dach in die Luft gehoben, ohne das Übrige zu beschädigen. Aber durch einen wunderlichen Zufall war ein Blitz durch die Gucklöcher des Turms gedrungen und in das Schießpulver geschlagen und gleich darauf hatten alle Fässer Feuer gefangen. Im ersten Anlauf erprobte das Feuer seine Kraft, ob es in der Lage wäre, das ganze Gebilde in die Höhe zu heben; laut Zeugen, die es gesehen haben, hob sich der Turm ein oder zwei Mal und sank dann wieder an seinen Platz zurück. Als das Feuer spürte, dass das Gebilde zu schwer war, um es im Ganzen zu bewegen, ließ es davon ab und spaltete den ganzen Turm mit einem unsäglichen Krachen in vier Teile, aber so gleichmäßig, als wäre das Zimmermannslineal angelegt worden; diese Teile wurden durch die Luft geschleudert. Das gezündete Schießpulver breitete sich in der Höhe aus und als das Feuer verlosch, stieg die erwähnte aschfarbene Wolke auf. Gewaltige Stücke des Turms sah man nach Art der Vögel durch die Lüfte fliegen; manche, die sich frei durch die Luft bewegen konnten, wurden zweihundert Schritte weit fortgeschleudert; andere rissen eine lange Schneise in die Häuser der Bürger.

Nicht weit von jenem Turm entfernt hatte der Magistrat einige Häuschen bauen lassen, die von Frauen bewohnt wurden, die es vorzogen, mit ihren Körpern Handel zu treiben, anstatt zu spinnen oder zu weben. Diese Häuser bekamen auf einer Seite die ganze Gewalt des Schlages ab. Der Knall war so laut und kam so plötzlich, dass diejenigen, die sich in der Nähe befanden, glaubten, der Himmel würde auseinanderbrechen und die Welt im Chaos versinken. Das volkstümliche Sprichwort über den Himmel, der einstürzt, schien gar nicht mehr lächerlich. Auf den Feldern vor der Mauer wurden viele unter Gesteinsbrocken begraben, viele verloren Gliedmaßen oder wurden sonstwie verletzt, dass es ein erbarmungswürdiger Anblick war. Man sagt, dass zwölf Leute starben und vierzehn schwer verletzt wurden. Manche sind überzeugt davon, dass dieses Ereignis ein böses Omen für die Zukunft ist; ich hingegen blicke eher in die Vergangenheit als in die Zukunft und bin überzeugt davon, dass es nichts anderes bezeichnet als die Gedankenlosigkeit jener, die gegen einen solchen im Übrigen nicht seltenen Vorfall nicht vorgesorgt haben. Noch ist es verwunderlich, dass das so äusserst leichte Pulver ein steinernes Gebäude zerschmettern konnte. Selbst wenn der Turm mit einer zweihundert Fuß dicken Mauer umgeben gewesen wäre, hätte das gewaltige und plötzliche Feuer bei seinem Ausbruch alle Hindernisse in seinem Weg zerschmettert. Was ist weicher als Wind? Und doch kann der in Höhlungen unter der Erde eingeschlossene Boreas ganze Berge erschüttern, klaffende Risse in der Erde öffnen und zuweilen auch weitläufige Felder zu Hügeln auftürmen.[5]

Wer aber hat sich derlei Kriegsgerät ausgedacht? Das Altertum hat einst die Entdeckung jener Künste, die für das Leben der Menschen nützlich sind, den Göttern zugeschrieben, also etwa die Medizin dem Apoll, die Landwirtschaft der Ceres, den Weinbau dem Bacchus, den Diebstahl dem Merkur. Der aber, dem man Lob für diese Erfindung zollt, der muss ein ebenso hochbegabter wie verbrecherischer und gemeiner Dämon gewesen sein. Hätte jener Salmoneus sich dergleichen ausdenken können, so hätte er selbst Jupiter den Mittelfinger zeigen können.[6] Dennoch ist dergleichen nunmehr das Spielzeug von Christen und sogar Kindern. In solchem Maße schwindet bei uns die Menschlichkeit, wächst hingegen die Bestialität.

Einstmals trieben die Korybanten[7] mit Trommeln und Flöten die Menschen zur Raserei. Denn Töne besitzen eine wunderliche Kraft, um den Geist in Bewegung zu versetzen. Aber unsere Trommeln machen einen schreckenerregenderen Klang mit ihrem ohrenbetäubenden, kriegerischen Lärm. Wir Christen benutzen sie heute im Krieg anstelle von Trompeten, als wäre es nicht genug, wacker zu sein, als müsste man auch wüten. Aber wieso spreche ich überhaupt vom Krieg? Wir benutzen dergleichen bei Hochzeiten, wir benutzen es an Festtagen, wir benutzen es in der Kirche. Zu diesem wütenden Klang rennen Jungfrauen in die Öffentlichkeit, tanzen die Frischvermählten, und wenn wir einen Festtag begehen, gilt die Sache erst dann als richtig fröhlich, wenn den ganzen Tag lang durch die ganze Stadt ein mehr als korybantischer Aufruhr lärmt. Wenn es in der Hölle Feiertage gibt, dann bin ich mir sicher, dass sie mit einem solchen Instrumentarium gefeiert werden. Plato glaubte, dass die Art der Musik, die in einem Gemeinwesen gespielt wird, von großer Bedeutung ist. Was würde er also zu dieser Musik sagen, die heute unter Christen zu hören ist? Jene Art von Schlag- und Blasmusik, die bei feierlichen Gottesdiensten

5 Nach einer antiken Theorie, die etwa von Lukrez vertreten wurde, war die Kraft der Winde, für die hier der mythologische Nordwind Boreas steht, die Ursache von Erdbeben.

6 Der noch heute beliebte und einschlägige Mittelfinger, der einem Kontrahenten zur Schmähung entgegengestreckt wird, ist bereits in der Antike bekannt und kommt in den *Adagia* gleich zweimal vor, als Nr. 1368 und Nr. 2287.

7 Die Priester der archaisch-ekstatischen Muttergottheit Kybele.

gespielt wird, gefällt so manchen nur dann, wenn sie noch lauter ist als die Trompete des Krieges; und dieser entsetzliche Klang dringt bis zu den Nonnen durch, während heilige Handlungen vollzogen werden. Damit nicht genug: Priester bilden ihre Stimme zum Donnerschlagslärm, und manchen deutschen Fürsten gefällt nichts so sehr wie das. Unserem heutigen Gemüt erscheint nur das süß, was nach Krieg schmeckt. Aber genug der Schelte. Leb wohl.

Basel, den 26. September 1526

Humanistenfürsten unter sich

22. Februar 1529
(Brief Nr. 2106)

Je weniger Erasmus selbst reist, desto mehr lässt er seine Kuriere und seine Schüler reisen und das Geschäft des Netzwerkens übernehmen: Seine Briefe und Empfehlungsschreiben durchqueren ganz Europa und knüpfen Beziehungen. Den Ehrentitel des Erasmus, „Fürst der Humanisten", hätte der fast gleich alte Pietro Bembo allerdings auch verdient. Sein Einfluss auf die Gelehrsamkeit und Literatur südlich der Alpen und darüber hinaus ist nicht zu überschätzen. Seine exemplarischen Werke und Ordnungsleistungen auf dem Gebiet der zeitgenössischen Dichtung und Dichtungstheorie, aber auch sein Einsatz für Dichterinnen, seine Normierungen der italienischen Sprache als solcher oder des lateinischen Prosastils in der Nachfolge Ciceros reichen weit: Der Begriff *Bembismus* kann gleich mehrere Dinge bezeichnen. Eine der (bis heute) am weitesten verbreiteten Drucktypen, die zuerst in der Werkstatt Aldo Manuzios zum Einsatz kommt, trägt seinen Namen. Bembo ist also ein absoluter Literaturpapst und im Nebenberuf auch Kleriker, weil die weltliche Diplomatenkarriere nicht schnell genug voranging; er wird vom Sekretär der Medici-Päpste bis zum Kardinal aufsteigen (beides Ämter, die er mit seinem Freund Jacopo Sadoleto (→ S. 173) teilt). Daher ist es erstaunlich, wie spät Erasmus Bembo liest und schätzen lernt, und wie spät er brieflichen Kontakt sucht.

Der Brief vom 22. Februar 1529 ist der Auftakt einer langjährigen, von gegenseitiger Wertschätzung getragenen Korrespondenz. Bezeichnend für den Netzwerker Erasmus ist zudem, dass er diesen Brief nicht für sich, sondern für einen seiner Schüler schreibt, für den jungen Karl von Utenhove aus Gent. Dieser hat das Collegium Trilingue in Löwen besucht, hat bereits eine ausgiebige italienische Bildungsreise gemacht und kommt schließlich im Sommer 1528 nach Basel, wo er bei Erasmus als Sekretär arbeitet und lebt. Nach einer Station in Paris geht es wieder nach Italien, wozu das Empfehlungsschreiben an den großen Bembo dient, der zu jener Zeit in Padua lebt. Karl von Utenhove macht schließlich eine humanistische Karriere in reformierten Kreisen, aber wird noch in hohem Alter von den gegenreformatorischen Gewaltexzessen des Herzogs von Alba heimgesucht.

Gewaltexzesse sind auch das Thema des *small talks* im Brief an Bembo, bevor Erasmus zur Sache, also zur Empfehlung Karl von Utenhoves kommt. Während die humanistische Bewegung ihre persönlichen Netzwerke und literarischen Ausdrucksmittel immer weiter verfeinert, versinkt gleichzeitig Europa in einer Vielzahl blutiger Konflikte: die Italienischen Kriege im Süden, in denen Habsburg und Frankreich um nicht weniger als die Weltherrschaft kämpfen, sowie Bauernaufstände und andere konfessionell gefärbte Umsturzversuche im Norden. Von dieser düsteren Kulisse legt die erste Hälfte von Erasmus' Brief an Bembo beredtes Zeugnis ab: Während Bembo in Padua gerade dem Grauen des sacco di Roma, der Plünderung Roms durch ein deutsch-spanisches Söldnerheer im Mai 1527, entgangen ist, ist es in Basel wenige Tage vor der Abfassung dieses Briefes, am 9. Februar, zum Bildersturm gekommen.

An Pietro Bembo

Meine besten Grüße. Eine schwere Sorge, hochverehrter Bembo, ist jüngst durch einen Brief des ehrwürdigen Bischofs Jacopo Sadoleto von meinem Geist genommen worden, als er mir zu verstehen gab, dass du dich lange vor dem Unwetter, das über Rom hereingebrochen ist, dich in den gleichsam friedlichen Hafen von Padua begeben hast, um dort in der Gesellschaft der Musen eine so ehren- wie freudvolle Muße zu genießen. Ein solches Glück hätte Sadoleto wirklich auch verdient gehabt; denn es hätte nur zu gut gepasst, dass zwei Männer, die den gleichen Geist teilen, auch die gleiche Ruhe teilen. Aber die Himmlischen entschieden es anders. Sadoleto glaubt dennoch, keinen schlechten Handel mit der Fortuna gemacht zu haben, da er seine Unversehrtheit mit all seinen Gütern erkaufte, deren wertvollster und liebster Teil seine Bibliothek war.[1]

Hier bei uns wüten die Stürme um nichts milder als in Rom; wenn dort Reichtümer vernichtet werden, werden wir dessen beraubt, was frommen Menschen wertvoller ist oder sein müsste als alles Geld. Mir wäre es aber lieber, wenn du diese Tragödie vom Überbringer dieses Briefes hören würdest. Sein Name ist Karl von Utenhove, ein junger Mann, der für längere Zeit zu meinem Haushalt gehörte, sodass ich mit ihm gut, ja bis ins Innerste bekannt bin. Seit vielen Jahren haben ich niemanden kennengelernt, der aufrichtiger, bescheidener und dem Freund ein besserer Freund wäre. Seine Liebe zur Literatur und sein tiefer Wunsch, Männer wie dich fest in die Arme zu schließen, haben ihn nach Italien gezogen. So bitte ich dich um das, wovon ich weiß, dass du es auch von selbst tun würdest, dass du ihm mit deiner üblichen, allen gegenüber

1 Tatsächlich hatte Sadoleto einige Tage vor dem *sacco* Rom in Richtung Frankreich verlassen. Seine Bibliothek ging auf der Reise verloren: Als an Bord des Schiffes die Pest ausbrach, flüchteten Besatzung und Passagiere schnell an Land, das Gepäck, inklusive der Bibliothek, wurde dabei aber nicht ausgeladen.

an den Tag gelegten Menschlichkeit begegnest und ihn wo immer nötig mit deinem Rat und deiner Autorität unterstützt; Geld nämlich braucht er keines. Was ich hiermit verlange, wird dir keine Unannehmlichkeiten bereiten. Ich hoffe, dass du bei allerbester Gesundheit bist. Ich, Erasmus von Rotterdam, der größte Bewunderer deiner Tugenden und Fähigkeiten, habe das mit eigener Hand geschrieben.

Basel, den 22. Februar 1529

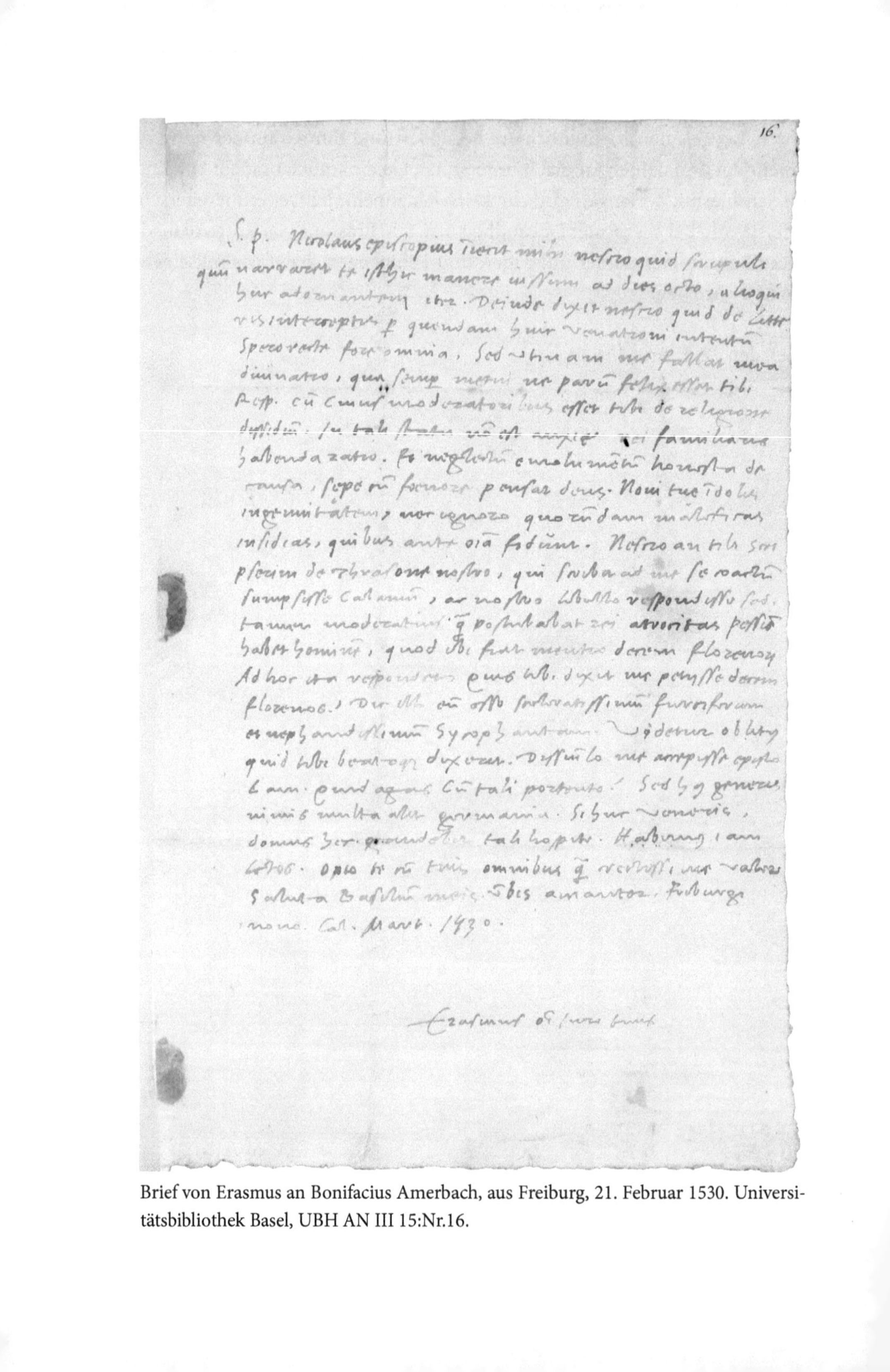

Brief von Erasmus an Bonifacius Amerbach, aus Freiburg, 21. Februar 1530. Universitätsbibliothek Basel, UBH AN III 15:Nr.16.

Bildersturm und Auszug aus Basel

9. Mai 1529
(Brief Nr. 2158)

Erasmus, der sich bereits mit Vierzig ohne jede Ironie als gebrechlichen alten Mann beschreibt, muss mit Mitte Sechzig noch einmal umziehen: Er sieht sich genötigt, das Haus in Basel zu verlassen, in dem er so lange gelebt hat wie nirgends sonst, und in das nahegelegene Freiburg überzusiedeln. Grund dafür ist in zweifacher Hinsicht die Politik: Der ausufernde Streit der christlichen Konfessionen hat nun auch Basel vollends erfasst und flößt Erasmus zum einen schiere Furcht ein; zum anderen aber möchte er nicht in den Verdacht geraten, auf protestantischer Seite zu stehen und den Bildersturm vom 8. und 9. Februar 1529 gutzuheißen. Das würde nicht nur seinen Überzeugungen zuwiderlaufen, sondern auch seinen (auf katholischen Fördergeldern gegründeten) Lebensunterhalt gefährden. Die Zeichen der Zeit stehen auf Eskalation, nicht nur im schwärmerischen Bereich der Religion, aber dort ganz besonders. Erasmus sieht sich in diesen Konflikt hineingezogen, er ist, wie er an Egnazio schrieb, ein „Gladiator" wider Willen. Seine Rolle und Position zwischen den beiden Fronten wird schließlich unerträglich, untragbar.

Die Ausschreitungen in und seine Abreise aus Basel schildert Erasmus in einem Brief an den Nürnberger Patrizier und Humanisten Willibald Pirckheimer (→ S. 97): Er verlässt Basel am 13. April 1529 per Schiff, weniger diskret als er es sich gewünscht hätte, und reist nach Freiburg im Breisgau. Das ist nicht gerade erste Wahl, auch andere Wege hätten offen gestanden: In Brabant ist die Aussicht auf kaiserliche Zuwendungen am größten, Einladungen gibt es zudem aus Besançon, Köln, Aachen, Speyer, Augsburg und Trento. Freiburg hingegen ist stabil kaiserlich und damit katholisch, vor allem aber nah – wenn auch provinziell. Noch am 24. Februar 1529 hat Erasmus an Bernhard von Cles (Brief Nr. 2107) geschrieben: „Freiburg ist, wie ich höre, ziemlich arm und die Bevölkerung ziemlich dumm."

An Willibald Pirckheimer

Erasmus grüßt seinen Pirckheimer vielmals. Nun bin ich schließlich doch umgezogen und bin von einem Rauriker[1] zu einem Breisgauer geworden. Als sich ein buntgemischter Haufen Pöbel bewaffnete und mit in Stellung gebrachtem

1 Ein keltischer Stamm, der in vorchristlicher Zeit das Gebiet von Basel besiedelte und von Caesar im *De bello Gallico* erwähnt wird.

Kriegsgerät auf dem Markplatz versammelte, bekam es jeder mit der Angst zu tun, der in seinem Haus etwas besaß, das er nicht verlieren wollte. Eine Zeitlang sah es aus, als würde ein Krieg ausbrechen. Der bessere Teil der Leute stand auf Seiten der Kirche, aber es war der zahlenmäßig kleinere Teil. Unter die anderen nämlich hatten sich allerlei Fremde gemischt, viele Habenichtse, viele bekannte Halunken. Sie ließen die Tragödie genau vor dem Anbruch des Winters beginnen, damit ja niemand so leicht fliehen oder Hilfe holen konnte.

Als die kirchliche Partei sah, dass diese Versammlungen gegen den Erlass des Stadtrates und gegen den geleisteten Eid stattfanden, griff auch sie zu den Waffen. Die anderen zogen bald nach, und holten sogar bezahlte Handlanger und Artillerie auf den Marktplatz. Der Rat erwirkte durch seine Autorität, dass die kirchliche Partei die Waffen niederlegte. Das tat auch die andere Partei, wenn auch ungern und nur für gewisse Zeit. Als sie aber beschlossen hatten, ihren Zorn gegen die Heiligen auszuleben, liefen sie auf dem Kornmarkt zusammen, gingen mit ihren ehernen Geschützen in Stellung, und verbrachten dort einige Nächte unter freiem Himmel rings um ein gewaltiges Feuer und zum Schrecken für jedermann. Allerdings wurde in kein Haus eingebrochen und niemandem wurde körperliche Gewalt angetan; nur der Bürgermeister,[2] ein Nachbar von mir, ein beredter und um die Republik wohlverdienter Mann, musste in der Nacht mit einem Boot flüchten, und wäre zugrunde gegangen, hätte er es nicht getan. Aus Angst flohen auch noch einige andere, aber der Rat befahl ihnen zurückzukehren, wenn sie ihr Bürgerrecht behalten wollten. Alle, die noch der althergebrachten Religion anhingen, wurden aus dem Rat entfernt, damit es bei Abstimmungen nicht zu Uneinigkeiten kommen konnte.

Wie dieser Senat dann den Aufruhr mäßigte, ließ sich bald daran sehen, dass Arbeiter und Handwerker aus den Kirchen alles herausrissen, wie es ihnen gerade gefiel. So viel Hohn wurde den Bildern der Heiligen und selbst denen des Gekreuzigten angetan, dass man staunen muss, dass dort nicht sofort ein Wunder geschah; so wie es einst so oft geschehen ist, wenn die Heiligen auch nur leicht angetastet wurden. Von den Statuen ist nichts übriggeblieben, weder in den Kirchen, noch an den Portalen, noch in den Kreuzgängen, noch in den Klöstern. Alle gemalten Bilder wurden mit weißer Tünche übermalt. Was brennbar war, wurde auf einen Scheiterhaufen geworfen; was nicht, wurde kurz

2 Heinrich Meltinger, seit 1522 Bürgermeister von Basel, unterstützt robust die altgläubige Sache, bevor er 1529 die Stadt verlassen muss; er stirbt zwei Jahre später in Colmar.

und klein geschlagen. Weder der Wert noch die Kunst konnten erreichen, dass etwas verschont wurde. Bald wurden Messen ganz und gar verboten. Selbst zuhause für sich einen Gottesdienst zu feiern oder in einem benachbarten Dorf einen zu hören, war nicht gestattet.

Als die schlimmste Angst sich gelegt hatte und es Grund zur Hoffnung gab, dass Vermögen und Leben bei niemandem angetastet würden, wie Oekolampad[3] es als Regel der Milde ausgerufen hatte (jeden Tag allerdings wurden auf den Versammlungen neue Volksabstimmungen abgehalten), begann ich, ans Auswandern zu denken, aber nur im Geheimen. Ich wollte es noch vor Ostern tun, aber ein grässlicher Schnupfen hinderte mich daran. Ich stand ziemliche Angst aus, dass ein Umzug schlimme Folgen für mich haben könnte; auch fürchtete ich, dass sie mich beim Aufbruch aufhalten würden. Deshalb hatte ich mir bei König Ferdinand[4] bereits zwei Schreiben besorgt, eines, mit dem er mich zu sich beorderte, und eines, das mir Schutz und Sicherheit in allen seinen und des Kaisers Gebieten garantierte. Zuerst schickte ich mein Geld, meine Ringe und meine silbernen Gefäße voraus, was die meisten Räuber anzulocken pflegt. Etwas später schickte ich zwei mit Kisten und Betten beladene Wagen los.

Als das getan war, hörte ich, das Oekolampad und die Prediger zornig auf mich waren, und zwar aus ziemlich nichtigen Gründen, wie du aus dem hier beigefügten Brief sehen wirst.[5] Als ich die Lage der Dinge bei mir überdachte, schrieb ich Oekolampad einen versöhnlichen Brief und lud ihn gleichzeitig zu einem Gespräch ein. Wir haben dann eine ganze Weile miteinander gesprochen, ganz ohne Spannungen. Er bot mir sein aufrichtiges Wohlwollen an; ich lehnte es nicht ab, jedenfalls unter der Bedingung, dass er es dulden würde, dass ich in manchen Fragen der Lehre von seiner Meinung abwich. Schließlich versuchte er, mich davon abzubringen, Basel zu verlassen. Ich antwortete ihm, dass ich mich nur sehr ungern von dieser Stadt verabschieden würde, die mir aus vielen Gründen äußerst lieb geworden war, aber dass ich die Missgunst hier

---

3 Johannes Oekolampad, der einstige Mitarbeiter Frobens in Basel, inzwischen Reformator der Stadt (→ S. 128).

4 An Ferdinand von Habsburg, den Erzherzog von Österreich sowie König von Böhmen, Kroatien und Ungarn (ab 1531 dann auch König des Heiligen Römischen Reiches), schreibt Erasmus bereits Ende Januar 1529 in dieser Sache.

5 Erasmus legt den Brief Nr. 2147 an Johannes Oekolampad bei, mit dem er ihn einlädt.

nicht länger ertragen könnte. Es könnte zudem, wenn ich bliebe, der Eindruck entstehen, dass ich allem zustimmte, was hier geschah. Als er mich drängte, antwortete ich ihm, dass das ganz vergebens sei, da mein gesamter Hausstand schon in Freiburg sei. Er bestand darauf, ich solle wenigstens nur weggehen, um eines Tages wiederzukommen. „In Freiburg", sagte ich, „werde ich für einige Monate bleiben, dann werde ich gehen, wohin Gott mich ruft." So gaben wir uns die rechte Hand und schieden voneinander.

Dieses Gespräch teilte er, wie ich vermute, dem Volkstribun mit,[6] der immer der Anführer von derlei Dingen gewesen ist, ein kluger Mann von ruhigem Gemüt. Er führte viele Gespräche mit Beatus Rhenanus, um mich an der Abreise zu hindern. Zu mir sagte niemand ein Wort. Wenn ich gesagt hätte, ich würde gehen, weil ich gekränkt war, hätten sie mir Genugtuung versprochen; wenn ich als Grund angegeben hätte, dass ich mit jenen Neuerungen nicht einverstanden war, hätten sie mich herausgefordert, sie zu widerlegen; also berief ich mich auf den Zorn der Fürsten und die Missgunst der Theologen. Im Übrigen hatte ich von einigen Stimmen gehört, die in ihrer Partei großen Einfluss hatten und ganz wild waren und mir drohten. Es hatte bereits einige Vorgeschmäcker davon gegeben. Daher erachtete ich es nicht als geraten, in einer Stadt zu leben, in der es Leute gab, die so niedrig und verworfen waren, mich tätlich anzugreifen. Ebenso erschien es mir als wenig wahrscheinlich, dass der Magistrat und das Volk jemandem gewogen sein würden, der in Worten und Schriften mit ihren Lehren nicht übereinstimmte.

Als ich dann gerade dabei war, das Schiff zu besteigen, machten sie noch irgendwelche Schwierigkeiten wegen der Kisten meiner Magd. Es war mein Wunsch gewesen, von einer etwas geheimeren Anlegestelle aus abzureisen, um dem Volk kein Schauspiel zu bieten. Der Rat aber untersagte das hartnäckig, obwohl es bisher jedem freigestanden hatte, von welcher städtischen Anlegestelle auch immer aufzubrechen. Ich gehorchte und stieg auf der Brücke aufs Schiff, begleitet von einigen Freunden. Niemand sagte ein Wort zu mir.

Der Ausgang dieser kleine Reise war besser als ich gedacht hätte. Der Rat der Stadt Freiburg nahm mich von sich aus mit aller Menschlichkeit auf, noch bevor sie das Empfehlungsschreiben König Ferdinands gesehen hatten.

---

6 Der Oberzunftmeister Jakob Meyer zum Hirzen, ein Haupt der reformatorischen Partei im Rat. Er vereint großen Einfluss und zahlreiche Ämter auf sich und amtiert ab 1530 als Bürgermeister.

Sie gaben mir ein fürstliches Haus, das für Kaiser Maximilian begonnen, aber unvollendet geblieben war.[7] Hier werde ich für einige Monate bleiben, wenn nicht ein Krieg ausbricht. Mehrere Leute strömen aus Basel hierher, das ganze Collegium der Domkanoniker soll hierherkommen.[8] Dadurch würde allerdings recht schnell die Wut der Feinde angezogen werden. Ich scheine hier allen ziemlich willkommen zu sein.

Ich weiß nicht, ob dir Louis de Berquin bekannt ist.[9] Er ist am 17. April in Paris verbrannt worden. Am Tag zuvor hatten zwölf Richter geurteilt, dass seine Bücher verbrannt werden sollten und er Widerruf leisten müsste, woraufhin seine Zunge durchbohrt werden und eine lebenslängliche Kerkerhaft beginnen sollte. Als er deshalb den König und den Papst anrief, antworteten die erzürnten Richter, dass sie schon dafür sorgen würden, dass er nie wieder jemanden anrufen könne und übergaben ihn schon am folgenden Tag dem Feuer. Wenn er das nicht verdient hat, schmerzt es mich; wenn er es verdient hat, schmerzt es mich doppelt. Die Feinheiten und Gründe seines Prozesses sind mir nicht gut genug bekannt, auch kannte ich Berquin nicht persönlich, sondern nur aus seinen Schriften und Briefen und den Erwähnungen anderer. Aber es gab niemanden, der nicht die Lebensführung dieses Menschen gelobt hätte, sein Geschick war ein glänzendes, er zählte zu den engsten Freunden des Königs. Ich habe immer für ihn genau das befürchtet, was ihm nun widerfahren ist: Nie habe ich ihm einen Brief geschrieben, ohne ihn sorgenvoll

---

7 Das *Haus zum Walfisch*, in das Erasmus zieht, ist ab 1516 von Jakob Villinger, dem Generalschatzmeisters Maximilians I., erbaut worden.

8 In der Tat kommt das Domkapitel, das bereits im Februar 1529 Basel verlässt, nach Freiburg. Auch einige Humanisten kommen aus Basel hierher: So Otmar Nachtgall und Augustinus Marius, die bereits vor Erasmus im *Haus zum Walfisch* leben und das Haus mit ihm teilen, oder Heinrich Glarean (→ S. 167). Um das Haus wird es schon bald Streit geben.

9 Louis de Berquin ist als Humanist bestens ausgebildet und vernetzt, er wechselt auch zahlreiche Briefe mit Erasmus. Er arbeitet als Sekretär des französischen Königs François I. und ist vor allem als Übersetzer ins Französische tätig; er übersetzt etwa Lukian, Angelo Poliziano und nicht zuletzt Erasmus (darunter etwa die *Klage des Friedens*, das *Lob der Ehe*, einige *Colloquia* sowie das *Enchiridion*). Als er 1523 neben Schriften des Erasmus auch Martin Luthers Schrift *Über die Mönchsgelübde* übersetzt, beginnt eine jahrelange Verfolgung durch den französischen Klerus, vor dem ihn der König zwar lange, aber nicht lange genug schützen kann. Auch Berquin ist also, Erasmus oder Morus vergleichbar, ein Humanist, der zwischen die Fronten des Konfessionsstreits gerät.

zu drängen, diesen Streit aufzugeben, der unmöglich ein glückliches Ende nehmen konnte. Er gewann seinen ersten Prozess. Damit prahlte er auch schriftlich. Ich versuchte, ihn davon abzubringen, aber vergeblich. Ich riet ihm dringend, sich unter dem Vorwand einer Gesandtschaft irgendwo hin abzusetzen und die Wespen Wespen sein zu lassen. Er war voller Zuversicht und gebot mir, guter Hoffnung zu sein. Kurz darauf wurde er zurück in den Kerker geworfen; und er wäre zugrunde gegangen, wenn nicht der König aus Spanien zurückgekehrt wäre,[10] um ihn vor dem Feuer zu retten. Aus dem Kerker kam er zurück an den Hof, aber dennoch unter ständiger Bewachung. Als er schließlich auf freiem Fuß war, strengte er einen Prozess gegen die drei Prioren an, die ihn der Ketzerei für schuldig befunden hatten, und gegen die ganze theologische Fakultät. Ich habe immer vorausgesagt, dass die Sache böse enden wird, auch wenn er mit dem Prozess gar nicht im Unrecht war. Er aber versprach sich selbst und mir einen großartigen Sieg. Was sollst du also mit Leuten machen, die sich selbst dem Verderben geweiht haben? Die Sache wird Noël Béda[11] mächtig den Kamm schwellen lassen und dazu anregen, gegen diejenigen vorzugehen, die sich um die Sprachen kümmern und die schöne Literatur pflegen. In meinem letzten Brief an Berquin habe ich ihm geschrieben, dass für mich noch nie eine Freundschaft so bedrohlich war, wie seine; dass ich noch nie jemanden gesehen habe, dessen Überzeugungen stärker und zugleich unheilvoller waren, und noch nie jemanden, dessen Hoffnungen unerschütterlicher und zugleich trügerischer waren. Ich hoffe, dass der Herr ihm seinen Frieden schenken wird. Leb wohl.

Freiburg, den 9. Mai 1529

---

10 François I. war in der Schlacht bei Pavia im Februar 1525 von seinem Kontrahenten Karl V. gefangen genommen und nach Spanien verbracht worden; erst Anfang 1526 konnte er nach Frankreich zurückkehren.

11 Ein konservativer Theologe an der Pariser Sorbonne.

Auflösung und Neubezug des Hauses

7. August 1529
(Brief Nr. 2202)

Wie Erasmus im vorangehenden Brief an Pirckheimer geschildert hat, gerät sein Auszug aus Basel zu einer kleinen, ausführlich geplanten Staatsaktion. Dass die Aufgabe eines Wohn- und Arbeitsortes nach so langer Zeit einigen Wirbel verursacht, zeigt auch das herzliche Schreiben an den jungen Buchdrucker Nicolaus Episcopius: Die Auflösung des Haushalts nahm viel Zeit in Anspruch und die Vermutung, dass Erasmus sich um derlei Dinge nicht selbst kümmert, wird natürlich bestätigt. Dafür hat seine „alte Dienerin", die resolute Haushälterin Margarete Büsslin, der er in den *Colloquia* ein Denkmal gesetzt hat, einen großen Auftritt; sie ist in Erasmus' Augen, auch das überrascht nicht, an allem schuld, vor allem daran, dass ein Geschenk für Episcopius diesen nicht erreicht hat.

Episcopius stammt aus dem Elsass und ist seit seiner Jugend ein Mitarbeiter der Offizin Johannes Frobens (seit spätestens 1519) und Basler Bürger (seit 1520). Frobens Sohn Hieronymus ist sein Freud und Studienkollege, nach dem Tod des alten Froben im Oktober 1527 übernehmen die beiden das Geschäft. Episcopius wird durch Heirat in den Clan aufgenommen: Er hat soeben Justina Froben, die jüngere Schwester von Hieronymus, geheiratet, und das junge Paar zieht in das Haus ein, das durch die Abreise des Erasmus frei geworden ist.

An Nicolaus Episcopius

Erasmus von Rotterdam an seinen Nicolaus Episcopius. Es gibt keinen Grund, sich bei mir zu bedanken, liebster Episcopius. Ich selbst hingegen wäre unmenschlicher als alle Skythen,[1] wenn ich nicht mit gleicher Liebe einem so freimütigen, so freundschaftlichen, so um mein Wohl besorgten Herzen antworten würde. Es wäre vielmehr meine Pflicht gewesen, bei meinem Aufbruch aus Basel dir ein Unterpfand unserer Freundschaft zu überlassen, aber du weißt ja selbst, wie sorgenvoll und aufwühlend meine Auswanderung war, wie sehr sie mich alle meine alltäglichen Pflichten vergessen ließ.

---

1 Vgl. *Adagia* Nr. 3885.

Damit du es etwas leichter ertragen kannst, wisse, dass ich niemandem irgendwas zum Abschied geschenkt habe. Mein Gepäck war längst vor mir abgereist, und ich selbst hatte bereits das Schiff bestiegen, als mir plötzlich Episcopius und seine junge Braut Justina in den Sinn kamen. Ich habe ihren bescheidenen Charakter geliebt, seit sie ein Kind gewesen ist.[2] Als sie dann älter wurde, begann auch der wichtigste Schmuck einer Jungfrau an ihr zu glänzen, nämlich Anstand und Zurückhaltung, und gewiss nicht ohne Grund wurde sie unter anderen Mädchen als hervorragendes Beispiel jungfräulicher Keuschheit angesehen. Da mir also nun im Haus nichts geblieben ist als ein Hahn und eine Henne mit ihren piepsenden Küken, so habe ich beschlossen, sie dir als ein scherzhaftes Geschenk zu schicken, und gewiss nicht als ein finsteres Omen.[3] Ich habe dazu zwei spielerische Verse improvisiert, die auch nicht sehr viel mehr wert sind als das Geschenk selbst:

Hahn bist du und dein ist die Henne; zur glücklichen Zukunft
schenk ich Henne und Hahn, um ihre Jungen besorgt.[4]

Ich freue mich, dass diese Verslein dich erreicht haben, und ich erkenne deinen gewohnten Edelmut darin, dass du dich bei mir so freundlich für ein so übel geratenes Gedicht bedankst.

Es ärgert mich aber, dass mein Geschenk für euch abgefangen wurde. Allerdings kann ich nicht sagen, dass mich die Unverschämtheit meiner alten Dienerin überrascht, die in der Regel meine Sachen verschenkt, wie es ihr gefällt: So groß ist die Vertrautheit, obwohl wir nie in einem Bett geschlafen haben. Ihre Frechheit wäre schon unerträglich gewesen, wenn sie nicht gewusst hätte, dass ich das Geschenk für jemanden vorgesehen hatte. Indes ist

2 Justina dürfte ungefähr zwei Jahre alt gewesen sein, als Erasmus 1514 zum ersten Mal nach Basel kommt; auch ihren etwa zehn Jahre älteren, zukünftigen Ehemann Episcopius lernt Justina Froben bereits als Kind kennen.

3 Hier verbirgt sich vermutlich ein typisch humanistischer Scherz, der über die antike Bande spielt: *gallus* (Hahn) heißen bei Livius, Ovid oder Catull auch die Priester der Muttergottheit Kybele, und diese waren traditionell Eunuchen.

4 Erasmus spielt in seinem Distichon mit einer weiteren Nebenbedeutung von *gallus*, nämlich „Gallier“, weil Episcopius aus Frankreich stammt. Das Spiel mit Gallier / Hahn ist in der Renaissance weit verbreitet und findet sich beispielsweise auch in Niccolò Machiavellis *Decennali*.

sie wieder und wieder von meinem Kan[5] ermahnt worden, es nicht zu tun, und nichtsdestoweniger hat sie einfach getan, was sie wollte. Als ich daher aus deinem Brief erfahren hatte, was geschehen war, begann ich, meine Diener auszuschimpfen, dass sie das zugelassen hatten. Sie antworteten, dass sie sie ausreichend ermahnt hätten, aber vergeblich. Damit begnügte ich mich nicht und fing wieder an: „Dann wäre es besser gewesen, ihr hättet die Hexe an den Haaren gepackt, und auf alle Fälle hättet ihr es mir berichten müssen!" Kan antwortete, sie hätte ihn getäuscht und angeschwindelt: Sie hatte versprochen, zu tun, wie ihr geheißen, hatte vorgegeben, zu euch gehen zu wollen, tat aber anders, nämlich so, wie ihr der Sinn stand. Nun wirst du wohl glauben, sie wäre errötet, als man ihr die Missetat vorhielt. In der Tat aber verfärbte sich ihr Gesicht ebenso wenig als das einer Eselin, die gerade dein Gepäck von ihrem Rücken geworfen hat. All das wäre unerträglich, wenn ich mich nicht längst schon daran gewöhnt hätte. Denn meine Xanthippe[6] spielt mir öfter dergleichen Streiche. Ich behalte sie bei mir als Lehrmeisterin der Toleranz. Ich widerspreche ihr nicht, um mich nicht vergebens abzumühen; meiner Meinung nach könnte Prometheus sie nicht umbilden, Vulcan sie nicht umschmelzen.[7] So mag das Geschenk verloren gegangen sein, wenn euch nur meine guten Wünsche erreichen.

Aus tiefstem Herzen schicke ich euch meine Glückwünsche zum heiligen Bund der Ehe, das mit euch beiden zwei einander so entsprechende und ebenbürtige Menschen verbunden hat, einen Keuschen mit einer Keuschen, einen Heiteren mit einer Heiteren, einen Rechtschaffenen mit einer Rechtschaffenen. Ich hoffe, dass ich in Zukunft noch herzlichere Glückwünsche schicken kann, wenn durch eure Zimmer ein kleines Episcopöchen tollt, dessen Gesicht mich an euch beide erinnert, und nicht nur an euch allein, sondern auch an meinen

5 Nicolaas Kan aus Amsterdam beginnt 1524 in Löwen am Collegium Trilingue zu studieren und tritt ungefähr 1526 in den Haushalt des Erasmus ein, wo er vor allem griechische Manuskripte kopiert; als Kurier reist er für Erasmus mehrmals nach England und in die Niederlande. Mitte 1530 verlässt Kan Erasmus und tritt in seiner Heimatstadt Amsterdam in einen Orden ein.

6 Die legendär bärbeißige Gattin des Sokrates.

7 Der Titan Prometheus, der die Menschen aus Ton geformt hatte, und Vulcan, der Gott der Schmiedekunst hochselbst.

liebsten Freund Johannes Froben. Denn die Natur malt oft die Enkel als ein Abbild der Großeltern.

Ich höre, dass du in das Haus einziehen wirst, das durch meinen Weggang frei wurde: in das Haus, sage ich, in dem ich so viele Jahre verbracht, in dem ich so lange gelebt habe wie seit meiner Geburt in keiner anderen Stadt, und das mir dein großzügiger Schwiegervater so oft als Geschenk aufnötigen wollte. Diese Nachricht macht mir größte Freude. Könnte ich mir ein glücklicheres Paar als Nachfolger in diesem so lange und immer dankbar bewohnten Haus wünschen als euch?

Du wolltest, dass Hieronymus dich mir empfiehlt. Mir gegenüber, bester Mann, brauchst du keinerlei Empfehlung von irgendwem, denn schon seit langem hast du dich mir durch deine Aufrichtigkeit, deine Treue und deine ganz und gar nicht gewöhnlichen Dienste zu Recht und aufs Beste selbst empfohlen. Leb wohl und grüß deine wundervolle Gattin.

Freiburg, den 7. August 1529

Ratloses Fernweh

24. Juni 1530
(Brief Nr. 2330)

Mit Freiburg im Breisgau, wo Erasmus nun seit einem guten Jahr lebt, wird er nicht warm, schon denkt er wieder über eine weitere Umsiedlung nach: nur wohin, das ist für die fiebrige Rastlosigkeit auch des alten Erasmus nicht klar. Dass er noch einige Jahre in Freiburg bleiben wird, kann er noch nicht wissen. Auch sind, wie stets, Fernweh und Unruhe nicht die einzigen Symptome, die den Hypochonder plagen: Ist man erst einmal krank, das ist ein Gemeinplatz der früheren wie späteren Neuzeit in Europa, fängt man sich schnell ein weiteres Gesundheitsrisiko ein, nämlich Ärzte. Im Frühling 1530 erkrankt Erasmus ernstlich (nach seinen Beschreibungen vermutlich an einem oder mehreren Karbunkeln rund um den Nabel, eine eitrige Infektion mit Staphylokokken) und muss sogar seine Arbeit unterbrechen – das ist bei den meisten Kränkeleien, über die er beständig klagt, nicht der Fall. Zwischen Anfang April und Ende Juni 1530 liegen zwei mehrwöchige Perioden, aus denen keine Briefe überliefert sind.

Die detaillierte Klage über seinen Körper führt Erasmus indes nicht nur gegenüber engen Freunden und langjährigen Kollegen. Auch ein großer Herr und Mäzen wie Anton Fugger, der seit 1525 mit der Leitung des globalen Familienimperiums betraut ist und kurz darauf in den Reichsgrafenstand erhoben wird, einer der reichsten Männer der Welt, bleibt davon nicht verschont. Es steht zu vermuten, dass die Klage dem Fugger gegenüber durchaus mit einer potentiellen Aufbesserung der Reisekasse, wohin auch immer, in Zusammenhang steht. Anton Fugger nämlich versucht seit einiger Zeit nachdrücklich, Erasmus nach Augsburg zu ziehen, was aber nicht funktioniert, auch großzügigen Geschenken zum Trotz. Das liegt vielleicht an einer Abneigung des Erasmus gegenüber Deutschland, die nicht nur auf die schrecklichen Öfen zurückzuführen ist: An den flämischen Staatsrat Audomar Eding schreibt er aus Freiburg am 16. April 1531 (Brief Nr. 2485) recht deutlich: „Schon längst habe ich Deutschland so satt, dass ich kotzen möchte."

An Anton Fugger

Anton Fugger meine besten Grüße. Deine Zuverlässigkeit, hervorragendster Mann, habe ich nie bezweifelt; ein winziges Verdächtchen aber hat meinen Geist durchkreuzt, ob nicht zufällig, wie die Angelegenheiten der Sterblichen ebenso gehen, ein kleines Wölkchen die Heiterkeit unserer Freundschaft verfinstert haben könnte: von der ich mir innig wünsche, dass sie nie geschmälert werde. So habe ich deine tröstliche Versicherung sehr gerne gelesen. Es fehlt mir nicht an Mut, aber seit nun schon drei Monaten habe ich mit einer schweren Krankheit zu kämpfen. Es begann mit Krämpfen im Unterleib, die auf den hiesigen Wind zurückgehen, der zwar lieblich, aber dennoch äußerst verderblich ist. Darauf folgte Erbrechen und der völlige Ruin meines Magens. Von den Ärzten hatte ich mehr Schaden als Hilfe. Schließlich bedeckte ein eitriges Geschwür meinen Nabel. Ich wechselte von den Ärzten zu den Chirurgen, als wäre ich von einem Pferd auf einen Esel umgestiegen.[1] So wurde ich fast zu Tode gefoltert von diesen höchst grausamen und überaus deutschen Umschlägen. Sobald das Geschwür aber mit dem Messer entfernt worden war, blitzte etwas Hoffnung auf Genesung auf. Der Schlaf hat sich wieder mit mir angefreundet, und der Magen ist zum Leben zurückgekehrt. Ich wäre zuversichtlich, weiterleben zu können, wenn es hier nur den Wein gäbe, den ich will. Denn der Burgunder, der mir vor kurzem geschickt wurde und ohne den ich trotzdem längst tot wäre, ist zu trocken und löst sich nicht im Körper auf.

Fort von hier ziehen meine Gedanken, aber ich weiß nicht, wohin. Vieles hält mich von Brabant ab. Selbst wenn mich nichts abhalten würde, müsste ich mich um meine Sicherheit sorgen, da der Kaiser, wie das Gerücht geht, die Straßburger bedroht. In Italien, selbst wenn dort Frieden herrschen würde, würde ich mich schämen, in meinem hohen Alter ein Fremdling zu sein. Was das Haus hier angeht, ist immer noch vieles in der Schwebe. Wenn ich hier am Ort bleiben sollte, würde ich ungern im Winter aus dem Haus geworfen werden. Es gab Überlegungen, ein Haus zu kaufen,[2] aber obwohl ich nur ein winziges Menschlein bin, so würde ich doch viel lieber in einer großen und

1 Vgl. *Adagia* Nr. 629.

2 In Freiburg wohnt Erasmus zunächst im *Haus zum Walfisch* – auf Kosten der Stadt, wie er glaubt. Als die Stadt allerdings Miete haben will, ist Erasmus sehr verärgert, und erwirbt mit seinen Ersparnissen 1531 das *Haus zum Kind Jesu.* Dieser Kauf ist aber ohne Freiburger Bürgerrecht nicht legal, und so lässt sich Erasmus schließlich 1533 doch noch auf eine Professorenstelle an der Universität Freiburg ein, die er bisher hartnäckig abgelehnt hat, denn mit dieser Amtswürde ist das Bürgerrecht verbunden. Eine Lehrveranstaltung geben oder eine Sitzung besuchen wird er deshalb, zum Ärger aller, trotzdem nicht.

lebendigen Stadt wohnen. Hier gibt es Mangel in Hülle und Fülle. Der Ort scheint geeigneter für die Musen als für Merkur zu sein.[3] Leb wohl, mein aufrichtiger Freund.

Freiburg, den 24. Juni 1530

3 Also besser für Studien und Künste geeignet als für Handel und Geschäfte.

Freiburger Dreck

23. Januar 1534
(Brief Nr. 2897)

Erasmus bleibt deutlich länger in Freiburg als beabsichtigt, länger jedenfalls als ihm lieb ist. In einem Brief an den Flamen Gaspar Schets, ein für die Gelehrtenwelt im allgemeinen und Erasmus im Besonderen wichtiger Bankier und Förderer (wie sein bereits steinreicher Vater Erasmus Schets), zeigt sich Erasmus gereizt und unzufrieden mit allem: Neben dem (fortgesetzten) Ärger mit seiner Haushälterin quälen ihn vor allem die *Bächle* – die kleinen offenen Wasserläufe, die die Stadt durchziehen und auf die man bis heute in Freiburg sehr stolz ist.

An Gaspar Schets

Erasmus von Rotterdam grüßt Gaspar Schets. Es war eine große Freude für mich, hochgeschätzter Jüngling, dass du dich entschieden hast, mir eine Probe deines Talents und deiner Bildung zu schicken. Denn dein Brief macht deutlich, dass du schlagfertig und scharfsinnig bist (wodurch du deinen Eltern ähnelst), und dass du dich nicht übel in der Literatur beider Sprachen auskennst. Diese Dinge sind für mich umso erfreulicher gewesen, als meine Freundschaft mit deinen hervorragenden Eltern weder neu noch gewöhnlich ist, sodass mir die ihnen zuteil gewordenen glücklichen Fügungen nicht weniger Vergnügen bereiten als meine eigenen. Was könnte einen Menschen glücklicher machen, als dass sich seine Kinder eine Bildung aneignen, die sowohl für die Verwandten in ihrem Privatleben als auch für die Öffentlichkeit in ihrer Heimat ein Nutzen und eine Zier sein kann? Damit ich also dem schon galoppierenden Pferd, wie es heißt, also noch zusätzlich die Sporen gebe,[1] möchte ich dich nochmal und nochmal ermuntern, mein bester Gaspar, dass du in diesem wunderschönen Rennen immer wieder dich selbst übertriffst, bis du die Ziellinie erreicht haben wirst.

Deine Mutter ist mir gegenüber zu nichts verpflichtet, da ich ihr nie einen Dienst oder einen Gefallen getan habe, und wenn doch, so hat sie mich mehr

1 Vgl. *Adagia* Nr. 147.

als genug dafür entlohnt. Da du ihr nun also die Gelegenheit gabst, zu glauben, sie müsste mir ein großzügiges Geschenk machen, so wäre es nur gerecht, wenn du für mich das gleiche in Bezug auf sie tust, und ihr so gut du kannst in meinem Namen einen großen Dank sagst und ihr versprichst, dass ich mich derart erkenntlich zeigen werde, dass es nicht den Anschein haben wird, ihr Geschenk sei an einen undankbaren Menschen gefallen. Wie wünschte ich aber, dass sie, die mir saubere Leintücher geschickt hat, mir auch eine saubere Magd schicken könnte! Nichts könnte nämlich schmutziger sein als die hiesigen Frauen. Wenn man ihnen ein schmuckes Stück übergibt, ist es nach dem dritten Waschen hinüber. So sehr drehen, schlagen und quälen sie das, was sie waschen.

Ich habe eine uralte Haushälterin, die hässlich, faul, geschwätzig, gefräßig, lästersüchtig ist. Ich würde es wagen, mit ihr alleine fünfzehn Frauen aufzuwiegen. Indessen lebt sie schon seit fast zwölf Jahren mit mir. Niemand rät mir zu einer Veränderung, denn was dann geschähe, wäre womöglich noch schlimmer. Ein einziges Mal habe ich es versucht. Ich habe sie rausgeworfen, habe eine Junge angestellt – und die war das schiere Unheil und hätte meinen ganzen Haushalt auf den Kopf gestellt, hätte ich es nicht rechtzeitig gemerkt. Also habe ich meine Alte wieder in Gnaden aufgenommen.

Hier steht der Dreck überall hoch. Durch alle Straßen dieser Ortschaft hier strömen künstlich angelegte Bächlein. In ihnen sammelt sich das verdorbene Blut von den Metzgern und vom Fleischmarkt, dort der Unrat aus allen Küchen, der Schmutz der einzelnen Häuser, die Kotze und Pisse aller, die Scheiße schließlich all derer, die in ihren Häusern keine Latrinen haben. Mit diesem Wasser werden die Leinen gewaschen, werden die Weinkannen gespült und auch alles andere Küchengeschirr. Das ließe sich noch ertragen, wenn es hier nur etwas zu essen gäbe. Das ganze Jahr hindurch ernähre ich mich von jungen Hühnern. Leckerbissen gibt es hier gar keine, und wenn doch, wird es gleich zu den Adligen gebracht. Deshalb denke ich darüber nach, nach Brabant zu gehen, „wenn die feindlichen Götter es dulden".[2]

Aber ich höre schon auf, dich mit diesen Kleinigkeiten zu behelligen. Lass es dir gutgehen und bring eifrig zu Ende, was du begonnen hast.

Freiburg, den 23. Januar 1534

2 Ein Zitat aus Vergils *Georgica* IV, 7: „[…] wenn die feindlichen Götter es dulden und der angerufene Apollo uns erhört."

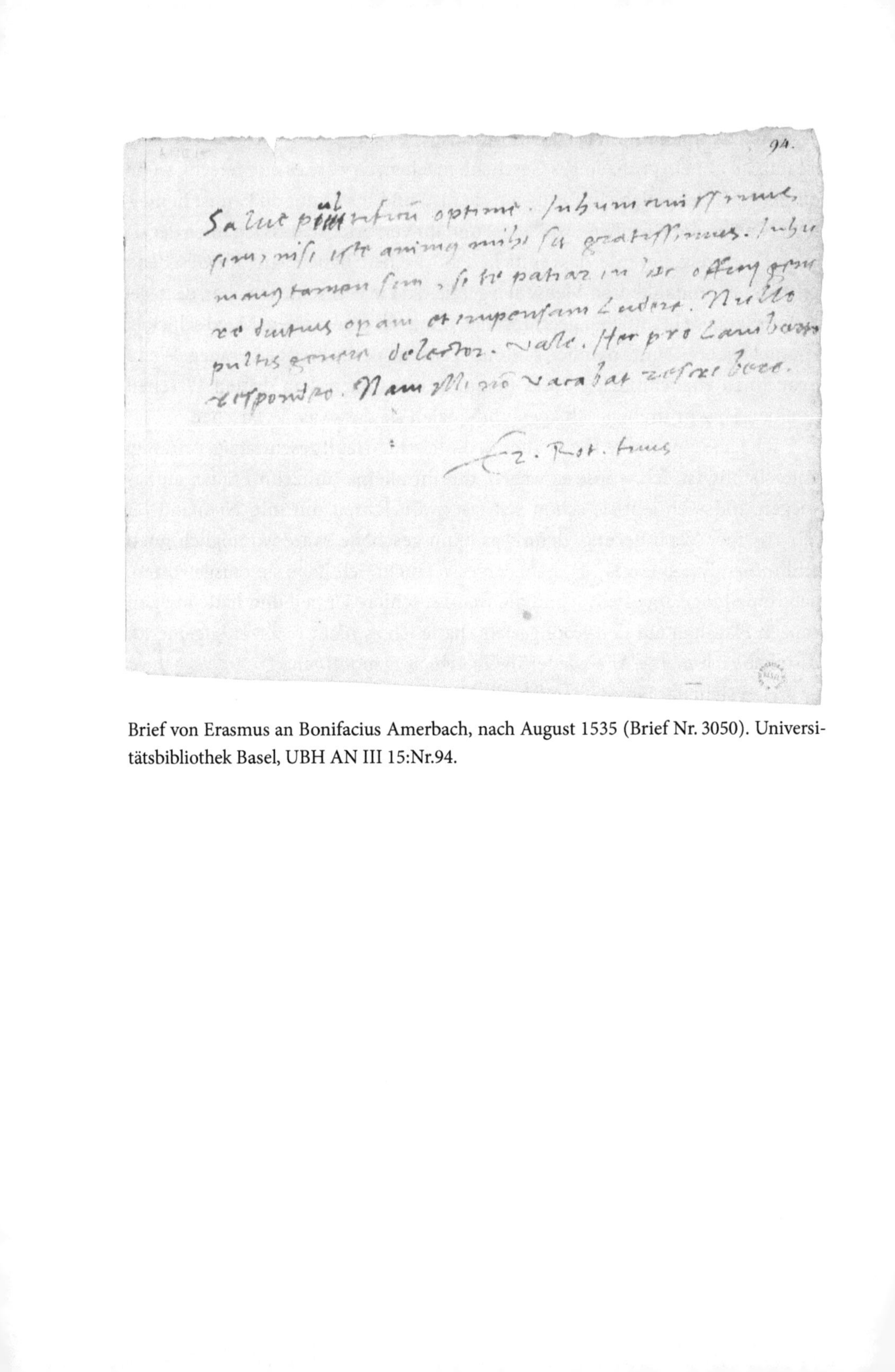

Brief von Erasmus an Bonifacius Amerbach, nach August 1535 (Brief Nr. 3050). Universitätsbibliothek Basel, UBH AN III 15:Nr.94.

Rückzug und Ende

Anfang September 1535 (Briefe Nr. 3050, 3051 und 3052)

Ende Mai 1535 kehrt Erasmus nach Basel zurück, nachdem sich dort die konfessionelle Situation entspannt hat und die private Ausübung altgläubiger Riten gestattet wurde: Auch für diese Reise bietet die Überwachung eines Drucks den Vorwand. Erasmus ist alt geworden, er geht auf die Siebzig zu. Den Weg zurück nach Basel bestreitet er, wie er am 31. August 1535 (Brief Nr. 3049) nicht ohne Selbstironie an Piotr Tomicki, den Bischof von Krakau schreibt, „in einem bedeckten Wagen wie ein Weiblein". Es ist seine letzte Reise: Ab dem Herbst 1535 verlässt er kaum mehr sein Zimmer, brieflich organisiert er den Verkauf seines Hauses in Freiburg, seine Bibliothek wird von Freiburg nach Basel transportiert. Bei all dem unterstützen ihn die Söhne seiner alten Freunde: Hieronymus Froben, in dessen *Haus zum Lufft* Erasmus auch wohnt, und Bonifacius Amerbach (→ S. 99), der nicht nur den Transport schwerer Kisten organisiert, sondern aus der Küche seines benachbarten Hauses auch leichte Kost bereitstellt.

Die meisten seiner alten Freunde und Förderer, viele Briefpartner auch dieses Buches, sind in den letzten Jahren eines natürlichen oder gewaltsamen Todes gestorben: Johannes Froben bereits 1527, Willibald Pirckheimer und Thomas Wolsey Ende 1530, William Warham 1532, Pieter Gillis 1533, Dirk Martens und Lord Mountjoy 1534. Zwei englische Gönner und Freunde hingegen haben den Streit der Konfessionen mit ihrem Leben bezahlt: Weil sie an der alten Kirche festhalten und den Eid auf König Henry VIII. als Oberhaupt der neuen englischen Kirche verweigern, werden John Fisher am 22. Juni und Thomas Morus am 6. Juli 1535 hingerichtet.

Da nimmt es nicht wunder, dass Erasmus, der sich stets für eine Position des Ausgleichs, für Reform statt Reformation eingesetzt hat, in seinen letzten Jahren einem Verfolgungswahn verfällt und Feinde auf allen Seiten wittert. Der Brief Nr. 3052 an Conrad Goclenius (→ S. 153) spricht hier Bände: Die Freunde werden weniger, die Feinde werden mehr. Da sind zunächst die Schüler und Diener, die sich vermeintlich abwenden, so Nicolaas Kan (→ S. 205), dessen Nachfolger Quirinus Hagius, sowie Felix Rex, Karl von Utenhove (→ S. 193), Frans van der Dilft (→ S. 217) und sogar der einst so heißgeliebte Quirinus Talesius. Die *famuli*, Vertrauten und Bewunderer schreiben nicht mehr und leben ihr eigenes Leben: Für den alten Erasmus sind sie alle Vipern, die sich gegen ihn verschworen haben. Diese Verdächtigungen und Vorwürfe sind, wie Goclenius in seinem Antwortschreiben umgehend betont, gegenstandslos.

Und dann sind da noch die Feinde auf katholischer Seite. Hinter verschiedenen neuen Angriffen und polemischen Schriften vermutet Erasmus, wie seit vielen Jahren, immerzu Girolamo Aleandro, der sich als päpstlicher Nuntius und Erzkontrahent Martin Luthers einen Namen gemacht hat und 1538 bis zum Kardinal aufsteigen wird.

Die wohl mehr gefühlte denn tatsächliche Feindschaft (Johan Huizinga etwa spricht bezüglich dieser Verdächtigungen Erasmus schlichtweg die geistige Gesundheit ab), erscheint umso bitterer, als Aleandro und Erasmus am Beginn ihrer jeweiligen Karrieren unter einem Dach gewohnt haben – in Venedig, bei den Buchdruckern rund um Aldo Manuzio. Noch 1521 hatte er sich scheinbar bestens mit ihm verstanden (→ S. 156). Dass er aber im katholischen Lager grundsätzlich grimmige Feinde hat, verstand Erasmus durchaus richtig, und deren Feindschaft wird ihn überleben, wird über Generationen halten: Seine posthumen *Opera Omnia*, die Beatus Rhenanus herausgibt und die 1540 bei Froben erscheinen, werden im Januar 1543 gemeinsam mit den Werken Luthers verbrannt; ebenso stehen beider Gesamtwerke in der ersten Fassung des *Index der verbotenen Bücher*, der 1559 in Kraft tritt und ein deutliches Signal für das Ende der Renaissance sendet. In Italien erscheint bis ins 18. Jahrhundert keine neue Übersetzung seiner Schriften in die Volkssprache mehr.

Der bettlägerige Erasmus igelt sich also im Herbst 1535 in Basel ein, und selbst die höchsten Herren dieser Welt können es ihm nicht mehr recht machen: Dass ihn der seit Herbst 1534 amtierende Papst Paul III. Farnese mit Blick auf ein Konzil zum Kardinal erheben will und sich zahlreiche Kleriker für ihn einsetzen, scheint für Erasmus nicht mehr als ein weiteres infames Ärgernis zu sein. Aber er vergisst doch nicht seine alten Freunde: Sein letztes Werk, *De puritate tabernaculi sive ecclesiae christianae*, eine Auslegung des 15. Psalms, widmet er 1536 nicht einem hohen, gekrönten oder gesalbten Haupt, sondern einem alten Brieffreund, dem Zollbeamten Christoph Eschenfelder (→ S. 141).

Noch in seinem allerletzten Brief, ebenfalls an Conrad Goclenius, geschrieben am 28. Juni 1536, zwei Wochen vor seinem Tod, denkt er darüber nach, weiter zu reisen, noch einmal umzuziehen, nach Besançon, in die Gegend von Antwerpen, irgendwohin, wo kein Konfessionsstreit herrscht und es guten Wein gibt. Aber das Wetter ist zu kalt, die Gesundheit zu schwach: „Utinam Brabantia esset vicinior", schreibt er *aegra manu*, mit schmerzender Hand, „wäre Brabant nur näher". Diesen einen Ort, an dem sowohl die Witterung als auch der Wein als auch die Religion milde genug sind, um in Ruhe leben und arbeiten zu können, scheint es nicht mehr zu geben.

An Bonifacius Amerbach

Sei gegrüßt, mein bester Breibereiter![1] Es wäre überaus unmenschlich von mir, wenn ich für die Sorge, die du um mich trägst, nicht überaus dankbar wäre. Unmenschlich aber wäre es auch, wenn ich es dulden würde, dass du für derlei

1 *pulti-fex*, Brei-macher, ist eine der vielen Wortneuschöpfungen des Erasmus.

Dienste weiterhin so viel Zeit und Geld aufwendest. Ich mag keinerlei Brei. Leb wohl. Ich antworte für Lambert.[2] Er hatte nicht die Zeit, zurückzuschreiben. Dein Erasmus.[3]

* * *

An Erasmus von Rotterdam

Bonifacius Amerbach grüßt den großartigen Herrn Erasmus vielmals. Während ich große Sorge hatte, dass der vierspännige Wagen, den Hieronymus für den Weg nach Basel gemietet hat, nicht ausreichen würde, um deine Sachen zu fassen und zu ziehen, bin ich neulich glücklicherweise Trübelmann begegnet;[4] ich habe ihm ein Fass und eine Kiste voller, wie ich glaube, gut verpackter Bücher anvertraut, sowie ein kleines Gefäß mit Zuckerhüten. Leb wohl.

Ich habe mit Trübelmann abgemacht, dass er für seine Dienste siebzehn Batzen erhalten soll.[5] Das schien mir nicht zu viel zu sein, allerdings könntest du das anders sehen. Ganz dein Bonifacius Amerbach.

Freiburg, den 1. September 1535

* * *

2 Lambert Coomans, ein neuer, von Conrad Goclenius vermittelter Assistent, der ab Ende August 1535 für Erasmus arbeitet. Coomans stammt aus Turnhout in Brabant und kommt nach einer Station in Löwen als Sekretär eines Kardinals nach Rom, von wo er 1534 nach Löwen zurückkehrt. Für Erasmus ist er gleichzeitig Sekretär und Pfleger.

3 Brief Nr. 3050 kann nicht genau datiert werden, dürfte aber nach August 1535 entstanden sein.

4 Georg Trübelmann wird häufig als Bote zwischen Freiburg und Basel erwähnt, ansonsten weiß man nichts über ihn.

5 Der Batzen ist eine seit dem späten 15. Jahrhundert in Süddeutschland und im Alpenraum geprägte Münze, hauptsächlich aus Silber; siebzehn Batzen entsprechen in etwa dem Wochengehalt eines Schreinermeisters.

An Conrad Goclenius

Erasmus von Rotterdam grüßt den in beiden Sprachen hochgelehrten Conrad Goclenius. Dein Schüler, der Österreicher Balthasar, bekräftigt, er werde seinen eigenen Diener nach Löwen schicken. So gab ich ihm einen Brief an dich und einen ungesiegelten Brief an Joost Sasbout,[6] den du (wenn du einverstanden bist) bitte an ihn weiterschicken wirst. Lass dir den Umstand nicht entgehen, dass Kan nicht mehr ehrlicher ist als der tollwütige Hagius.[7] Welches Gift er auch immer bei Alardus[8] aufgesogen hat, er hat es Hagius in die Brust gegossen: die Natter der Viper. Ebenso ist er mit dem Hanswurst Polyphemus[9] verfahren. Ich frage mich, woher Kan kam und wohin er ging, als er das auf der Durchreise tat. Das Gerede von Hagius hat auch Quirinus Talesius[10] an-

6 Ein Jurist aus Delft, der in Löwen studiert hat; später im Dienst Kaiser Karls V.

7 Quirinus Hagius tritt im Sommer 1532 seinen Dienst bei Erasmus an und fungiert als Bote Richtung England; 1534 immatrikuliert er sich in Freiburg und studiert bei Zasius. Ungefähr in dieser Zeit beginnt Erasmus, wütend auf ihn zu werden und beschimpft ihn in mehreren Briefen. Der Grund ist nicht ganz klar, scheint aber mit der großen Redseligkeit des Dieners zu tun zu haben, der mutmaßlich Übertreibungen über Erasmus' Stellung im Konfessionsstreit in die Welt gesetzt hat.

8 Der Humanist Alardus von Amsterdam kommt etwa 1514 nach Löwen, wo er mit Dirk Martens (→ S. 147) arbeitet; er wechselt Briefe mit Erasmus und ediert u. a. dessen *Carmen bucolicum*. Später unterrichtet er am Collegium Trilingue. Was die Beziehung zu Erasmus in den Jahren ab etwa 1519 so verbittert, lässt sich nicht mehr klären, steht aber vermutlich im Zusammenhang mit gescheiterten Publikationsvorhaben.

9 Felix Rex aus Gent, genannt Polyphemus, arbeitet für die Druckerei Frobens, bevor er als Diener und Bote zu Erasmus wechselt, wo er gleichzeitig mit Kan angestellt ist. Da er auf seinen Dienstreisen offenbar wenig Eile und Geradlinigkeit an den Tag legt und zu selten rapportiert, fällt er in Ungnade. Schließlich wird er Bibliothekar bei Albrecht von Brandenburg.

10 Quirinus Talesius aus Haarlem hat erst in Köln und dann in Löwen bei Goclenius studiert und kommt vermutlich um 1524 zu Erasmus, ebenfalls als Diener und Bote; er ist zwischenzeitlich der wichtigste und vertrauteste unter Erasmus' Mitarbeitern und ist auch als Buchhalter sowie als Kurier für Geld und burgundischen Rotwein tätig. 1532 lebt Talesius wieder in Haarlem, und aus unerfindlichen Gründen ist die Liebe des Erasmus zu ihm abgekühlt; die Vermutung des alten Paranoikers, Talesius habe mit Hagius „konspiriert", ist falsch. Später wird Talesius für viele Amtszeiten Bürgermeister von Haarlem, fällt dann aber den Religionskriegen und ihren Lynchmobs zum Opfer.

gesteckt, und so ergoss sich das Gift weiter in den Busen des nächsten. Hagius hat nämlich nie Stillschweigen bewahrt, er war dazu gar nicht in der Lage. Ich vermute, dass er auch Karl von Utenhove in Gent gegen mich aufgebracht hat. Er schreibt mir nämlich nicht mehr, obwohl er mir früher für gewöhnlich häufig Briefe schickte. Frans van der Dilft schreibt mir auch nicht mehr,[11] ich glaube auch, dass er nicht ganz aufrichtig mir gegenüber ist; das Gleiche gilt von Morillon;[12] seit er zurück nach Spanien gegangen ist, hat er mir kein einziges Wort mehr geschrieben.

Hier geht es mir nun ein wenig besser. Deshalb werde ich hier vielleicht überwintern, und im nächsten Frühling, so Gott will, ins nahe Burgund nach Besançon gehen. Was dir Theobald über die Pension, die mir Bedyll geschickt haben soll, erzählt hat, kannst du für ein Gesäusel des Windes halten.[13] Ich schicke dir noch einen ungesiegelten Brief an Sasbout, den du (wenn du einverstanden bist) bitte an ihn weiterleiten wirst. Leb wohl.

Lambert Coomans, den du mir geschickt hast, gefällt mir; inzwischen war mir zufällig noch jemand zugefallen, aus Antwerpen. Drei Leute werde ich hier haben, wenn Gilbert geht, der nun zum Kanoniker gemacht wurde.[14] Mit keinem meiner neuen Diener konnte ich mich bisher auf einen Vertrag einigen.

---

11 Auch Frans van der Dilft aus Antwerpen hat in Löwen bei Goclenius am Collegium Trilingue studiert und kommt 1524 nach Basel, wo er studiert und bei Erasmus wohnt und arbeitet. Eine Bewerbung am Hof Kaiser Karls V. schlägt zunächst fehl, aber auch er macht sich um Erasmus als Beschaffer von burgundischem Rotwein verdient. 1534 kehrt er in die Niederlande zurück, heiratet reich und macht doch noch diplomatische Karriere. Ein Grund für Erasmus' Verdächtigung ist nicht bekannt.

12 Guy Morillon, ein Sekretär Karls V., der Erasmus bewundert und das Collegium Trilingue unterstützt (→ S. 123).

13 Thomas Bedyll hat in Oxford studiert und als Sekretär von Erzbischof William Warham gearbeitet, bevor er unter König Henry VIII. Karriere macht. Er ist für die Zahlungen zuständig, die Erasmus für ein weitgehend fiktives Amt in der Pfarrei Aldington seit 1511 erhält, was sich allerdings oft verzögert oder Schwierigkeiten macht, vor allem nach Warhams Tod.

14 Gilbert Cousin, der seit 1530 bei Erasmus als Sekretär arbeitet, scheidet im Oktober 1535 aus dem Dienst und wird Kanoniker in seinem Heimatort Nozeroy (Jura). Mit ihm scheint sich Erasmus nicht zerstritten zu haben, und Cousin wirkt auch im erasmischen Sinne weiter – was ihm Ärger aus allen Konfessionen einbringt. Er stirbt im hohen Alter im Gefängnis.

Wenn ich den brauchen kann, den du empfohlen hast, werde ich es dich wissen lassen. Ich bin dankbar für deine Unterstützung. Ich habe einen falschen Freund in Freiburg,[15] der es mir unmöglich gemacht hat, irgendeine Dienerin oder einen Diener anzustellen. Ich werde dir seinen Namen ein anderes Mal schreiben, damit du auf der Hut sein kannst. In einer Woche vielleicht werde ich dir meinen eigenen Boten schicken.

Aleandro hat von neuem ein tollwütiges Buch losgelassen, unter dem Namen von Dolet;[16] in diesem rächt er sich auch an Morus, von dem er wusste, dass er im Kerker sitzt, sowie an Simon de Villanova,[17] der als Bettler gestorben ist. Er lässt den herrschaftlichen Morus schüchtern sprechen. Die römische Furie hat zudem Corsi[18] angestiftet, etwas gegen mich zu schreiben. Irgendetwas wird gerade auch in Mailand gedruckt.

Die Römer möchten mich zudem, ob ich will oder nicht, mit einem Vermögen belasten und bald zum Kardinal machen; das ist ernstlich betrieben worden. Der Papst ist mir ganz wunderlich geneigt, und sechs Kardinäle arbeiten zusammen mit dem Botschafter von Portugal an dieser Sache. Ich aber habe ihnen geschrieben, dass ich weder Würden noch Pensionen annehmen werde. Ich schicke dir das Breve des Papstes. Leb wohl.

Basel, den 2. September 1535.

---

15 Unklar, welchen seiner vielen „falschen Freunde" Erasmus meint, hier vielleicht Heinrich Glarean (→ S. 167).

16 Etienne Dolet hat in Paris, Padua, Venedig und Toulouse umfassend humanistisch und juristisch studiert und dann in Lyon bei Sebastian Gryphius das Druckhandwerk erlernt; er wird der Verleger u. a. von Rabelais. Religiöse Texte aus seinem Verlagsprogramm ziehen ihn Anfang der 1540er-Jahre in einen Inquisitionsprozess hinein, dem er schließlich auch zum Opfer fällt.

17 Simon de Villanova, ein Lehrer Dolets und wie Morus eine Figur im *Dialogus de imitatione Ciceroniana*, über den sich Erasmus hier ereifert, hat ein knappes Jahrzehnt in Padua Rhetorik unterrichtet und ist 1530 jung gestorben.

18 Pietro Corsi aus Carpi ist ein typischer Vertreter sowohl strikter Gegenreformation als auch strikter Nachahmung Ciceros, also der perfekte Feind für Erasmus. Wie Alberto Pio, Fürst von Carpi und Schüler von Giovanni Pico und Aldo Manuzio, glaubt er, Italien patriotisch und wortreich gegen vermeintliche Seitenhiebe des Erasmus verteidigen zu müssen.

Grüße Rescius und den Hebräischprofessor von mir.[19] Dein Schüler Balthasar von Künring ist hier gewesen. Er scheint ein feiner Kerl zu sein, ein guter Latinist, und voller Liebe zu dir.

19 Rutgerus Rescius, der am Collegium Trilingue Griechisch unterrichtet, und der dortige Professor für hebräische Literatur Andreas Balenus.

Anhang

Quellen der Übersetzung

Opus epistolarum Des. Erasmi Roterodami. Herausgegeben von Percy Stafford Allen, Helen Mary Allen et al. 12 Bände. Oxford 1906–1958.

The Correspondence of Erasmus. Herausgegeben und übersetzt von Roger Aubrey Baskerville Mynors, Douglas Ferguson Scott Thomson et al. 21 Bände. Toronto / Buffalo / London 2002–2021.

Etwas weiterführende Literatur

Contemporaries of Erasmus. A biographical register of the Renaissance and Reformation. Herausgegeben von Peter G. Bietenholz und Thomas B. Deutscher. 3 Bände. Toronto / Buffalo / London 1985–1987.

Sandra Langereis: *Erasmus. Biografie eines Freigeists*. Übersetzt von Bärbel Jänicke. Berlin 2023.

Erasmus von Rotterdam: *Adagia | Sprichwörter*. Lateinisch und Deutsch. Übersetzt von Claude-Eric Descœudres. Basel 2021.

Erasmus von Rotterdam: *Der sprichwörtliche Weltbürger. Eine Auswahl aus den Adagia*. Übersetzt von Tobias Roth und Theresia Payr, herausgegeben und bevorwortet von Wolfgang Hörner und Tobias Roth. Berlin 2018.

Christine Christ-von Wedel: *Erasmus von Rotterdam. Ein Porträt*. Basel 2016.

Wilhelm Ribhegge: *Erasmus von Rotterdam*. Darmstadt 2010.

Lothar Schmitt: *Der Siegelring des Erasmus von Rotterdam*. Basel 2009.

Johan Huizinga: *Erasmus. Eine Biographie*. Übersetzt von Werner Kaegi, Nachwort und aktualisierte Bibliographie von Heinz Holezcek. Reinbek bei Hamburg 1993.

August Buck (Hg.): *Erasmus und Europa*. Wiesbaden 1988.

Robert Stupperich: *Erasmus von Rotterdam und seine Welt*. Berlin / New York 1977.

Tobias Roth: *Welt der Renaissance*. Berlin 2020.

Gabriele Jancke: *Gastfreundschaft in der frühneuzeitlichen Gesellschaft. Praktiken, Normen und Perspektiven von Gelehrten*. Göttingen 2013.

Lorenzo Camusso: *Reisebuch Europa 1492. Wege durch die alte Welt.* Übersetzt von Friederike Hausmann. München 1990.

Norbert Ohler: *Reisen im Mittelalter.* München 1986.

Luigi Monga (Hg.): *Un mercante di Milano in Europa. Diario di viaggio del primo Cinquecento.* Mailand 1985.

Terence Cave: *The Cornucopian Text. Problems of Writing in the French Renaissance.* New York 1979.

Giovanni Battista Ramusio: *Navigazioni e viaggi.* Herausgegeben und bevorwortet von Marica Milanesi. Turin 1978 ff.

Ein herzlicher Dank gilt Alain Claude Sulzer, der dieses Buch angestoßen und mit großem Einsatz begleitet hat, Christine Christ-von Wedel für wichtige Hinweise, Katharina Höhne für die unablässige Hilfe mit Bildern und Karten sowie der Universitätsbibliothek Basel.

Personenregister

Ortsregister

Das Signet des Schwabe Verlags
ist die Druckermarke der 1488 in
Basel gegründeten Offizin Petri,
des Ursprungs des heutigen Verlags-
hauses. Das Signet verweist auf
die Anfänge des Buchdrucks und
stammt aus dem Umkreis von
Hans Holbein. Es illustriert die
Bibelstelle Jeremia 23,29:
«Ist mein Wort nicht wie Feuer,
spricht der Herr, und wie ein
Hammer, der Felsen zerschmeisst?»